Kunst in Sibirien

Redaktion der deutschen Ausgabe: Klaus H. Carl

Layout:
Baseline Co Ltd,
33 Ter - 33 Bis Mac Dinh Chi St.,
Star Building, 6th Floor
District 1, Ho Chi Minh City
Vietnam

ISBN: 978-1-84484-564-4

Gedruckt in Korea

Kunst

in

Sibirien

INHALT

EINLEITUNG

Nanai, Nenzen, Tschuktschen, Ewenken, Jakuten, Korjaken, Tuwiner und Jukagiren... Als Wiege zahlreicher Kulturen ist Sibirien überaus reich an Traditionen, die so mannigfaltig sind wie dieses riesige, geheimnisvolle Land selbst. Die einheimischen Völker Sibiriens, die Bewohner der Regionen im hohen Norden und im östlichsten Teil Russlands sind seit Alters her Pferdezüchter, Rentierhirtennomaden, Fänger von Meeressäugetieren sowie Fischer und Jäger, also „Wildbeuter". Sie haben sich über Jahrtausende die Kenntnisse und Fähigkeiten angeeignet, die notwendig sind, um in diesen immensen und kaum besiedelten Ödlandschaften Nordasiens unter extremen klimatischen Bedingungen zu überleben. Durch ihre unmittelbare Nähe zur Natur haben diese indigenen Völker gelernt, sich den widrigen Lebensbedingungen der unwirtlichen arktischen und subarktischen Regionen anzupassen und alles, was ihnen die eisige Umgebung zur Verfügung stellt, zu verwerten – nicht nur für ihre Grundbedürfnisse wie Nahrung, Kleidung und Behausung, sondern auch für ihre Kunst und ihr Handwerk. Die künstlerische Kreativität der sibirischen Stämme zeigt sich in ihren plastischen Schnitzereien aus den Stoßzähnen von Walen und Walrossen, den bunten Glasperlen, mit denen die Frauen ihre Röcke verzieren, dem fein geschnitzten Kinderspielzeug (meist kleine Imitationen von Objekten des Alltags) und in den kultischen Masken der Schamanen, aber auch in den Bildern der jungen Generation. In einer Umgebung, in der ein ständiger Überlebenskampf herrscht, vernehmen wir den künstlerischen Aufschrei der vom Aussterben bedrohten Urbevölkerung, den Schrei gegen das Vergessen ihrer traditionellen Kultur, Mythologie und Religion.

Die Kolonisierung durch mächtigere Kulturen führte in den verschiedensten Regionen der Welt zum Verschwinden der einheimischen Stämme, ihrer Sprachen und Kulturen. So auch in Sibirien. Die bereits unter den Zaren, aber noch viel mehr im 20. Jahrhundert einsetzende russische Expansion und die groß angelegte industrielle Revolution hatten nicht nur auf die kulturellen und gesellschaftlichen Traditionen der Urbevölkerung eine verheerende Wirkung, sondern auch auf ihre natürliche Umgebung, die Basis ihres Unterhalts und ihrer typischen Lebensformen.

Im gleichen Maß, wie die Fisch- und Rentierbestände immer mehr schrumpfen oder schon ganz vom Aussterben bedroht sind und die eingeborene Bevölkerung gezwungen ist, sich völlig neuen Lebensbedingungen anzupassen, schwindet auch die Möglichkeit, diese ehemals traditionsverhafteten, eigenständigen und stark unterschiedlichen Gemeinschaften zu beobachten, zu studieren und zu verstehen. Viele von ihnen sind heute auf wenige Stammesmitglieder geschrumpft, die zusehen müssen, wie ihre durch Jahrtausende überlieferte Kultur zusammen mit ihren Weide- und Jagdgründen für immer verschwindet.

Im ersten Teil folgt zunächst eine Darstellung der Wechselbeziehungen zwischen den extremen klimatischen Bedingungen Sibiriens, seiner unterschiedlichen Fauna und Flora und den einheimischen Bevölkerungsgruppen. Unter anderem wird über die Herkunft dieser Völker und die historischen, einen so dramatischen Eingriff in ihre Lebensgewohnheiten bedeutenden Begebenheiten berichtet.

Mit der Beschreibung der schamanischen Prinzipien, der Rituale und der bedeutenden Rolle, die der Schamane im täglichen Leben der sibirischen Stämme spielt, wird ein Einblick in die spirituellen und in die künstlerischen Eigenheiten dieser Kulturen vermittelt. Das Anliegen dieses Buches ist es, dem heutigen Leser einen Zugang zur traditionellen, schamanischen Welt und zu den uns fremden Lebensformen der Bewohner des Hohen Nordens und des Fernen Ostens Russlands zu ermöglichen.

Lena am aufgebrochenen Eis.

Ivan Shishkin,
Bienenzüchter, 1890.
Ölgemälde, 125.5 x 204 cm.
Russisches Museum, St. Petersburg.

I. SIBIRIEN: GEOGRAFIE UND GESCHICHTE

A. EIN UNWIRTLICHES KLIMA

„Ein Land extremer Kälte und großer Hitze. Ein nach außen hin elend wirkendes Land, in dessen Brust sich jedoch unendliche Schätze verstecken."

Fast dreihundert Jahre lang galt Sibirien als nichts weiter als ein topografisches Anhängsel Russlands. Es erstreckt sich vom eisigen Arktischen Ozean im Norden bis zur Grenze Kasachstans, der Mongolei und Chinas im Süden, von der mächtigen Gebirgskette des Ural im Westen bis zum Pazifik im Osten. Es liegt ungefähr zwischen dem 45. und dem 77. nördlichen Breitengrad und zwischen dem 60. und 190. Längengrad. Sein nördlichster Punkt ist Kap Severo, das Nordost-Kap, eine Landzunge zwischen den Mündungsgebieten der Flüsse Jenissei und Lena; Kap Vostochni, der östlichste Punkt, ist nur 76 km von Cape Prince of Wales in Alaska entfernt, von dem es durch die nur 85 km breite Beringstraße getrennt ist. Sibiriens größte Ost-West-Ausdehnung beträgt rund 5 715 km, die größte Nord-Süd-Ausdehnung etwas weniger als 3 175 km. Sibirien bedeckt eine Fläche von 13 Millionen km^2 (im Vergleich zu Europas 10 Millionen km^2).

Die meisten Europäer stellen sich Sibirien als eine riesige, monotone Einöde vor, abgeschieden vom Rest der Welt und für Menschen unbewohnbar, größtenteils von einer Frostschicht bedeckt und mehr als das halbe Jahr über von der legendären Polarnacht verdunkelt. Dies trifft jedoch nur bedingt zu, denn in Wahrheit ist Sibirien ein Land voller Vielfalt und Gegensätze. Von Norden nach Süden unterteilt es sich in verschiedene Zonen, jede mit eigenem Klima, eigener Landschaft und Tier- und Pflanzenwelt. Die arktische Eiswüste des Hohen Nordens verwandelt sich zunächst in die mit Dauerfrostboden geprägten Kältesteppen (die baumlose Tundra), dann gelangt man allmählich in etwas wärmere Zonen mit niedrigem Gestrüpp und kleinwüchsigen Bäumen und anschließend kommt man in den Gürtel der immergrünen borealen Nadelwälder, die Taiga. Auf diese wiederum folgen erst die fruchtbaren Waldsteppen, dann die Trockensteppen oder Halbwüsten. Jede dieser Ökozonen besitzt ihre eigene Topografie, von ebenen Niederungen und Senken bis zu hoch aufstrebenden Gebirgen.

Den größten Teil dieser Landmasse nimmt die zentralsibirische Hochebene ein, die auf drei Seiten – im Norden, Osten und Süden – durch einen Dreiviertelkreis von Bergketten begrenzt ist. Im Norden und Osten ist dies das Werchojansker Gebirge, dessen höchste Erhebung 2 398 m erreicht. Die südliche Grenze Sibiriens wird durch das Sajan- (2 930 m) und das Altaigebirge gebildet, dessen höchster Gipfel, der Belucha, 4 506 m über dem Meeresspiegel liegt. In diesen Bergketten entspringen die drei großen sibirischen Ströme, der Ob, der Jenissei (dessen Name sich aus dem Ewenkischen ionessi = großer Fluss herleitet) und die Lena. Diese wasserreichen Flüsse sind einen Großteil des Jahres – von Oktober/November bis etwa Mai/Juni – zugefroren. Während der restlichen Monate fließen sie über eine Strecke von rund 4 000 km ins Nordpolarmeer.

Die Halbinsel Kamtschatka, ein wichtiges Zentrum traditionellen sibirischen Lebens, ist eine Landzunge östlich des Ochotskischen Meeres (einem Randmeer des Pazifischen Ozeans) zwischen dem 51. und dem 62. nördlichen Breitengrad, deren längste Ausdehnung rund 1100 km erreicht. Sie verdankt ihre Entstehung fast gänzlich einer vulkanischen Aktivität, und so enthält denn die zerklüftete Bergkette, die sie der Länge nach teilt, auch fünf

Sumpfgebiet in der Gegend von Jakutensk.

oder sechs noch heute aktive Vulkane. Dieser riesige Gebirgszug erstreckt sich praktisch ohne Unterbrechung vom 51. bis zum 60. Breitengrad, bis er schließlich abrupt in das Ochotskische Meer abfällt, wobei im Norden eine hoch gelegene Steppe, die so genannte Dole (Wüste) liegt. Sie ist die Heimat des nomadisierenden Rentierhirtenvolkes der Korjaken. Die mittleren und südlichen Teile der Halbinsel werden durch die Sporen und Ausläufer der großen Gebirgskette in tiefe Täler aufgegliedert, deren wilder und malerischer Charakter eine landschaftliche Schönheit aufweist, die man ansonsten im nördlichen Asien wohl nirgendwo findet. Das Klima ist hier, abgesehen vom äußersten nördlichen Teil, relativ freundlich und gemäßigt, die Vegetation überrascht durch eine fast tropische Frische und Üppigkeit.

Der arktische Ozean im Norden Sibiriens teilt sich in mehrere Neben- oder Randmeere auf. Von Westen nach Osten sind dies: die Kara-, die Laptew- und die Ostsibirische See. Sie alle liegen während mindestens zehn Monaten des Jahres unter einer dicken Eisschicht. Der Sommer ist also ausgesprochen kurz: Er beschränkt sich auf die beiden Monate Juli und August.

Topografisch lässt sich Sibirien in zwei Großlandschaften untergliedern: Die Tiefebene westlich der Lena, die lediglich von ein paar wenigen, eher unbedeutenden Bergketten durchzogen wird, und die riesige Region östlich der Lena, geprägt durch die große Kette des Jablonoff-Gebirges, das im Südosten an manchen Stellen Höhen von bis zu fast 2 300 m erreicht und folglich den Charakter einer Hochgebirgslandschaft aufweist. Diese hohe Barriere schirmt Sibirien gegen die wärmeren Luftströmungen des Südens und des Südostens vollkommen ab. Umgekehrt ist Sibirien gegen Norden hin den arktischen Winden ausgesetzt, und weist deshalb die extremsten klimatischen Bedingungen auf. Der Winter setzt schon sehr früh ein.

Die kleineren Flüsse und die zahlreichen Seen beginnen bereits im September zuzufrieren. Schon in der ersten oder zweiten Oktoberwoche ist das ganze Land mit Schnee bedeckt und mit jedem Tag wird es kälter. In der Mitte des Winters kann die Temperatur wochenlang unter -38 Grad Celsius liegen. Zeitweise sinkt sie sogar unter -60 Grad Celsius. Solch tiefe Temperaturen verleihen der Luft eine scharfe, durchdringende Qualität, die alles Lebendige erstarren lassen. Der sibirische Winter brüllt und heult nicht wie der Winter in Nordeuropa, er bringt vielmehr jede Bewegung zum Erliegen. Weder die Sonne, die sich jeweils nur wenige Stunden über den Horizont erhebt, noch die Erde, die bis in eine große Tiefe dauernd gefroren ist und selbst im Sommer nur höchstens 90 cm tief auftaut, kann dieser Kälte widerstehen. Durch die stetig fallende Temperatur verdichtet sich die Luft mehr und mehr, bis ihr Gewicht schließlich alles Leben unter sich zu erdrücken scheint. Selbst die stärksten Luftströmungen, die im arktischen oder im Pazifischen Ozean oder in den riesigen Erdmassen im Süden entstehen, sind nicht imstande, diese träge, stark komprimierte Luftmasse zu bewegen.

In diesen nördlichen Breiten besteht die Vegetation auf dem durch Permafrost paralysierten Untergrund im Wesentlichen aus Algen, Flechten und Moosen. Dies ist die wahre arktische Wüste, wie sie die meisten der Inseln charakterisiert, vor allem jene vor der Küste der Taimyr-Halbinsel. Die Küstenlandstriche werden von Seelöwen, Walrossen, Polarbären und Belugawalen bevölkert.

Bewegt man sich vom Nordpol weiter weg in südliche Richtung, wechselt die arktische Eiswüste allmählich in die Tundra, eine Vegetationszone, die hauptsächlich durch Flechten, Moose, Bäume (vor allem Zwergbirken und -weiden, aber auch Kriechkiefern) und niedrige Sträucher sowie durch stachlige Pflanzen und arktische Süß- und Sauergräser geprägt ist. Der Winter in der Tundra ist kalt und lang: er dauert zwischen acht und zehn Monate. Ende November verschwindet die Sonne unter dem Horizont und lässt sich nicht mehr blicken. Dies ist die Polarnacht, die in der Tundra zwei oder drei Monate lang alles in Dunkelheit hüllt (verglichen mit bis zu sechs Monaten in der arktischen Eiswüste). Im Januar schließlich zeigt sich die Sonne von neuem, und die Tage werden allmählich wieder etwas länger. Dieser Prozess dauert von Mai bis Juli, bis zu dem Tag, an dem die Sonne nicht mehr untergeht.

Die Tundra unter Frühlingsschnee (Mai).

Der sehr kurze Sommer in der Arktik ist auch nicht sonderlich warm, die Temperaturen liegen durchschnittlich zwischen 5° und 12° C. Gegen Mitte August zeigen sich schon die ersten Vorboten des zur Neige gehenden Sommers: Die Tundra wechselt in herbstliche Farben. Das Laub der kleinen Sträucher wird golden, die Flechten und Moose überziehen sich grau, die Pilze sprießen in großen Mengen aus dem Boden, die Beeren überziehen den Boden mit einem roten und orangefarbenen Teppich.

Die Tundra ist die Heimat des Rens (Rangifer tarandus; Karibu), des Lemmings, des arktischen Fuchses und des arktischen Wolfes, des Bärenmarders (Vielfraß), der großen weißen Eule und des Schneehuhns (das sich als einziger Vogel zum Überwintern unter dem Schnee verkriecht). Mit dem erwachenden Frühling kommen die Zugvögel, um hier zu brüten: Enten, Gänse, Möwen, Schwäne, Meeresschwalben und viele andere.

In den stark vermoorten Aufschüttungsebenen liegen Tausende kleiner Seen mit geringer Tiefe. Baron Eddel, ein Reisender, der vor rund 100 Jahren die Unterläufe der Flüsse Indigirka und Kolyma erforschte, berichtete in seinen Memoiren, dass man „... um eine Karte all dieser Seen zu zeichnen, bloß einen Pinsel in blaue Wasserfarbe tauchen und das Papier damit bespritzen müsse". Die Tundra ist nass und sumpfig, denn unter dem Oberboden liegt der Dauerfrost, eine Schicht einer über Jahrtausende hinweg fest gefrorener Erde, die oft bis in eine Tiefe von 300 m oder mehr hinab reicht, während die oberste Bodenschicht vielleicht nur gerade 30 cm tief ist. Diese Dauerfrostschicht ist undurchlässig. Deshalb können selbst die relativ geringen Niederschlagsmengen nicht versickern. Verdunsten können sie ebenfalls nicht, weil die Luft schon mit Feuchtigkeit gesättigt ist und die niedrigen Temperaturen eine Verdunstung nicht zulassen. Deshalb verwandelt sich die oberste Bodenschicht in ein unwegsames Sumpfgebiet.

Die südliche Grenze der Dauerfrostlandschaft, eine Linie, die durch etwas weniger als zwei Drittel der Fläche Russlands verläuft, liegt nördlich der Täler des unteren Tunguska (eines Nebenflusses des Jenissei) und des Wiljui (eines Nebenflusses der Lena).

Die größte Verbreitung des Permafrostbodens findet sich im Nordosten Sibiriens. Im Norden von Jakutien werden im Untergrund immer wieder Fossilienüberreste von Tieren gefunden, darunter ganze Friedhöfe von in dicken Eisschichten eingeschlossenen Mammuts, deren Knochen und Elfenbeinstoßzähne riesige Haufen bilden. In Jakutien befindet sich auch der kälteste Ort der nördlichen Hemisphäre: Oimjakon im Werchojansker Gebirge. Er gilt als der „Kältepol aller bewohnten Gebiete der Erde". Hier liegt die mittlere Temperatur im Januar im Bereich zwischen -48° und -50° C und fällt gelegentlich auf Tiefstwerte bis zu -70° C ab. Der bestätigte Tiefstwert liegt bei -72° C.

Vasily Surikov,
Steppe bei Minussinsk, 1873.
Wasserfarben auf Papier, 136 x 31.8 cm.
Tret'iakovskaia Galerie, Moskau.

Da die Luft hier jedoch sehr trocken ist und keine stürmischen Winde wehen, fühlen sich diese Temperaturen nicht ganz so unerträglich an, wie man vielleicht annehmen könnte.

Weiter südlich zeichnet sich eine Änderung im Pflanzenbewuchs ab und deutet damit auch auf eine Änderung der klimatischen Verhältnisse hin. Die Zahl der Zwergbäume und -sträucher ist hier wesentlich größer. Es handelt sich um eine Übergangszone zwischen Taiga und Tundra, die von manchen Forschern sogar als eine eigene Ökozone betrachtet wird. Weiter in Richtung Süden wächst der Artenreichtum der Vegetation. Es gibt mehr Baumarten, und die Bäume werden größer. So gelangt man schließlich in die Taiga, den riesigen, den größten Teil Russlands bedeckenden Wald des Nordens.

Die Taigawälder bestehen überwiegend aus Nadelhölzern (Kiefern, Lärchen, Zedern und sibirische Tannen), aber auch aus Birken, Espen und Weiden und im Süden und Westen aus Laubhölzern. Sie sind das natürliche Habitat einer Gruppe großer Raubtiere (Bär, Luchs, Wolf und Bärenmarder), aber auch der Allesfresser wie Fuchs, Nerz, Frettchen, Marder, Wiesel, Zobel und Hermelin, der Huftiere wie Elch und Hirsch sowie einer Reihe von Vögeln (Specht, Rebhuhn, Auerhahn und Tannenhäher). Die Winter in dieser Gegend sind sehr lang und sehr streng. Umgekehrt können die Sommer im mittleren Teil der Region aber erstaunlich warm sein: Die Temperaturunterschiede können hier bis zu 100° C ausmachen. Die warmen Monate sind eine günstige Zeit für Insekten, vor allem für Bremsen, Fliegen und Stechmücken. Für sie ist die Tundra mit ihren Seen und Sümpfen das ideale Brutgebiet.

Noch weiter südlich geht die Taiga dann zunächst in die fruchtbaren Steppen über und schließlich in die ariden, für die Mongolei und Zentralasien so typischen Steppengebiete. Das Klima ist keineswegs unangenehm: Die Sommer sind recht lang und warm, die Niederschlagsmengen halten sich in Grenzen, wenn auch die Winde recht stark sein können. Große Gebiete der Steppen sind Prärien: fruchtbare Humusböden, auf denen hohe Gräser wachsen. Diese Landschaften eignen sich hervorragend für die Landwirtschaft, sowohl für den Anbau von Getreide als auch für die Viehzucht. Auch wilde Tiere gibt es hier in Mengen: Dachse, Füchse, Hamster, Hasen, Murmeltiere, Feld- und Wühlmäuse, Wüstenspringmäuse und Saiga-Antilopen. Zu den Steppenvögeln gehören neben vielen anderen Falken, Trappen und asiatische weiße Kraniche.

Unter den ariden Steppen nördlich der Mongolei erstreckt sich über die erstaunliche Distanz von 635 km die größte Frischwasserquelle der Welt: der Baikalsee. An manchen Stellen ist er bis zu 1620 m tief. Dieses Wunderwerk der Natur, die „Perle Sibiriens", liefert das lebensnotwendige Wasser für alle Bevölkerungsgruppen dieser Region, nicht zuletzt für die im See und an seinen Ufergebieten lebende Tierwelt. Der Baikalsee führt das größte Wasservolumen aller Seen der Erde. Aufgrund seines hohen Alters hat sich hier die älteste Seefauna erhalten. Es gibt über 1000 endemische Arten, die jedoch seit einiger Zeit als Folge der durch die Abwässer der Holz-, Zellulose- und anderer Industrien verursachte Verschmutzung der Zuflüsse ernsthaft vom Aussterben bedroht sind. Dazu kommen die Schadstoffe aus der Luft, hauptsächlich aus dem Industriegebiet Irkutsk-Tscheremtschowo.

Der östliche Teil Russlands wird hauptsächlich durch die in den Pazifischen Ozean mündenden Flüsse entwässert, etwa den Anadir im Norden und den Amur im Süden. In der Region um den Amur (der teilweise die Grenze zum Nachbarstaat China bildet) sind das Klima und die Feuchtigkeit genau richtig für Mischwälder, vor allem für breitblättrige Baumarten wie Eichen, Espen und Linden. Die Fauna ist derjenigen der Taiga sehr ähnlich. Zusätzlich kommen der Leopard, die Ginsterkatze, die Zibetkatze, der asiatische Tiger und eine der Gemse verwandte ziegenähnliche Antilopenart sowie das Sika-Reh und eine große Anzahl Vögel hinzu.

Sibirien ist reich an Rohstoffen. Es verfügt über riesige Vorkommen an Gold, Zinn, Nickel, Silber, Diamanten und Phosphate sowie zahlreiche Energiequellen mit enormen Reserven an Kohle, Erd- und Mineralöl, Naturgas sowie außerdem eine große Anzahl schnell fließender und wasserreicher Flüsse und Ströme. Dazu kommen viele andere wertvolle Naturschätze, etwa das Holz seiner Wälder und die Pelze seiner Tiere.

In vielerlei Hinsicht kann man Sibirien als Russlands Schatz- und Vorratskammer betrachten. Es erwirtschaftet rund ein Fünftel des Bruttosozialprodukts des Landes. Ein Reisender aus dem Westen war von der wilden Natur überwältigt:

> *„Eine reichhaltige Tierwelt rundete das Bild ab. Wildenten mit lang gestreckten Hälsen schossen zu wiederholten Malen an uns vorbei, krächzend und schnatternd, wohl aus Neugierde und Furcht; aus den höheren Lagen drang das durch die Entfernung abgeschwächte Geschrei der Gänse an unser Ohr; von Zeit zu Zeit entfaltete ein prächtiger Adler, aufgeschreckt von seinem einsamen Wachtposten auf einem Felsvorsprung, seine breit gespannten Flügel, hob ab in die Lüfte und stieg in immer weiteren Kreisen spiralförmig nach oben, bis er nur noch wie ein kleiner Fleck vor dem Hintergrund des weißen Schneekraters des Avachinski-Vulkans auszumachen war. Nie zuvor hatte ich ein so wundervolles Bild wilder Einsamkeit gesehen wie hier in diesem prachtvollen fruchtbaren Tal, umgeben von rauchenden Vulkanen und schneebedeckten Berggipfeln, das dennoch grün wie das Tal von Tempe war und reich an Tieren und Pflanzen und gleichwohl einsam, menschenleer und scheinbar unerschlossen."*
>
> George Kennan (1845-1924)

Sibirien ist aber auch das Territorium, das die Zaren (und später Stalin) als Strafkolonie nutzten, ein riesiges Zwangsarbeits- und Internierungslager für die aus dem eigenen Land Verbannten. Und es ist der Teil Russlands, der wegen des Reichtums seiner Rohstoffe das Ziel einer massiven Zuwanderung war. Diese begann schon um die Wende vom 19. zum 20. Jahrhundert und intensivierte sich im Zuge der groß angelegten Umsiedlungspolitik der Agrarreform von 1914. Unter Stalin wurde dann der größte Teil Sibiriens zu Volkseigentum erklärt und kollektiviert. Insgesamt wurden in der Zeit der Sowjetunion beinahe 32 Millionen Menschen nach Sibirien geschickt, um seine Rohstoffe und anderen natürlichen Reichtümer auszubeuten. Die Fleischindustrie verwandelte große Landflächen in Weiden; riesige Wälder wurden gerodet, Bergwerke und Fabriken aufgebaut, Abfallstoffe in die Gewässer geleitet. Die neuen Sibirer ließen sich in den Tausenden von neuen Städten, Industriezentren und Bergwerkssiedlungen nieder, die eigens zu diesem Zweck errichtet wurden – Orte wie Bratsk, Angarsk, Irkutsk, Jakutsk, Norilsk, Kabarowsk, Magadan, Ussurisk Workuta, Krasnokarsk, Kemerowo, Novosibirsk, Prokopjewsk, Komsomolsk/Amur, Petropawlowsk-Kamtschatski und Wladiwostok.

Nördöstlicher Teil der Chukotka Halbinsel. 1998.

See Lama, auf der Taimyr Halbinsel.

B. MENSCHEN IN DER EINÖDE

„Diese Menschen überleben in einem Land, das dem gewöhnlichen Reisenden keinen vergleichbaren Anreiz bietet zu den Gefahren und Mühen, die er auf sich nehmen muss."

Strafkolonie, Ort der Verbannung, „El Dorado des Hohen Nordens" für Millionen von sowjetischen Siedlern – das heutige Sibirien wird von Angehörigen aus weit über einhundert verschiedenen ethnischen Gruppen des ehemaligen Vielvölkerstaates der Sowjetunion bevölkert (neben Russen auch Balten, Finnen, Polen, Tataren, Ukrainer, Weißrussen usw.). Bei dieser Vielfalt von Zuwanderern ist es kaum verwunderlich, dass das riesige Gebiet im Hohen Norden und Fernen Osten Russlands kaum als die Wiege einer ganzen Reihe einheimischer Völker bekannt ist, deren Kultur viele Jahrtausende zurückreicht. Die Vertreter von rund dreißig dieser Urgemeinschaften leben noch heute in dieser Gegend, obwohl manche von ihnen inzwischen nur noch aus einzelnen Individuen bestehen, weshalb sie von Politikern und Anthropologen oft unter irrtümlichen und verallgemeinernden Sammelbezeichnungen wie „... die kleinen Völker des Nordens Russlands" zusammengefasst werden.

Tatsache ist, dass Sibirien vom Hohen Norden bis hinunter in die südlichen Steppenlandschaften und bis zum äußersten Fernen Osten ein reichhaltiges Panorama lokaler Sprachen, Kulturen, Traditionen und Lebensweisen bietet. Die Geschichte dieser heimischen Ethnien ist jedoch im Großen und Ganzen missverstanden oder missgedeutet worden, nicht anders als dies auch bei anderen Urbevölkerungen der Fall ist, etwa den Ureinwohnern Amerikas oder Australiens – und zwar bis in eine Zeit, die noch gar nicht allzu lange zurückliegt. Deshalb besteht jetzt, am Beginn des 21. Jahrhunderts, die Gefahr, dass diese menschlichen Zivilisationen, die sich durch die Jahrtausende erhalten haben, für immer von der Erdoberfläche verschwinden.

Die ersten Sibirer

Die Archäologen haben Beweise für die Anwesenheit menschlicher Bewohner in dieser Gegend gefunden, die bis in die Altsteinzeit zurückreichen, also eine Zeit, die etwa 20 000 bis 25 000 Jahre zurückliegt. Verstreute Überreste in ganz Sibirien und entlang der nördlichen Küste weisen darauf hin, dass bereits in der Neusteinzeit, im Neolithikum, ein großer Teil Nordasiens durch Menschen mit einer gewissen Zivilisationsstufe besiedelt war, die sehr wohl zwischen der materiellen und der spirituellen Seite des Lebens zu unterscheiden wussten und auch schon Formen des Kunsthandwerks kannten.

Die Steppen Südsibiriens und die Gegend um den Baikalsee wurden zuerst durch Stämme besiedelt, die als Rinderhirten und Getreideanbauer lebten. In den Nachbargebieten der Taiga hingegen ernährten sich die Menschen von der Jagd und vom Fischfang. Man kann mit großer Wahrscheinlichkeit davon ausgehen, dass die Gegend des heutigen Jakutien und die Bewohner um den Baikalsee einigermaßen rege Beziehungen zueinander unterhielten. Dies würde jedenfalls die im Gebiet zwischen dem Angara-Fluss und der Lena blühende gut etablierte Kultur erklären. Die archäologischen Funde im Zusammenhang mit dieser Volksgruppe sind recht zahlreich. Unter anderem wurden Felsritzbilder entdeckt, die Hinweise auf gewisse Aspekte ihres Glaubens geben, etwa auf Übergangsriten und Jagdzeremonien.

In den Tundra-Regionen im Nordosten Sibiriens lebten die Nomadenstämme vom Fischfang und von der Rentierjagd (nicht von der Rentierhaltung). Anhand der in der

Jakuten,
Jakuten in traditioneller Festkleidung, 1906.
Jakutenia.

Gegend zwischen dem Olenek und dem Kolyma-Fluss entdeckten Fundstellen konnte nachgewiesen werden, dass sich die Ahnen der heutigen Jukagiren seit der Jungsteinzeit mindestens eintausend Jahre lang in vollständiger Isolation von der Jagd und vom Fischfang ernährten. In anderen Gebieten des Nordostens lebten die Vorfahren der modernen Tschuktschen und Eskimos. Sie führten ein sesshaftes Leben, da ihre Lebensgrundlage das Meer war, eine (so schien es jedenfalls damals) unerschöpfliche Nahrungsquelle. Im Lauf der Zeit verbreitete sich diese Lebensform der maritimen Jäger über weite Regionen, von der Beringsee entlang der ganzen arktischen Küste.

Im Binnenland führten die ethnischen Gemeinschaften zunächst ein nomadisches Dasein als Rentierjäger. Die Domestikation des Rentiers, oder zumindest die Entdeckung der Wirtschaftsform des so genannten Hirtennomadentums, der Haltung von halbzahmen Rentieren, war ein wichtiger Meilenstein in der Geschichte der Bewohner der Taiga und der Tundra.

Das große Zeitalter der Völkerwanderung in Zentralasien fiel in die Zeit zwischen dem 10. und dem 13. Jahrhundert n. Chr. Dies war die Zeit der großen Einwanderungswellen aus dem Süden, in deren Folge die Ureinwohner in die unwirtlichen Gegenden des Hohen Nordens und des Fernen Ostens Russlands verdrängt wurden. Paläoasiatische Gemeinschaften wie die Tschuktschen und die Korjaken sowie tungusische Stämme wie die Ewenen und die Ewenken, die früher im heute als Jakutien bekannten Gebiet lebten, wurden damals von den Vorfahren der heutigen Jakuten, die ihrerseits vor den mongolischen Eindringlingen in Richtung Norden geflohen waren, aus ihrer angestammten Heimat in die Randgebiete abgedrängt, also in den Hohen Norden und den Fernen Osten Russlands, .

Die Völker Sibiriens hatten bis in das 16./17. Jahrhundert keinerlei Kontakte mit der europäischen Zivilisation. Sie lebten in völliger Abgeschiedenheit, wobei die einzelnen Gemeinschaften nur gerade mit ihren nächsten Nachbarn einen gewissen Austausch pflegten. In vielen Fällen teilten sie mit diesen einen gemeinsamen kulturellen Hintergrund. Die Eigenbezeichnungen dieser nordischen Völker sind Beweis ihrer vollständigen Isolation vom Rest der Welt: Sie hielten sich für die einzigen Menschen. So bedeuten denn die meisten Stammesnamen ganz einfach „Mensch". Die Tschuktschen beispielsweise nennen sich Lyg'oravetlat und die Eskimos je nach Gebiet Inuit, Yuit, Yupik oder Inupiat usw., alles Bezeichnungen, die übersetzt nichts anderes als „(wahre) Menschen" bedeuten.

Die Nenzen nennen sich selbst Khasava (d. i. „Menschen"), während die Oltschen, die Oroken und die Orotschen sich alle als Nani bezeichnen, was genau wie Nanai – seit einigen Jahrzehnten die offizielle Bezeichnung ihrer angrenzenden Stammesgemeinschaft, die auch als „Volk des Goldes" bekannt ist – „Menschen der Erde" bedeutet (es sei daran erinnert, dass das Wort human den gleichen Wortstamm aufweist wie das Wort Humus).

Bei der im 17. Jahrhundert einsetzenden Unterwerfung Sibiriens durch Russland gaben die Eroberer den angetroffenen ethnischen Gruppen häufig neue Namen. Oft wählten sie statt der Eigenbezeichnungen der verschiedenen Gruppen deren Fremdbezeichnungen. Auf diese Weise kamen beispielsweise die Völker, die heute als Jakuten und Jukagiren bekannt sind, zu ihrem Namen. In ihrer eigenen Sprache heißen sie Sakha bzw. Odul, doch in der ewenkischen Sprache nannte man sie Jakut (Jak-, also Kuhmenschen); Jukagiren bedeutet „Eisbewohner" – und dies sind die Namen, unter denen sie heute in der ganzen Welt bekannt sind. Analog dazu nennen sich die Völker, die vom Rest der Welt (außer in Ländern, in denen Lappen leben) Chanten und Mansen benannt werden, selbst Ostjaks oder Vogul. Die Ewenen nennen sich in ihrer eigenen Sprache Lamuten.

In der Tundra-Region, deren Abschluss im Norden das Polarmeer bildet, leben verschiedene nomadische Volksgruppen als Rentierhirten, als Fischer oder als Jäger, wobei sich diese Lebensformen zum Teil auch überschneiden. In dem europäischen Teil Russlands, auf der nördlich des arktischen Kreises gelegenen Halbinsel Kola, leben die Saami (oder Sami), die wir auch als Lappen kennen und die sich bis in den Norden Finnlands,

Eskimo,

Eskimo- (Uit-) Kinder.

Norwegens und Schwedens ausgebreitet haben. Zwischen den jeweiligen Ufern der Dwina und des Jenissei und vor allem auf der waldlosen Jamal-Halbinsel leben die Nenzen, deren Territorium sich bis auf die Taimyr-Halbinsel ausdehnt, das Gebiet, das seit prähistorischer Zeit die Heimat der Nganasen war, des nördlichsten Volkes in ganz Russisch-Asien.

Die Region, die zwischen den beiden Flüssen Taz und Turukan (einem Nebenfluss des Jenissei) liegt, ist das Stammgebiet der Selkupen. Die inzwischen praktisch ausgestorbenen Eneten – kulturell nahe Verwandte der Nenzen und der Nganasen – leben entlang den Ufern des Jenissei, wo sie in Kontakt mit den Dolganen kommen, einer verhältnismäßig jungen ethnischen Gruppe. Sie existiert erst seit wenigen Jahrhunderten und leitet ihre Herkunft aus einer Mischung von Jakuten, Ewenken und russischen Vorfahren her. Die Dolganen sind auch die vorherrschende ethnische Gruppe im Nordosten von Jakutien. Gruppen von Ewenken siedelten sich bei ihrem kontinuierlichen Rückzug vor den von Süden her vordringenden Jakuten am Unterlauf der Lena an, die die westliche Grenze eines riesigen Territoriums bildet, das mindestens ein Jahrtausend lang bis zum Fluss Kolyma von den Jukagiren beherrscht wurde. Heute sind nur noch ein paar Hundert Jukagiren übrig. Sie konzentrieren sich auf das Kolyma-Becken, unweit der Mündung des Alaseja Flusses; einige leben weiter südlich in der Taiga an den Ufern des Jasachnaja Flusses (Obere Kolyma). Die ebenfalls durch die vordringenden Jakuten vertriebenen Ewenen bewohnten einst die heute von den Jukagiren besiedelten Gebieten Nord-Jakutiens. Über lange Zeit, bis in das späte 19. Jahrhundert hinein, waren sie in den äußersten Nordosten gedrängt worden, wo sie zwischen den Tschuktschen und ihren südlichen Nachbarn in Kamtschatkien, den Rentier haltenden Korjaken, lebten.

Manche dieser Ethnien der Tundra sind auch in den weiter südlich gelegenen Zonen der Taiga vertreten, u.a. zum Beispiel die Nenzen, die Ewenen und die Ewenken. In der Tat leben die Ewenken weit verstreut über ein riesiges Gebiet, das im Westen durch eine Linie zwischen den Flüssen Ob und Irtysch, im Osten durch die Küste des Ochotskischen Meeres und im Süden vom Oberen Tunguska (einem Nebenfluss des Jenissei), den Angara, den Baikalsee und den Amur begrenzt wird.

Die Taiga bietet nomadischen Stämmen, die sich in Ruhezeiten, wenn sie nicht den Rentierherden folgen, ihren Unterhalt als Wildbeuter (Fischer und Jäger) sichern, eine recht gute Lebensgrundlage. Im Westen, in der Ebene des Ob, befindet sich das Land der kulturell und linguistisch nahe verwandten Chanten und Mansen, deren Lebensstil sich auf die Jagd, die Viehzucht, die Fischerei und die Rentierhaltung stützt. Die sesshaften Keten fischen und jagen an den Ufern des Jenissei. Die im 14. Jahrhundert von Süden her gekommenen Jakuten nahmen die Gebiete entlang des Mittellaufs der Lena fest in Besitz. Diese Vieh- und Pferdezucht treibenden Volksgruppen besiedelten schließlich eine Fläche, deren Größe mit dem indischen Subkontinent vergleichbar und die im Norden durch das Nordpolarmeer begrenzt ist. Sie vertrieben die ethnischen Gemeinschaften, die vor ihnen da gewesen waren – die Ewenen, die Ewenken, die Jukagiren und die Tschuktschen – noch weiter nach Norden und nach Osten.

Im südlichen Teil Sibiriens, zur Grenze gegen die Mongolei hin, also in der Landschaft zwischen Ob und Jenissei, lebten die Altai (auch Oirot), die Tuwa (auch: Tuwiner oder Sojot), ein wenig weiter nach Norden die Chakassen und östlich des Baikalsees die Burjaten. Sie waren wie die Mongolen allesamt Spezialisten in der Aufzucht von Horntieren. Im Gegensatz dazu leben die Tofalaren – eine sehr kleine ethnische Gruppe westlich des Baikalsees – von ihren Rentierherden sowie von der Jagd und Fischerei in der Taiga.

Die Völker der pazifischen Küste, von der Beringstraße im Norden bis hinunter an die chinesische Grenze, sind in der Mehrzahl keine Nomaden, sondern sesshafte maritime Jäger, die sich vom Fang von Meeressäugetieren ernähren. Dazu gehören die Aleuten der Komandorksi-Inseln, die von ihren ethnischen Genossen auf den übrigen, östlich gelegenen Inseln, den Aleuten, nicht nur durch die russisch-amerikanische Grenze,

Jakuten,
Jakuten im Landeskostüm bei der Zubereitung von Koumiss für das Isyakh-Festival, 1910.
Russisches Museum für Ethnographie, St. Petersburg.

sondern auch durch die internationale Datumslinie im Pazifik getrennt sind. In dieser Hinsicht haben sie einiges mit den Inuit (Yuit oder Eskimos) gemeinsam, die entlang der Küsten der Beringstraße leben und durch diese von ihren ethnischen Vettern in Alaska und Kanada räumlich getrennt sind. Zu den Bewohnern zählen hier außerdem auch Gemeinschaften von Tschuktschen und Korjaken, kleinere Gruppen halbnomadischer Ewenen entlang der Küste des Ochotskischen Meeres (in der Magadan-Region) und, auf der Insel Sachalin, die Nivchen oder Giljaken. Ebenfalls im äußersten Osten Sibiriens, jedoch weiter südlich entlang der Grenze zu China, leben die Ewenen und Ewenken in engem Kontakt zu den Oltschen, den Orotschen, den Oroken, den Negidal und den Udeken, allesamt Ureinwohner des Amur-Beckens. Vor der Kolonisation durch die Russen lebten diese halbnomadischen Volksgruppen, die auf die Jagd und den Fischfang angewiesen sind, Jahrhunderte, wenn nicht Jahrtausende lang unter dem Druck ihrer ebenso mächtigen Nachbarn, den Chinesen.

Kulturen am Rande des Untergangs

Auch wenn die Völker Sibiriens nicht mehr in den Territorien ihrer Ahnen leben und über weite Gebiete verstreut sind, so kann man ihre Ursprünge dennoch auf acht unabhängige „Nationen" zurückverfolgen, die nicht auf rassischen Merkmalen, sondern auf Sprachfamilien beruhen. Tatsächlich gehören die meisten von ihnen der einen von nur zwei großen Sprachfamilien an – der altaischen oder der uralischen.

Im Westen Sibirens ist die uralische Großfamilie durch die Chanten und die Mansen, die mit dem finno-ugrischen Zweig (zu dem auch die Finnen und Lappen gehören) verwandt sind, und durch ihre nördlichen Nachbarn vertreten, die Enzen, Nenzen, Ngasanen und die Selkupen, die den samojedischen Zweig ausmachen. Die Ewenen und die Ewenken sowie die Völker der Amur-Region gehören alle zur tungusischen Sprachfamilie, einem Zweig der altaischen Großfamilie, deren turksprachiger Zweig auch die Jakuten und die Chakassen, die Altai, die Schoren, die Tuwa, die Dolganen und die

Jakuten,
Jakuten mit Stroh zum Verkaufen.

Tschuktschen,
Jäger mit dem Fell eines erlegten Fuchses,
1979.
Magadan, Village von Vankarem.

Tschuktschen,
Tschuktschen-Frau mit Kindern am Eingang zum Yarang, 1925-1926
Jakutenia.

Tofalaren sowie in ihrem mongolischen Zweig die Burjaten umfasst. Die Keten um den Jenissei und die Giljaken auf Sachalin sprechen jeweils Sprachen, die offenbar mit keiner der anderen verwandt sind.

Unabhängig von den vorstehend genannten uralischen und altaischen Großfamilien-Gemeinschaften bilden die Völker Nordost-Sibiriens drei verschiedene Sprachgruppen:

1. Tschuktschisch-Korjakisch-Kamtschaisch (gelegentlich als „paläoasiatisch" bezeichnet), die die Sprachen der Tschuktschen, der Korjaken, der Kereken und der Itelmenen einschließt (letztere sprechen Kamtschatka);
2. die Eskimo-Aleütische Gruppe, welche die Yuit und die Aleüten einschließt und
3. die Jukagiren-Tschuwanzen, auch wenn diese beiden Sprachen lediglich durch Konvention zu einer Gruppe zusammengefasst wurden.

Obwohl die Völker des Nordens unterschiedliche ethnische Hintergründe haben, teilen sie eine Vielzahl von Gemeinsamkeiten. Dies kommt zumeist daher, dass die rauen arktischen und subarktischen Verhältnisse des Landes eine Anpassung erfordern, die unabhängig von den großen Distanzen sehr ähnliche Merkmale ausprägte. Daher sind es viel eher die klimatischen Gegebenheiten, also der Lebensraum und das Nahrungsangebot als die ethnische Abstammung, die die Lebensweise und die Erwerbsform der einzelnen Gemeinschaften bestimmen.

So untergliedern sich beispielsweise die Korjaken – genau wie auch die Tschuktschen oder die Ewenen – in zwei Hauptgruppen: Die eine lebt in den Küstengebieten und ernährt sich vom Fischfang und von Meeressäugern, die andere lebt als Nomaden und folgt ihren

Rentierherden auf ihren Marschrouten ins Landesinnere. Solche zweigeteilten Gruppen sprachen ursprünglich dieselbe Sprache, doch im Lauf der Zeit bildeten sich verschiedene Dialekte heraus. Im Fall der Jukagiren haben sich diese Dialekte so stark auseinander entwickelt, dass sie sich untereinander nicht mehr verständigen können. Manche Sprachwissenschaftler und Anthropologen betrachten daher die Jukagiren der Taiga, die ein Dasein als Fischer und Jäger führen, als eine vollständig andere ethnische Gruppe als die nomadischen Hirten-Jukagiren der Tundra.

Doch so unterschiedlich die Entwicklung dieser Sprachen und ihrer Dialekte auch verlaufen ist und so zahlreich die Sprachbarrieren zwischen den verschiedenen Bewohnern Sibiriens auch sein mögen, so war und ist es im Endeffekt doch die russische Sprache, die in vielen Regionen die alteingesessenen Sprachen im Alltag verdrängte. Die Programme zur Zwangsassimilierung (Zwangsrussifizierung und aggressive Sprach- und Schulpolitik; Ausbildung der Kinder der ethnischen Gemeinschaften in Internaten) und das absichtliche Verwischen ethnischer Unterschiede hat dazu geführt, dass die Zahl der Anwender mancher dieser alten Sprachen inzwischen so weit geschrumpft ist, dass ihr Aussterben nur noch eine Frage der Zeit ist.

Von einer Gesamtbevölkerung von rund 32 Millionen Menschen sind nur anderthalb Millionen Nachkommen der alteingesessenen Völker. Neben den Altai, den Schoren, den Tuwa, den Burjaten, den Chakassen und den Jakuten werden 26 weitere ethnische Gruppen offiziell (nach den statistischen Erhebungen der sowjetrussischen Volkszählung im Jahr 1989) als „winzige Minderheiten" eingeordnet. Zusammen genommen umfassen

Tschuktschen,
Die Menschen der Tundra, 1986.
Anadyr Gegend.

sie nicht mehr als 180 000 Personen und werden daher als vom „sicheren Aussterben bedroht" eingestuft.

Die zahlenmäßig stärksten ethnische Gruppe sind:

die Nenzen, die heute auf etwa 41 000 Angehörige kommen und eine der Gemeinschaften Sibiriens sind, die ihre traditionelle Lebensweise und Kultur am besten erhalten haben.

die Ewenken, die fast noch ebenso viele Angehörige aufweisen (2002: ca. 35 500 Menschen), unterlagen sehr viel stärkeren Assimilationsmaßnahmen, vor allem durch die Jakuten.

die Chanten (2002: ca. 28 700 Personen),

die Nanai (ca. 18 000),

die Ewenen (1989: ca. 17 000),

die Tschuktschen (ca. 15 000),

die Schoren (2002: ca. 14 000),

die Mansen (2002: ca. 11 450),

die Korjaken (ca. 8 000),

die Dolganen (2002: ca. 7 250) und

die Nivchen (ca. 4 600).

Die restlichen ethnischen Gruppen gelten als „winzige Minderheiten":

Die Selkupen, die Oltschen, die Udeken und die Itelmenen zählen zwischen 2000 und 4000 Personen,

die Keten, die Jukagiren, die Nganasen, die Tschuwanzen, die westsibirischen Saami und die ostsibirischen Inuit zählen zwischen 1000 und 2000 Angehörige.

Einige ethnische Gruppen beschränken sich auf nur noch wenige Hundert Männer und Frauen: So etwa die Orotschen (2002: 680), die Tofalaren (2002: 835), die ostsibirischen Alëuten (644), die Negidal (550), die Eneten (200) und die Oroken (175). Eine wahrhaft winzige ethnische Gruppe – so winzig, dass sie in der Volkszählung nicht einmal separat gezählt wurde – sind die Kereken im südlichen Tschukotka, deren Zahl insgesamt kleiner als 50 war.

Die sprachliche und kulturelle Assimilation hat alle diese kleinen ethnischen Gemeinschaften bis zu einem gewissen Grad beeinflusst. Dasselbe gilt jedoch, wenn auch weniger einschneidend, für die zahlenmäßig stärkeren Gruppen, etwa

die Burjaten (deren Zahl anlässlich der Volkszählung 2002 mit 436 000 Angehörigen verzeichnet wurde),

die Jakuten (382 000),

die Tuwa (305 500),

die Chakassen (75 600) und

die Altai (69 400).

Heute lebt nur noch ein verschwindend kleiner Teil der sibirischen Ureinwohner nach der althergebrachten, traditionellen Lebensart und lehrt und übt mit ihren Kindern ihre Sprache und die alten Rituale. Allerdings sind diese Bemühungen nahezu aussichtslos angesichts der überwältigenden Einflüsse von außen, vor allem des so genannten modernen Lebens und der technischen Entwicklung mit ihren verheerenden Auswirkungen wie Alkoholismus, Arbeitslosigkeit, Depressionen, durch Stress verursachte Erkrankungen, erhöhte Sterblichkeitsrate, hohe Selbstmordrate und andere Kennziffern des vermeintlichen Fortschritts. Das rasante Tempo, mit dem die Assimilation diese verschiedenen ethnischen Gruppen vereinnahmt, führte dazu, dass sie in das *Rote Buch der ethnischen Gruppen am Rand des Aussterbens* aufgenommen wurden, das in den letzten Jahren vor dem Zusammenbruch der Sowjetunion veröffentlicht wurde.

Um zu verstehen, wie diese kulturelle und demografische Erosion der eingeborenen Völker zustande kam, muss man sich mit der Geschichte Sibiriens beschäftigen.

Vasily Surikov,
Sibirische Schönheit, 1891.
Ölgemälde, 50 x 39 cm.
Tretyakov Galerie, Moskau.

C. Die Transsibirische Eisenbahn

„Die Transsibirische Eisenbahn fußt am einen Ende in der westlichen Zivilisation, am anderen in China und dem Fernen Osten. Dazwischen liegt der größte der Kontinente und quer durch diesen Kontinent führt ein ungebrochenes Eisenband."

Die Eroberung Sibiriens

Die Tataren verhinderten auf der anderen Seite des Urals über lange Zeit hinweg die Vereinnahmung Sibiriens durch das russische Kaiserreich. Schließlich jedoch gelang es dem Kosakenführer Jermak Timofejew und seinen Truppen im Jahr 1582, den Khan der Tataren, Kutschum, zu besiegen und Sibirien an Russland anzugliedern. Das von Dschinghis Khan errichtete asiatische Großreich begann im 15. Jahrhundert in viele, mehr oder weniger autonome, Feudalstaaten zu zerfallen. Zerwürfnisse unter den verschiedenen Völkern führten dazu, dass manche von ihnen noch vor Jermaks kriegerischem Einfall und der Besetzung des Territoriums östlich des Urals nach Norden zogen. Die Tataren hatten leichte Hand mit den weit verstreut lebenden Ureinwohnern gehabt; schwieriger war es mit den Russen, auf die sie im Ural trafen. Im Jahr 1555 willigte der Tatarenprinz Ediger zu, jährliche Tributzahlungen von 1000 Zobelpelzen an den Zaren zu entrichten und sich dafür zumindest eine nominelle Unabhängigkeit seines Volks zu wahren. Sein Nachfolger jedoch, der Khan Kutschum, rebellierte kurz vor Jermaks Einfall gegen diese Tributzahlungen. Die Stroganows, eine mächtige Kaufmannsfamilie aus dem Uralgebirge, die sich ein halbautonomes Herrschaftsgebiet aufgebaut hatte, unterstützten daraufhin Jermaks Invasion finanziell.

Bei seiner Überquerung des Urals stieß Jermak auf mehrere gut etablierte Tatarengemeinschaften, die jedoch seinem Vordringen nichts entgegenzustellen hatten. So zog er ungehindert weiter nach Osten und nahm 1582 ohne nennenswerten Widerstand Isker ein, die Festung des Khans Kutschum im Tal des Tobol-Flusses, ganz in der Nähe der heutigen Stadt Tobolsk. Jermak sandte Boten aus, um dem Zaren von seinen Siegen zu berichten und ihm zu melden, dass er die unterworfenen Gegenden halte und auf Befehle warte. Der Zar, Iwan IV. mit dem Beinamen „der Schreckliche", zeigte sich hoch erfreut über die Dienste von Jermak, machte ihn zu seinem Günstling und schickte ihm eine Belohnung von 100 Rubeln, ein silbernes Gefäß und zwei Kürassen sowie einen Pelzrock, den er selbst getragen hatte, als ein Zeichen seiner besonderen Hochschätzung.

Eine Tatarenlegende erzählt, dass aus dem Fluss Tobol ein kleines schwarzes Tier, eine Art Hund, auftauchte, während dem Irtysch ein weißer, zottiger Wolf entstieg. Diese beiden Tiere trafen auf einer sandigen Insel in der Nähe des Zusammenflusses der beiden Ströme aufeinander und verbissen sich einem erbitterten Kampf, aus dem der kleine Hund schließlich siegreich hervorging und den Wolf tötete, worauf beide in den Fluten des Irtysch versanken. Die einheimischen Wahrsager deuteten diese Begebenheit als die Unterwerfung der Tataren durch die Russen.

Jermak führte seine Invasion weiter, unterlag jedoch im Jahr 1584 den Tataren, die ihn im Irtysch ertränkten. Nach seinem Tod ging die Eroberung des „Wilden Ostens" durch die Russen jedoch unaufhaltsam weiter: In schneller Folge wurden die riesigen Gebiete im Osten besetzt. Die heute blühende Stadt Tobolsk wurde 1587 unweit der Stelle der alten Tatarenfestung des Khans Kutschum erbaut, und 1604 waren die russischen Eroberer so weit nach Osten vorgedrungen, dass sie die Stadt Tomsk, rund 1500 km vom

Unbekannter Künstler,
Porträt von Yermak, frühes 18. Jahrhundert
Ölgemälde, 70 x 57 cm.
V. P. Sukachev Kunstmuseum, Irkutsk.

Vasily Surikov,
Die Eroberung Sibiriens durch Yermak,
1895.
Ölgemälde, 285 x 599 cm.
Russisches Museum, St. Petersburg.

Ural entfernt und jetzt eines der erfolgreichsten wirtschaftlichen Zentren Nordasiens, errichten konnten. Etwas später, 1622, kam es zur Gründung der Stadt Jakutsk, die in mehr als doppelter Entfernung vom Ural liegt, und 1647 überquerte der Kosakenführer Dejneff die Beringstraße, fast 6500 km östlich des Urals.

Einige Jahre vorher, 1643, entdeckte der Forscher Poiarkov die Amur-Region im südöstlichen Teil Sibiriens und 1649/1650 drang der gefeierte Yerofey Khabarov dort ein und unterwarf die Einheimischen und die chinesischen Armeen, die die Region verteidigen sollten. Allerdings kam dieses Territorium mit dem Vertrag von Nertschinsk im Jahr 1689 wieder unter chinesische Oberhoheit. Erst 1858 sollte es dem diplomatischen Geschick von Graf Nikolai Nikolajewitsch Marawjow-Amurski gelingen, dieses Gebiet erneut in russischen Besitz zu bringen – kampflos durch Unterzeichnung des Vertrags von Aigun. In der zweiten Hälfte des 17. Jahrhunderts kam es zur Gründung der beiden Städte Irkutsk (1661; westlich des Baikalsees) und Nertschinsk (1653; östlich des Baikalsees).

So hatten die Russen innerhalb von weniger als 100 Jahren nach Jermaks Feldzügen ihre Entdeckung und Unterwerfung weitester Gebiete Asiens bis zu den entferntesten Punkten der pazifischen Küste vorangetrieben. Sie kontrollierten den gesamten nördlichen Teil des Kontinents vom Ural bis zum Pazifik und von den Turko-Mongolischen Gebieten und der Grenze mit China im Süden bis zum Nordpolarmeer.

Die Eroberung Sibiriens hatte sich mit erstaunlicher Geschwindigkeit vollzogen – und einen riesigen Blutzoll gekostet. Bei ihrem kriegerischen Vorstoß in Richtung Osten verlangten die Kosaken von den unterworfenen Volksgemeinschaften Steuerzahlungen, und zwar nicht in Form von Geld, sondern von Pelzen: Sie erhoben den so genannten Jassak, die Pelzsteuer. Außerdem bauten sie Garnisonen, um die neuen Untertanen des russischen Zaren unter Kontrolle zu halten und auch, um das begehrte und kostbare Pelzwerk einzulagern.

Manche der Stammesangehörigen, wie etwa die Jakuten, unterwarfen sich zunächst ohne bemerkenswerten Widerstand (die Russen verstanden es damals schon ausgezeichnet, Menschen mit Freundlichkeit oder mit Geschenken zu umgarnen, wenn dies in ihrem Interesse lag), doch dauerte es nicht lange, bis sie sich gegen die neuen Herren erhoben. In sehr viel mehr Fällen reagierten jedoch die Stammesgruppen, etwa die Chanten und die Mansen, die Chakassen, die Ewenen und die Ewenken, mit großer Heftigkeit und Heldenmut, um sich die verhassten Kolonialherren vom Hals zu schaffen. Die etwa ab Ende des 17. Jahrhunderts einsetzende Befriedung des Nordostens Sibiriens ist deshalb eine Abfolge blutiger und schrecklicher Kämpfe. Die Jukagiren und danach die Itelmenen erlitten vernichtende Verluste: Ganze Gemeinschaften wurden ausgerottet. Die Korjaken hielten den Eindringlingen fast 25 Jahre lang stand. Bei den kriegerischen Tschuktschen dauerte es sogar ganze 60 Jahre, bis sie sich unterwarfen, und auch dann erst, als die Russen mit speziellen Kanonen auffuhren.

Die Einverleibung Sibiriens in das russische Reich brachte einen Zustrom von Kolonisten und die Einführung eines Gesellschaftssystems mit sich, das die rücksichtslose Ausnutzung der eingeborenen Bevölkerung zum Ziel hatte. Die Auswirkungen waren drastisch und unmittelbar: Die Ureinwohner wurden gnadenlos unterdrückt und menschenunwürdig behandelt. Genau wie in Nordamerika schleppten auch hier die Siedler und Eroberer alle möglichen Krankheiten in das Land ein, gegen die die einheimische Bevölkerung keine Widerstandskräfte hatte, darunter Masern, Pocken und Syphilis. So rafften Epidemien immer wieder ganze Sippschaften dahin. Allein den Pocken fielen mehrere Tausend Jukagiren zum Opfer.

Auch das Pelz-Tributsystem hatte im Verlauf der Zeit für die sibirischen Urvölker fatale Folgen. Zusammen mit den Krankheiten waren diese Tributzahlungen der Grund für die bei den ethnischen Gemeinschaften während der Zarenherrschaft rasch fallenden Bevölkerungszahlen. Denn im Zusammenhang mit der Eintreibung der Zahlungen kam es zu schrecklichen Gewalttaten. Wenn die Zahlung nicht in ihrer

Vasily Surikov,
Die Eroberung Sibiriens durch Yermak, Detail (einheimischer Bogenschütze),
1895.
Ölgemälde, 285 x 599 cm.
Russisches Museum, St. Petersburg.

ganzen Höhe entrichtet werden konnte, wandten die verantwortlichen Einzugsbeamten eine ganze Reihe grausamer Methoden an. Eine der beliebtesten bestand darin, einen Stammesangehörigen als Geisel zu entführen. Meistens war dies ein wichtiges Mitglied der Gemeinschaft, vielleicht der beste Jäger, ein Anführer oder ein angesehener Stammesältester. Dies brachte zusätzliches Leid in die Gemeinschaften: Sie verloren einen Ernährer oder mussten ohne einen Anführer auskommen, es blieb ihnen nicht genug Zeit, neben der Pelztierjagd ihr eigenes Auskommen zu sichern. So mussten sie oft hungern – und dies in den rauen arktischen Bedingungen. Dies führte zu einer weiteren Dezimierung ihrer Gemeinschaften.

Zu Beginn des 18. Jahrhunderts kam eine neue Schikane hinzu: Die erzwungene Bekehrung zum orthodoxen Christentum, denn die Russen hatten eingesehen, dass mit friedlichen Methoden nicht viel auszurichten war. Gleichzeitig ging die Ausbeutung durch die Kolonisten unbarmherzig weiter. Schließlich trat 1824 ein behördliches Dekret in Kraft, das die sibirischen Völker gegen solche Übergriffe schützen sollte, das allerdings kaum Wirkung zeigte.

Über einen Zeitraum von 200 Jahren war das Ergebnis der Eroberung und Kolonisierung Sibiriens der Schwund, und in vielen Fällen sogar der unwiderrufliche Untergang, der alteingesessenen Bevölkerungen. Am Ende des 19. Jahrhunderts befanden sich manche der Ethnien in einem so beklagenswerten Zustand (Armut, geschrumpfte Bevölkerungszahlen, schlechte Gesundheit und moralischer Verfall), dass man schon damals ihr gänzliches Verschwinden nur noch für eine Frage der Zeit hielt – einer sehr kurzen Zeit.

Am 9. November 1901 lief das folgende Telegramm über die Drähte. Der Verfasser war Sergej Witte, der Verkehrsminister, und der Empfänger sein Dienstherr, der Zar:

> *„Am 19. Mai 1891 haben Ihre Majestät in Wladiwostok den ersten Spatenstich für den Bau der Großen Sibirischen Eisenbahn getan. Heute, am Jahrestag Ihrer Thronbesteigung, ist das Werk der Ostasiatischen Eisenbahn vollendet. Ich gestatte mir, Eurer Erlauchten Hoheit aus dem Grunde meines Herzens meinen Glückwunsch zu diesem historischen Ereignis auszusprechen. Mit der Verlegung der Trassen über eine Entfernung von 2500 km von Transbaikalien bis nach Wladiwostock und Port Arthur ist unser Unternehmen in der Mandschurei praktisch, wenn auch noch nicht ganz, abgeschlossen.*
>
> *Ungeachtet der außerordentlich schwierigen Bedingungen und der Zerstörung eines großen Teils der Strecke im letzten Jahr, kann der Verkehr zeitweilig über das gesamte System aufrechterhalten werden. Ich hoffe, die noch verbleibenden Arbeiten innerhalb der nächsten zwei Jahre zu einem erfolgreichen Ende führen zu können und dann die Eisenbahnstrecke für den dauerhaften regelmäßigen Verkehr freizugeben."*

In zehn Jahren waren 6350 km Eisenbahnschienen verlegt worden, also täglich mehr als 1,5 km – ein bisher unerreichter Rekord.

Ein enormes Land, eine Fläche von über 12,5 Millionen km² voller Sümpfe, Wälder und fruchtbarer Getreidefelder, mit Wüsten und Gebirgen. Ein Land, durchzogen von gewaltigen, wasserreichen Strömen aus den Zentralmassiven Asiens bis hin zum Nordpolarmeer, die das halbe Jahr über zugefroren sind, in anderen Zeiten jedoch zu den schönsten Wasserwegen der Erde gehören.

Ein Land, das einst von einer kulturell recht hoch stehenden Bevölkerung bewohnt, dann eine Zeit lang von nomadisierenden Stämmen durchzogen und dem nunmehr durch Zehntausende mithilfe der Eisenbahn von Russland her kommende Siedler neues Leben eingehaucht wurde. Mit einem Schlag war Sibirien zu einem Land der Verheißung geworden, auf das sich der gierige Blick der halben Welt richtete.

Vasily Surikov,
Die Eroberung Sibiriens durch Yermak, Detail (Front), 1895.
Ölgemälde, 285 x 599 cm.
Russisches Museum, St. Petersburg.

Vasily Surikov,
Stenka Razin, Detail, 1906.
Ölgemälde, 318 x 600 cm.
Russisches Museum, Moskau.

O. Kurliukov,
Tabernakel, 1901-1906
Silber, vergoldet, Émail cloisonné,
Porzellan, 33 x 9 x 14 cm.
St. Michael Kathedrale, Sitka, Alaska.
Moskau

Unbekannter Künstler,
Ikone: Kazan Mutter Gottes,
Mitte des 19. Jahrhunderts
Holz, Ölfarbe, 45 x 57 cm.
Irkutsk Regional Museum, Irkutsk.

Ein monumentales Projekt

In der zweiten Hälfte des 19. Jahrhunderts hatten die Russen im Fernen Osten eine wichtige Provinz erworben, am Rande eines großen Ozeans und durchzogen von einem mächtigen Fluss. Sie beschlossen, sie durch eine bessere Verbindung als mit den schlecht gebauten, holprigen und von Wegelagerern bedrohten, sich durch die sumpfigen und meist schneebedeckten Landschaften über Steppen und Berge windenden Poststraßen ihren europäischen Besitzungen anzugliedern. Die Regierung begann sich auch der Tatsache bewusst zu werden, dass die Bevölkerung Russlands sehr ungleich auf die beiden Erdteile Europa und Asien aufgeteilt war.

Die Bevölkerungszahlen der nomadischen Stämme Sibiriens, der Baschkiren, Burjaten (Burjat-Mongolen), Ewenken, Kirgisen, Vorjaken (Urdmuten), Kamtschadalen und Samojeden standen in einem deutlichen Missverhältnis zu den riesigen, kaum besiedelten Flächen von Russisch-Asien. Die offizielle Berechnung bezifferte die Bevölkerungsdichte (Russen und Urbevölkerung) auf einen Einwohner je 13 km^2. Die wichtigsten Gründe für die extrem langsame Besiedlung Sibiriens waren die riesigen Entfernungen vom dicht besiedelten, europäischen Russland aus und die fehlende Infrastuktur. Die einzigen Verkehrsmöglichkeiten, vor dem Bestehen der Transsibirischen Eisenbahn ins Herz Sibiriens zu gelangen, waren die eher unbequemen und wenig luxuriösen Tarantassen (Reisewagen) und die Lastkähne, die gelegentlich die Wasserwege der Flusssysteme des Irtysch und des Obi befuhren. So versprach man sich von der Sibirischen Eisenbahn als einer durchgehenden Verkehrsader eine ganz neue Art der Erschließung Sibiriens – unendlich viel schneller und bequemer.

Ein weiteres Hindernis, das sich der schnellen Entwicklung Sibiriens bis zu diesem Zeitpunkt entgegengestellt hatte, war das weit verbreitete Vorurteil von europäischer Seite, ein Vorurteil, das in Russland selbst noch viel stärker verankert war als im übrigen Europa. Schon zur Zeit der Zaren (wie später auch unter Stalin) wurden viele politische Gegner und Straftäter nach Sibirien in die Verbannung geschickt. Diese unglückliche Funktion Sibiriens als „Strafkolonie" darf als Ursache für seine langwierige Isolation nicht außer Acht gelassen werden, auch wenn die primäre Ursache sicher die mangelnde verkehrstechnische Erschließung war.

Man sagt, die erste große Hungersnot von 1890/1891, die ganz Südrussland heimsuchte, sei der Auslöser für die russische Regierung gewesen, erstmals Sibirien als ein mögliches Ventil zur Aufnahme des Bevölkerungsüberschusses im europäischen Teil Russlands ins Auge zu fassen. Zar Alexander II. hatte für seine asiatischen Besitzungen schon immer ein gewisses Wohlwollen gezeigt. Sein Lebenstraum war es, die Entwicklung Sibiriens voranzutreiben. Dieser Wunsch war zwar recht lobenswert, für seine Umsetzung fehlten aber ganz einfach die notwendigen Mittel.

Um Sibirien mit eigenen Augen zu sehen, unternahm der Zarewitsch Nikolaus II. seine denkwürdige Reise, ausgehend von der Pazifikküste durch die Steppen und Gebirge des Nordens. Am Ende seiner großen Reise im Jahr 1891 vollzog der Thronfolger Nikolaus in Wladiwostok den ersten symbolischen Spatenstich und füllte die erste Schubkarre mit Erde. So legte er sozusagen den Grundstein für dieses ehrgeizige Bauvorhaben, das zum gewaltigsten Eisenbahnprojekt des 19. Jahrhunderts werden sollte.

Bis zu seinem Tode verfolgte Zar Alexander II. seinen Traum von der Kolonisierung Sibiriens und hinterließ seinem Sohn ein diesbezügliches Erbe, das dieser ebenfalls energisch vorantrieb. Im darauf folgenden Jahr wurde der Bau der Bahnstecke auch am entgegengesetzten Ende, in Tscheliabinsk, in Angriff genommen. Nach Aufnahme der Bauarbeiten schritten die Arbeiten stetig voran, zwar durch die rauen geologischen und klimatischen Verhältnisse stark erschwert, doch in einem Tempo, das die großen Eisenbahnprojekte der USA und Kanadas in den Schatten stellt.

Konstantin Savitsky,
Reparatur der Eisenbahnschienen, 1874.
Ölgemälde, 100 x 175 cm.
Tretyakov Galerie, Moskau.

Im Dezember 1895 war die Transsibirische Eisenbahn bis nach Omsk verlegt; 1896 bis Ob' und 1896 bis Irkutsk, weite 5300 km östlich von Moskau. Stretensk wurde im Juli 1900 erreicht, und an dieser Stelle ging das anfängliche Bauvorhaben zu Ende. Damit die Bahn nicht entlang der schwierigen Strecke des Amur verlegt zu werden brauchte, wurde 1896 ein Abkommen mit der chinesischen Regierung getroffen, wonach die Ingenieure das Recht erhielten, die Trasse quer durch die nördliche Mandschurei zu verlegen, in einer fast geraden Linie bis nach Wladiwostok. Die Russisch-Chinesische Bank (alias die russische Regierung) erhielt 1898 eine Konzession zur Errichtung einer Zweigstrecke von diesem mandschurischen Segment aus in Richtung Süden bis nach Port Arthur am Golf von Pechili. Diese Streckenabschnitte wurden mit der größtmöglichen Geschwindigkeit vorangetrieben, vor allem wegen der politischen Ereignisse im Fernen Osten, die eine Mobilmachung großer Truppenverbände erforderten, um die russischen Interessen schlagkräftig zu vertreten.

Viele Russen hatten befürchtet, der Bau des Großen Eisenbahn bedeute das Ende der Binnenschifffahrt, doch genau das Gegenteil trat ein: Mit der Eisenbahn kam zusehends auch mehr Schiffsverkehr auf. Dies war zum einen dem großen Aufschwung zu verdanken, den die Wirtschaft in ganz Sibirien erhielt, zum anderen aber auch der Tatsache, dass diese Flüsse mit Ausnahme des Amur über den Seeweg durch das Polarmeer nur unter großen Gefahren zu erreichen waren, so dass sie bis zur Ankunft der Eisenbahn keinen richtigen Anschluss an das Verkehrsnetz besaßen. Die Ozeandampfer konnten zwar in die Mündung des Amur einlaufen, doch wegen der navigatorischen Schwierigkeiten befuhren nur wenige die großen, wasserreichen, sich in das Nordpolarmeer ergießenden Flüsse. Vereinzelte Schiffe aus russischen Häfen und einige aus England und anderen europäischen Häfen unternahmen gelegentlich solche Reisen, doch gab es keinen regelmäßigen Fahrplan, und viele sahen sich unterwegs zur

Umkehr gezwungen oder erlitten gar Schiffbruch. So erwies sich die Eisenbahn als positiv für die Flussschifffahrt, weil sie die auf dem Seeweg nicht gegebene Verbindung zur Außenwelt herstellte.

Obgleich die Flüsse und die militärischen Postwege bereits vor dem Bau der Eisenbahn einen gewissen Verkehr erlaubten, waren die Entfernungen in Sibirien doch so enorm, dass diese Poststraßen selbst unter den günstigsten Bedingungen äußerst langsam und beschwerlich waren. Darüberhinaus mussten die Flüsse den Großteil des Jahres über mit Schlitten befahren werden. Die Fahrten zwischen weit entfernten Orten nahmen viele Monate, oft Jahre, in Anspruch und waren von Mühsal und Gefahren begleitet. Die Kälte der bitteren Winter war genauso unangenehm wie die intensive Hitze der kurzen Sommer; außerdem musste man sich vor wilden Tieren in Acht nehmen und der Hunger war oft Küchenmeister.

In früheren Zeiten musste man für die Überlandreise von Moskau nach Irkutsk etwa ein Jahr rechnen, bis nach Kamtschatka brauchte man nochmals sechs Monate. Durch Verbesserungen an den militärischen Postwegen und ihrem Unterhalt ließen sich die Reisezeiten deutlich verkürzen; es war nicht ungewöhnlich, in einem Tag rund 300 km zurückzulegen. Dennoch wurde es mit jedem Jahr offensichtlicher, dass man schnellere Verkehrswege brauchte, um die Entwicklung und den Schutz dieser immensen Region sicherzustellen. So begann man in den 1860er Jahren, Pläne für den Bau eines Eisenbahnnetzes in Sibirien zu erwägen. Ein Konzept sah vor, die verschiedenen Flusssysteme durch einzelne kurze Eisenbahnstrecken zu verbinden, um so den Binnenverkehr zu erleichtern; doch schließlich einigte man sich darauf, eine einzige durchgehende Eisenbahnlinie zu bauen, die den europäischen Teil Russlands mit dem Pazifik verbinden sollte. Die Diskussion um den Verlauf der Strecke zog sich über 25 Jahre hin, bis sich schließlich im Jahr 1891 Zar Alexander III. für die Strecke, die wir heute kennen, entschied.

Illarion Pryanishnikov,
Rückkehr vom Markt, 1872.
Ölgemälde, 48 x 71 cm.
Tretyakov Galerie, Moskau.

Boris Yakovlev,

Der Transport nimmt seinen gewöhnlichen Plan wieder auf, 1923.

Ölgemälde, 100 x 140 cm.

Tretyakov Galerie, Moskau.

Ein reich geschmücktes Monument erinnert an die Ankunft des Zarewitsch' in Wladiwostok im Jahr 1891 und seine Einweihung der Großen Sibirischen Eisenbahn. Mit dem Bau der Strecke sollte an beiden Enden begonnen werden, einmal vom Pazifik und einmal vom Ural aus, und das ehrgeizige Projekt sollte möglichst schnell vorangehen. Unterdessen (1886) erreichte das Eisenbahnsystem des europäischen Russland von Moskau her bereits den Ural, und 1892 wurde die Erweiterung nach Tscheliabinsk auf der asiatischen Seite des Urals eröffnet.

Diese Stadt wurde zum Ausgangspunkt für die Große Sibirische Eisenbahn erkoren. Von hier aus ging es immer weiter in östlicher Richtung, durch die Region von Orenburg, entlang der südlichen Grenze der Region Tobolsk und dem nördlichen Rand der Kirgisischen Steppe; von dort durch die Gegenden von Tomsk, Jenissei und Irkutsk bis zum Baikalsee. Die Stadt Irkutsk wurde 1898 erreicht. Von dort wurden die Passagiere und die Fracht anfangs mit einer Eisbrecherfähre über den See transportiert, bis später eine Umgehungsstrecke um das südliche Ende des Sees verlegt wurde. Am gegenüberliegenden Ufer führten die Schienen weiter in östlicher Richtung durch Transbaikalien bis nach Stretensk am Schilka Fluss. Bis hierher wurde die Eisenbahnstrecke 1901 eröffnet, und zum gleichen Zeitpunkt war auch die Ostchinesische Eisenbahn durch die Mandschurei unter russischer Aufsicht fertig gestellt worden. Diese Strecke verband die Eisenbahnlinie in Transbaikalien mit der Ussuribahn und etablierte auf diese Weise einen fortlaufenden Schienenstrang von St. Petersburg und Moskau bis zum Hafen Wladiwostok am Pazifik. Eine Zweigstrecke verband außerdem die Ostchinesische Eisenbahn mit Port Arthur und dem prächtigen russischen Seehafen Dalny.

Einer der wichtigsten Beweggründe für den Bau der Eisenbahn war der Transport von Zuwanderern in die fruchtbaren Täler Zentralsibiriens. Auf den Bahnhöfen im Westen drängten sich Schwärme hoffnungsvoller Kolonisten. Sie stiegen an Orten wie Kainsk, Omsk, Kurgan, Atschinsk und Tscheliabinsk aus und warteten dort auf den Weitertransport nach Norden, Süden und Osten. Die Zahlen dieser Zuwanderer belegen, dass die von der Regierung gebotenen Anreize die eingefleischten Vorurteile und die Beschwerlichkeiten der langen Reise aufwogen.

Die russische Regierung betrieb eine recht aggressive Siedlungspolitik. Sie sandte ihre Agenten in die am dichtesten besiedelten Gebiete des europäischen Russland mit dem Auftrag, die dortige Bevölkerung von den Vorzügen des Lebens in der sibirischen Weite zu überzeugen. Erfolg hatten sie vor allem bei den verarmten Bauern, die in die Städte gekommen waren, hier jedoch kaum das zum Leben Notwendigste finden konnten. Die russische Regierung lockte mit verschiedenen Anreizen, verlangte aber auch eine nominale Summe für die Fahrtkosten, um so missliebige und gefährliche Elemente der Gesellschaft auszuschließen. Es wurde ein fester Fahrpreis nach Entfernung berechnet, so dass ein Bauer für die bescheidene Summe von sechs Rubeln 3000 km reisen konnte. Auf diesem Weg gelangten die Menschen aus Südrussland ins Herz Sibiriens.

Allein im Jahr 1896 verließ eine Viertelmillion Landarbeiter Russland, um ihr Glück als Siedler in Sibirien zu suchen. Weder die Eisenbahn noch das Kolonisierungsministerium konnten diesen unerwarteten Ansturm bewältigen, so dass der Zar sich zum Erlass eines Edikts gezwungen sah, mit dem alle Beamten der verschiedenen sibirischen Regierungen alle anderen Angelegenheiten ruhen lassen und sich ausschließlich mit der Kolonisierung befassen sollten. Eine Weile lang herrschte ein Chaos, so dass eine große Zahl der hoffnungsvollen Siedler unverrichteter Dinge wieder ins russische Kernland zurückkehren musste.

Die Transsibirische Eisenbahn legt zwischen Moskau und Wladiwostok eine Strecke von 14 745 km zurück. Unterwegs schneidet sie den Oberlauf des Obi, des Jenissei, der Lena und des Amur an Stellen, wo diese Flüsse bereits breit genug sind, um von relativ großen Schiffen befahren zu werden. Bis zum Bau der Eisenbahn waren Sibirienreisende auf Pferde und Wagen angewiesen. Die Entfernungen zwischen den Städten waren so groß, dass die Regierung zur Aufnahme der großen Zahl von Reisenden auf der großen, durch das Herz

Sibiriens verlaufenden Straße in Abständen von 15 bis 30 km jeweils Poststationen errichten ließ. Hier konnte man vom Posthalter zu staatlich festgelegten Preisen für wenige Kopeken Pferde mieten. Aber außer den Wartesälen gab es keine weiteren Annehmlichkeiten. Von daher mussten die Reisenden selbst alles mitführen, was sie für die Reise brauchten. Neben seinem Gepäck trug der erfahrene sibirische Reisende ein Bett, Bettlaken und Proviant mit sich, so dass er auf besondere Gastfreundschaft nicht angewiesen war. Bei seiner Ankunft an einer Poststation erwartete er denn auch nicht mehr als einen Samowar, einen „selbstkochenden" Wasserkocher für die Zubereitung von Tee. Einen solchen Samowar konnte man sich für wenig Geld leihen. Für die Nutzung des Posthauses, in dem der Reisende sein müdes Haupt zur Ruhe legen und bis drei Nächte lang unentgeltlich übernachten konnte, wurden keine Gebühren erhoben. Bezahlt werden mussten nur die Kosten für das Pferd. Das Reisen war damit zwar billig, aber auch nicht unbedingt ein Vergnügen.

Mit der Erschließung des Landes durch die Eisenbahn erhöhten sich jedoch auch die Ansprüche der Reisenden. Beispielsweise stieg die Nachfrage nach komfortableren Unterkünften. Hotels und Gasthäuser wurden eröffnet, und an vielen Orten entstanden dort, wo früher die Poststationen gestanden hatten, plötzlich ganze Städte. Durch die Zuwanderung und den aufkommenden Tourismus floss auch Geld in die Region. Schon gegen Ende des 19. Jahrhunderts, also noch vor der Fertigstellung der durchgehenden Route der Transsibirischen Eisenbahn von Moskau nach Wladiwostok, wagten sich Gruppen abenteuerlustiger Reisender aus Amerika und Westeuropa nach Russland, um die lange und noch immer gefährliche und ungewisse Reise durch die sibirischen Steppen zu unternehmen. Ein solcher unverzagter früher Tourist berichtet:

> *„Unsere Mitreisenden erzählten unaufgefordert alles Mögliche über die Transsibirische Eisenbahn, so dass wir das Schlimmste zu fürchten begannen. Es kursierten Gerüchte über dreistündige unvorhergesehene Aufenthalte an kleinen Stationen unterwegs – hier ein halber Tag, dort ein Tag. Es gäbe keine Brücken über den Obi und den Tschulim, man möge sich also darauf gefasst machen, dass die Monotonie der Reise durch eine Schlittenfahrt unterbrochen würde ...".*
>
> (Robert L. Jefferson, Roughing it in Siberia)

Allerdings beschränkte sich der Einzugsbereich der Eisenbahn jedoch auf den südlichen Teil Sibiriens und ließ Tausende von Quadratkilometern nach Norden und Süden von dem nun beginnenden wirtschaftlichen Aufschwung vollkommen unberührt. Die negativen Wirkungen hingegen, wie Korruption und Krankheiten, verbreiteten sich sehr schnell über sämtliche Gebiete: Ganze Sippschaften wurden dahingerafft, und in kürzester Zeit waren die einheimischen Volksgruppen der arktischen Gebiete vom Aussterben bedroht.

Der Preis des Fortschritts

Mit dem zunehmenden Einfluss und dem Druck, den die Zuwanderungswellen aus dem europäischen Teil Russlands mit sich brachten, gerieten die alteingesessenen Volksgemeinschaften Sibiriens immer mehr in Bedrängnis. So wurden beispielsweise die Nomaden gezwungen, sesshaft zu werden, im Bergbau zu arbeiten oder sich in Ballungszentren niederzulassen. Dies führte dazu, dass im 20. Jahrhundert zwischen der alten und der jungen Generation immer größere Konflikte ausbrachen, weil sie nur noch wenig gemeinsam hatten und kaum noch die gleichen Werte und Vorstellungen teilten.

Die Gründe dafür waren die rücksichtslose Industrialisierung und die forcierte Assimilation - u.a. die Zwangsrussifizierung - durch die kommunistische Sowjetunion. Die jungen Leute hatten nicht nur ihre Heimat verloren (so raubte etwa der Ölboom vielen ethnischen Gruppen ihre Weideflächen), sondern es wurde ihnen auch das Wissen um die Kultur und die Lebensweise ihrer optimal an die Taiga und die Tundra angepassten

House of Carl Fabergé
Modelle der Imperialen Transsibirischen Eisenbahn und ein Fabergé-Ei, 1901.
Ei: Onyx, Silber, Gold, Quartz, Emaille;
Eisenbahn: Gold, Platin, 13 cm.
Waffenmuseum, Moskau.

Ivan Shishkin,
Entfernte Wälder, 1884.
Ölgemälde, 112.8 x 164 cm.
Tretyakov Galerie, Moskau.

Isaac Levitan,
Die Vladimirka, 1892.
Ölgemälde, 79 x 123 cm.
Tretyakov Galerie, Moskau.

Vorfahren vorenthalten. Der Fundus an praktischer Erfahrung, der sich über Jahrtausende hinweg von Generation zu Generation weitervererbt hatte, wurde über einen größeren Zeitraum systematisch unterdrückt. Durch entsprechende Verbote an den Schulen gingen auch die Sprache und die ethnische Identität verloren. (Inzwischen gibt es Programme zur erneuten Einführung des muttersprachlichen Unterrichts, doch ist der Verlust wohl kaum wieder gutzumachen.)

Neben diesen kulturellen und gesellschaftlichen Problemen gab es noch schlimmere Auswirkungen der groß angelegten, hemmungslosen Industrialisierung Sibiriens und des zunehmenden Interesses multinationaler Konzerne an den Bodenschätzen dieses Landes: der Raubbau an den natürlichen Ressourcen, die Zerstörung der Umwelt und damit der Lebensgrundlage der alteingesessenen Bewohner. Die Liste der Verheerungen ist lang, unter anderem zählen dazu: die Entwaldung der äußersten östlichen Gebiete und entlang der pazifischen Küste; die Verschmutzung der Flüsse und Seen (Ob, Jenissei, Viljuj, Baikalsee usw.); der saure Regen (das hohe Altaigebirge, die Gegend um den Baikalsee) und die Luftverschmutzung (Norilsk, das Kuzbass-Becken, Magadan, Wladiwostok, Kabarowsk).

Überall wurden Bergwerke, Bohrtürme, Fabriken und Kraftwerke errichtet. Die Verschmutzung traf die ethnischen Volksgruppen weitaus am stärksten, lebten sie doch fast ausschließlich von den natürlichen Erzeugnissen der betroffenen Gebiete. Die Verseuchung ihrer Weidelandschaften dezimierte schnell ihr Vieh und die Rentierherden. Gebiete, die vormals als reichhaltige Jagdgründe bekannt waren, schrumpften immer mehr, und das Wenige, das noch übrig blieb, war schnell durch Wilderer leer geräumt. Auch der Fischbestand ist zurückgegangen, und die Exemplare, die man noch fängt, sind vergiftet und gesundheitsschädigend. Das Sammeln von Beeren, Pilzen und Heilpflanzen wurde praktisch eingestellt.

Seit den 1970er Jahren haben sich in den verschiedenen Gemeinschaften Sibiriens Dichter, Künstler und Schriftsteller zusammengetan, die sich mit dem Schicksal ihrer Völker auseinander setzen und dazu aufrufen, diese Völker vor dem drohenden Aussterben zu bewahren und ihre kulturelle Identität vor der Assimilation und der völligen Zerstörung zu retten. Sie vertreten ein neues Selbstbewusstein und eine Rückbesinnung auf ihre eigenen Traditionen – und bringen dies in ihren Kunstwerken zum Ausdruck. Unter ihnen sind so bekannte Namen wie Vladimir Sanghi (ein Nivche), Yuri Rytkhe (ein Tschuktsche), Anna Nerkagi (Nenze) und die Brüder Kurilow (Jukagiren).

Die Realität des Lebens für diese Menschen des Nordens ist heute alles andere als einfach. Ein gutes Drittel der einheimischen Bevölkerung ist inzwischen vollkommen urbanisiert, ihre ethnische Identität und Zugehörigkeit sind verschwunden. Die übrigen leben so gut sie können in ihrer ländlichen Umgebung. Doch ihre wirtschaftliche Grundlage hat sich drastisch verschlechtert. Manche sind halbtags mit traditionellen Erwerbstätigkeiten beschäftigt und arbeiten daneben vielleicht noch in der Industrie, aber viele sind ohne Arbeit. Depression, Alkoholismus und Jugendkriminalität sind die traurigen Folgen.

Doch trotz der qualvollen erzwungenen Akkulturation und Assimilation und des Verschwindens der traditionellen Sitten und Gebräuche unter der jungen Generation ist der Beitrag, den diese sibirischen Ethnien für die Welt geleistet haben, doch noch nicht ganz in Vergessenheit geraten. Es ist dies das Konzept einer natürlichen, nachhaltigen Lebensweise, die unmittelbar auf der Nähe zur und der Abhängigkeit von der Natur beruht, sowie in der ganzheitlichen Vision der Welt und des Platzes, den der Mensch auf der Erde einnimmt. Am deutlichsten zeigen sich diese Vorstellungen in den noch heute fortlebenden animistischen Bräuchen und den schamanischen Ritualen, die zwar seltener geworden sind, in der modernen, ökobewussten Welt jedoch eine neue Beachtung finden.

Das nächste Kapitel befasst sich mit den ursprünglichen Lebensformen und den zu Grunde liegenden Auffassungen. „Ursprünglich" ist hier auf der einen Seite im Sinn von „urzeitlich" und „traditionell" gemeint, aber auf der anderen auch von „originell" und „andersartig" – beides Attribute, die die Ureinwohner Sibiriens charakterisieren.

Sergei Ivanov,
Auf der Straße, der Tod eines Umsiedlers,
1889.
Ölgemälde, 71 x 122 cm.
Tretyakov Galerie, Moskau.

Die Taiga (Zentral-Jakutien).

II. Das traditionelle Leben

A. Leben und Überleben

„In jedem Aspekt ihres täglichen Lebens, inmitten ihres ständigen Kampfes gegen die unerbittliche Landschaft und das Wetter können wir dennoch den Ausdruck einer unbändigen Ästhetik bemerken."

Die traditionellen Lebensformen der verschiedenen in Sibirien lebenden ethnischen Gemeinschaften sind von einem oder mehreren Erwerbszweigen bestimmt – vom Fischfang, von der Jagd, der Rentierhaltung oder der Viehzucht. Sie sind im Wesentlichen durch die jeweilige natürliche Umgebung bedingt, weshalb sie auch innerhalb derselben Volksgruppe stark voneinander abweichen können, je nachdem, ob eine Gemeinschaft in der Tundra im Landesinneren oder an der Küste lebt. Die Ewenken beispielsweise können sowohl Jäger und Rentierhalter als auch Jäger und Fischer sein, oder aber sie züchten Vieh und Pferde, je nachdem, in welcher Gegend sie leben. Die Ewenen hingegen halten Rentierherden und jagen die Tiere der Taiga und der Tundra, während sie sich an den Küsten des Ochotskischen Meeres von der maritimen Jagd ernähren, also die Meeressäuger fangen.

Die ethnischen Gemeinschaften Sibiriens leben traditionsgemäß von dem, was die Natur ihnen bietet, wobei sie immer nur gerade so viel nehmen, wie sie zum Leben brauchen. Sie machen aus den klimatischen und geografischen Verhältnissen ihrer natürlichen Umgebung das Beste. Die Faktoren, die ihren Alltag am stärksten beeinflussen, sind das fragile Ökosystem, die langen strengen arktischen Winter, die Wanderungen der Herden, der Winterschlaf der Arten, auf die sie zum Überleben angewiesen sind, und schließlich die Kürze der Anbauzeiten.

Für die Rentierhirten ist es ganz normal, dass sie mit der Herde in andere Weidegründe ziehen, wenn die Weiden an einer Stelle nichts Fressbares mehr bieten. Von daher haben sie sich an eine nomadische, den jahreszeitlichen Wanderungen der Tiere angepasste Lebensweise gewöhnt. Wenn im Hohen Norden die Zugvögel im Mai wieder zurückkehren, ist dies der Beginn der schönsten Jagdsaison des Jahres. Im Frühjahr und im Herbst schwimmen die Fische flussaufwärts, um zu laichen. Jede Art hat ihren eigenen bevorzugten Ort; die Lachse etwa schwimmen sehr weit stromaufwärts in die flachen Quellgewässer der Ströme. Naturgemäß finden sich auch die Fischer je nach Jahreszeit dort ein, wo sich die Fische sammeln. Auf diese Weise fangen sie die Fische, wenn sie am fettesten sind und die Weibchen Rogen tragen. Wenn im Sommer die verschiedene Beerenarten reifen, ist Beerensammeln angesagt.

Entlang der Küsten gibt es stets reichlich Tiere und Vögel, die gejagt werden können. Deshalb waren die in den Küstenstrichen lebenden Gemeinschaften zumindest in Friedenszeiten niemals zu einem nomadischen Lebensstil gezwungen, sondern konnten in festen Siedlungen leben.

Die Fauna und Flora und der Zyklus der Natur bestimmten in Sibirien den Lebensrhythmus der Urbevölkerung und diktierten den Jahreskalender und die damit verbundenen täglichen Aufgaben jeder Gruppe und jedes Einzelnen.

Khanty,
Rentierschlitten überquert einen seichten See, 1998.
Fotografiert von Anthony Vecera.

Die sibirischen Urvölker waren die Erben von unmittelbar mit dem täglichen Leben und der natürlichen Umwelt verbundenen Traditionen, die eine Gruppe von den übrigen unterscheidet, auch wenn sie unter sich zahlreiche Gemeinsamkeiten aufweisen. Zum Beispiel essen fast alle Sibirer Fisch, bereiten diesen jedoch sehr unterschiedlich zu. Das geografisch am weitesten verbreitete Fischgericht, das sich von Norden bis Süden und von Osten nach Westen großer Beliebtheit erfreut, ist Jukola (an der Luft getrockneter roher Fisch). Dabei wird der Fisch im Sommer auf großen Brettern oder Holzrahmen getrocknet, um für den Winter haltbar gemacht zu werden. Da Jukola äußerst nahrhaft ist, nahm es über Jahrhunderte den gleichen zentralen Platz im Speisezettel der sibirischen Völker ein wie das Brot für die meisten anderen Menschen.

Ähnlich bildet Stroganina das Grundnahrungsmittel für die Bewohner einiger der kältesten Regionen des Nordens. Es ist ein im Winter gefangener Fisch, der, sobald er aus dem Wasser kommt, in Lufttemperaturen von unter -40°C sofort gefriert und, in feine Streifen geschnitten, aufbewahrt und ungekocht verzehrt wird. Als ein Lieblingsgericht aller Bewohner des Hohen Nordens, seien sie Russen oder sibirische Ureinwohner, wird Stroganina meist für spezielle Anlässe reserviert. In den kleineren Dörfern wird der gefrorene Fisch im Vorbau oder auf der Veranda der Häuser den Winter über aufbewahrt, da die mittlere Außentemperatur gewöhnlich tiefer ist als die der elektrischen Tiefkühltruhen.

Eine weitere Gemeinsamkeit der verschiedenen Völker mit ihren eigenständigen Traditionen ist die Nutzung der natürlichen Materialien – Holz, Felle, Häute und Rinde,

Nenet,
Transportables Chum-Zelt, 1998.
Fell und Stoff.
Fotografiert von Vladimir Dorokhov.

die für Kleidung, Behausung und Kunsthandwerk verwendet werden. In allen Gegenden Sibiriens wird Rentierfell vor allem zu wärmender Winterbekleidung verarbeitet, vorzugsweise für kniehohe, aus Streifen vom festen Pelz des Unterschenkels des Rentiers gefertigte, weiche Stiefel. Die weiter im Norden lebenden Völker – die Nenzen, Tschuktschen, Jukagiren, Nganasani usw. – fertigen ihre Schuhe und Stiefel eher aus dem kleinen Lappen harter Haut zwischen dem großen und dem kleinen Teil des Rentierhufs. Auch wenn für ein einziges Paar Stiefel eine riesige Menge solcher Hautfetzen erforderlich ist, so halten diese Stiefel die Füße garantiert warm und trocken.

Als Schlittentiere setzen viele sibirische Völker Hunde statt Rentiere ein. Schlitten mit der üblichen Nutzlast von bis zu 220 kg werden in der Regel von zwölf oder dreizehn Hunden gezogen. Anders als die Grönländer und die Samojeden, die jeden Hund einzeln mit einem Lederriemen am Schlitten befestigen, verwenden die Einheimischen der Region um den Unterlauf der Lena nur einen einzigen aus Leder gefertigten starken Mittelriemen, an dessen beiden Seiten die Hunde über kürzere Riemen angeschlossen werden. Der Peredowoi oder Leithund wird vorne eingespannt. Der Vorteil ist, dass die Hunde sich nicht in zahlreiche Seile und Zaumzeug verstricken; allerdings geht ein Teil der Zugkraft verloren, weil der Riemen jedes Hundes in einem Winkel zum zentralen Seil steht. Gelenkt werden die Hunde nicht durch Zügel, sondern durch die Stimme des Fuhrmanns, dem sie, so lange sie kein Wild wittern, aufs Wort gehorchen. Wenn sie jedoch hungrig sind und etwa den Geruch eines Rentiers aufnehmen, rasen sie los, so

Ambar (Frühstücksflocken),

dass der Schlitten in viele Stücke zerbricht. Um einer solchen unliebsamen Überraschung vorzubeugen, benutzt der Fuhrmann meist eine Eisenstange als Bremse.

Die Bedeutung, ja die Notwendigkeit, einer bewusst und präzise auf die Umgebung abgestimmten Lebensweise in der eisigen, wenig fruchtbaren Tundra kann nicht genügend betont werden. So waren denn die einheimischen Sibirer Meister in der Kunst, ihre Nahrung und Verhaltensweisen ganz genau dem Klima und den natürlichen Gegebenheiten anzupassen. Ein Reisender, der das Verhalten der Jäger in der Wildnis beobachtet hat, erteilte die folgenden nützlichen Ratschläge zum Überleben:

„Ein Mann, der ein herzhaftes Abendessen aus getrocknetem Fisch und Talg zu sich nimmt, sich ein sibirisches Kostüm überzieht und dann in einen schweren Pelzsack kriecht, kann eine Nacht im Freien bei einer Temperatur von -55° C ohne Gefahr überleben; doch wenn er von einer langen Reise ermüdet ist, seine Kleider nass vor Schweiß sind oder er nicht genug zu essen hat, dann kann er schon bei 0° C erfrieren. Die wichtigsten Regeln des Reisenden in der Arktis sind: Reichlich fettiges Essen zu sich zu nehmen; Überanstrengung und Reisen bei Nacht zu vermeiden und sich niemals dazu hinreißen zu lassen, sich durch übertriebene Verausgabung zum Schwitzen zu bringen, nur um sich kurzfristig aufzuwärmen. Ich habe Tschuktschen in baumlosen Gegenden und bei gefährlichen Temperaturen gesehen, die wohlweislich lieber den ganzen Tag mit kalten, schmerzenden Füßen gegangen sind, als sich mit Laufen zu verausgaben, um sich zu wärmen."

Jakuten,
Städtische Jakuten auf Pferderücken, 1906.
Jakuten.

Die traditionellen Lebensformen der sibirischen Urvölker, die sich in jüngster Zeit entweder grundlegend geändert haben oder ganz verloren gegangen sind, hatten alle eines gemeinsam: Die Fähigkeit, sich der feindlichen, unwirtlichen Umgebung optimal anzupassen. Dieses für die Völker des Nordens überlebenswichtige praktische Wissen repräsentiert ein für die ganze Menschheit kostbares Erbe: ein tiefes Verständnis der natürlichen Umwelt und der klimatischen Bedingungen des Hohen Nordens und der dort heimischen Tier- und Pflanzenwelt. Dieses Wissen verdanken sie ihrer Jahrhunderte alten Erfahrung und der mündlichen Überlieferung, dank derer es von einer Generation zur nächsten weitergereicht wurde.

Dieses Wissen hat den ethnischen Bevölkerungsgruppen nicht nur erlaubt, überhaupt unter diesen Bedingungen zu überleben, sondern es ist auch die Grundlage ihrer eigenständigen künstlerischen Kreativität. Denn die Urbevölkerungen Sibiriens sind geschickte Schmiede, Schreiner und Kunsthandwerker. Besonders das Schmieden ist ein Handwerk mit alter Tradition, das sich vom Vater auf den Sohn vererbt. Zur Zeit ihrer Unterwerfung durch Russland kannten sie bereits das Geheimnis der Eisengewinnung aus Erz, und es gibt zahlreiche Beweise dafür, dass sie dieses Metall seit Urzeiten kannten. Des Weiteren sind sie auch geschickt im Schnitzen von Holz und Knochen. Die Tschuktschen und Korjaken sind talentierte Elfenbeinkünstler. Sie stellten aus Elfenbein Tierfiguren sowie äußerst widerstandsfeste Speerspitzen her. Ihre Jagdmesser aus Bandeisen sind meisterhaft geformt, und manche Griffe sind wunderschön mit Kupfer, Messing und Silber eingelegt.

Tschuktschen,
Rentierhirten in der Tundra, 1979.
Anadyr-Region.

Eskimo,
Teppich, 1909.
Robbenfelle und -häute,
Nackenhaare eines Rentiers, 70 x 68.5 cm.
Russisches Museum für Ethnographie,
St. Petersburg. Kamtschatka Okrug,
Tschuktschen-Distrikt.

Tschuktschen,
Kleine Plastik 'Reise auf einem Rentier',
1906.
elfenbeinfarbener Wahlross-Stoßzahn,
7.5 x 7 cm.
Russisches Museum für Ethnographie,
St. Petersburg. Primorskaya Oblast,
Anadyr Krai.

Jakuten,
Skulptur 'Rentierzüchter auf dem Schlitten',
1955.
Mammutknochen, 17 x 4.5 x 5.5 cm.
Russisches Museum für Ethnographie,
St. Petersburg. Jakuten ASSR.

Viele der indigenen sibirischen Stämme lieben Musik aller Art und begleiten sich auf einer dreieckigen, dreisaitigen Gitarre, einer Balaleika. Manche unter ihnen spielen recht gut auf einer selbst gebauten Geige. Sie vergnügen sich gern mit Unterhaltungsformen wie Tanzen, Fußballspielen im Schnee und veranstalten Hunderennen.

Ihre Haushaltsgeräte bestehen aus einem großen eisernen oder kupfernen Kessel, einem Messer, Kellen, Löffeln und Tellern, Holzschüsseln, einem Beil, Flintstein und Feuerstahl. Die Tschuktschen verwenden einen Topf oder ein Küchengerät, das in ihrer Sprache Kuuchi heißt. Sie hängen sehr an diesen eisernen Gefäßen. Je stärker sie sind, desto besser; kein Argument kann sie überzeugen, ein Kupfergefäß zu kaufen oder zu verwenden, auch wenn dieses mit Zinn ausgekleidet ist, denn Kupfer steht bei ihnen im Verruf, giftig zu sein. Sie ziehen Gerätschaften aus reinem Eisen vor, mit denen sie mühelos und sehr geschickt auch bei Temperaturen von -40° C umgehen. Andere Schalen, Schüsseln und Küchenutensilien bestehen vorwiegend aus Holz oder aus Birkenrinde. Ein aus Rinde gefertigter Wassereimer, ein Becken aus demselben Material, ein paar Holzlöffel und ein paar Rentierhäute reichen für die täglichen Bedürfnisse einer Ostiakenfamilie aus.

Unter den Eingeborenen Sibiriens sind es die Viehzucht treibenden Burjaten, die die Tradition des gemeinschaftlichen Besitzes am besten aufrechterhalten haben. Eine arme Burjatenfamilie hat Anspruch darauf, Nahrung und Unterkunft von ihren

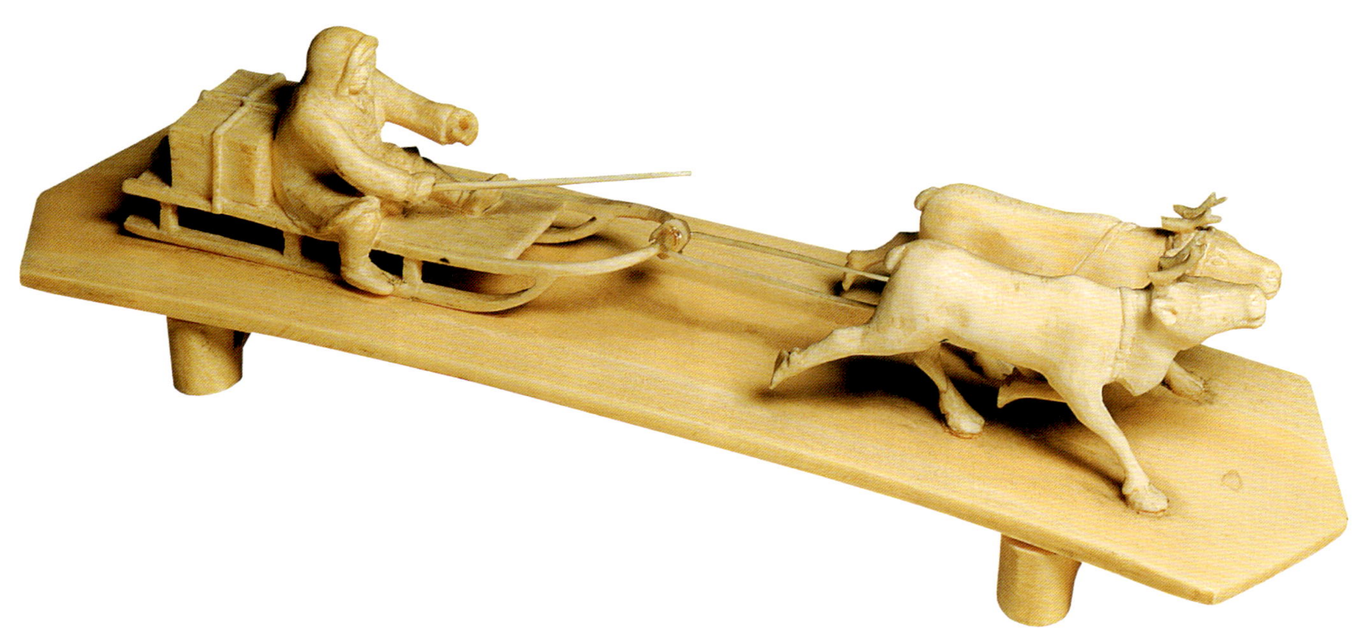

wohlhabenderen Stammesangehörigen zu bekommen. Wenn ein Burjat ein Rotwild erlegt, gibt er erst den Teil ab, der seinen Nachbarn zusteht; er selbst nimmt sich nur, was übrig bleibt. Für ein Burjaten-Mädchen ist es ganz selbstverständlich, zum Dorfschmied zu gehen und sich dort Ornamente aus Metall für ihr Haar und ihr Kostüm auszusuchen, ohne dafür zu zahlen; das Getreide auf dem Feld wird von der Gemeinschaft geerntet, wobei jeder Angehörige das Recht hat, sich das zu holen, was er für seinen Eigenbedarf braucht. Dieses „kommunistische" Prinzip gilt auch bei den großen gemeinschaftlichen Jagdausflügen, die an bestimmten Tagen stattfinden und von prunkvollen Festlichkeiten begleitet sind.

In der Stadt Kiakta im Selenga-Tal nahe der Grenze wurde der große überregionale Markt abgehalten, auf dem die Russen und die indigene Bevölkerung zum Tausch von Waren zusammentrafen. Ein wichtiger Erwerbszweig in der Region um den Baikalsee waren die Jagd und die Domestikation des Maral, einer Hirschart, deren Hörnern von den Chinesen medizinische Heilkraft nachgesagt wurde. Der Maral stößt seine Hörner einmal im Jahr ab, worauf sie eingesammelt und zu hohen Preisen an chinesische Händler verkauft und von diesen gen Süden nach China verfrachtet werden. Auf ganz ähnliche Weise fanden sich unter den chinesischen Händlern auch bereitwillige Käufer für die Klauen, Knochen und andere Teile des sibirischen Tigers, der einst in großen Mengen in Ussuri und entlang der Pazifikküste zu finden war. Diese Teile wurden gemahlen und dem Patienten gegeben. Sie sollen wundersame Wirkungen gezeitigt haben. Die Chinesen verabreichten das Tigerpulver ihren Soldaten, um ihnen Mut einzuflößen.

Die folgende Beschreibung einer traditionellen Jakutenhochzeit veranschaulicht Gebräuche der nördlichen Jakuten, die sich von jenen ihrer Verwandten im Süden der Provinz stark unterscheiden. Eine Heirat bei den indigenen sibirischen Völkern kommt in der Regel so zustande:

Alëuten,
Körbe, 1909-1910
Seegras, Wollgarn, Durchmesser der Böden: 1) 12.2 cm 2) 21 cm 3) 33 cm.
Russisches Museum für Ethnographie, St. Petersburg. Alëutische Inseln, Insel Umnak.

Alëuten, Korjaken,
Körbe, frühes 20. Jahrhundert
Seegras, Samenkörner, Wollgarn, Farbe, aufbereitete Rentierhaut, 1) 25.5 and 17.2 x 12 cm; 2) 22 x 13 cm.
Russisches Museum für Ethnographie, St. Petersburg. Kommandeurinseln, Kamtschatka Halbinsel.

Alëuten,
Kleine Frauentasche, 1909-1910
Seegras, Wollgarn, Stoff, 27 x 24 cm.
Russisches Museum für Ethnographie, St. Petersburg. Alëutische Inseln, Insel Unalaska.

Tschuktschen,
Stoßzahn mit farbiger Gravur (1. Seite),
1930er
elfenbeinfarbener Wahlross-Stoßzahn,
62 x 6 cm.
Russisches Museum für Ethnographie,
St. Petersburg. Tschuktschen Halbinsel.

Tschuktschen,
Stoßzahn mit farbiger Gravur (1. Seite),
1930er
elfenbeinfarbener Wahlross-Stoßzahn,
57 x 6 cm.
Russisches Museum für Ethnographie,
St. Petersburg.

Tschuktschen,
Stoßzahn mit farbiger Gravur (2. Seite),
Detail, 1930er
elfenbeinfarbener Wahlross-Stoßzahn,
57 x 6 cm.
Russisches Museum für Ethnographie,
St. Petersburg. Tschuktschen Halbinsel.

Tschuktschen,
Stoßzahn mit farbiger Gravur (2. Seite),
1930er
elfenbeinfarbener Wahlross-Stoßzahn,
57 x 6 cm.
Russisches Museum für Ethnographie,
St. Petersburg. Tschuktschen-Halbinsel.

Wenn ein Vater seinen Sohn verheiraten will, macht er sich entweder selbst auf den Weg zu seinen Freunden oder schickt einen Vertrauten auf Brautschau. Wird eine geeignete Braut gefunden, muss der Preis mit ihrem Vater ausgehandelt werden. Sobald die Parteien sich auf eine Summe geeinigt haben, ist die erste Rate der Zahlung fällig. Die zweite Rate wird bei der Hochzeit bezahlt, die restliche Summe sobald das Paar zusammenzieht. Trotz des offensichtlich geschäftlichen Charakters der Hochzeit findet man bei diesen Stammeskulturen oft eine echte, tiefe Zuneigung zwischen den Partnern, und noch viel stärker trifft dies auf die Beziehung zwischen Eltern und Kindern zu.

Der Hochzeit wohnen zahlreiche geladene und ungeladene Gäste bei. Die Zeremonie findet sowohl im Elternhaus der Braut als auch in dem des Bräutigams statt; die Freunde und Verwandten der Braut versammeln sich in ihrem Haus, jene des Bräutigams in seinem. Braut und Bräutigam sitzen nicht am Tisch, sondern in einer Ecke hinter der Tür, mit ihren Gesichtern zur Wand; die Braut auf der Frauenseite, der Bräutigam auf der Männerseite der Jurte. Beide tragen ihre feinsten Gewänder. So sitzen sie drei Tage lang, während der Dauer des ganzen Festes, ohne sich anzublicken. Die jungen Leute, sowohl Mädchen als auch Jungen, singen, tanzen und spielen.

Prominente Gäste und Greise sitzen auf Bänken entlang der Wand, rauchend und Tee, Kumiss (vergorene Stutenmilch) und Wodka trinkend. Zwischendurch wird auch eine Kleinigkeit gegessen, doch die Hauptmahlzeiten sind das Mittag- und das Abendessen. Jedem Gast wird eine Pferdehaut als Tischdecke vorgelegt und darauf wird das Siedfleisch mit Knochen serviert. Die Verwandten der jungen Eheleute tauschen diese Fleischstücke. Dies ist der wichtigste Teil der jakutischen Hochzeitszeremonie: Er symbolisiert den Bund zwischen den beiden Familien, die von diesem Tag an alle Feindseligkeiten begraben und in Zukunft „Fleisch eines Fleisches und Knochen eines Knochens" sind.

In früheren Zeiten, als die Sitte des „Brautraubs" noch gang und gäbe war, bestand diese Zeremonie im Austausch von Geschenken als Zeichen der Versöhnung sowie als Entschädigung für Verluste während der vergangenen Streitigkeiten. Wenn die Hochzeit zu Ende geht und die Gäste sich zum Aufbruch bereitmachen, folgt noch eine abschließende Zeremonie: Die Gäste halten einen mit Kumiss gefüllten Becher in der Hand und werden durch den Gastgeber und die Gastgeberin drei Mal um die vor der Jurte stehenden heiligen

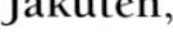

Jakuten,
Chorons – Becher für Koumiss (fermentierte Eselsmilch), 1903, Ende des 19. und Anfang des 20. Jahrhunderts
Holz, 1) 21 x 13 cm; 2) 56 x 21 cm.
Russisches Museum für Ethnographie, St. Petersburg. Jakuten Oblast.

Jakuten,
Nähschachtel, 1908.
Birkenrinde, Perlen, Pferdehaar, Holz, Leder, 14 x 17 cm.
Russisches Museum für Ethnographie, St. Petersburg. Jakuten Oblast, Vilyuy Okrug.

Pfosten herumgeführt, an denen Pferde befestigt sind. Dann besteigen die Gäste ihre Pferde, trinken einen Teil ihres Kumiss und schütten den Rest auf die Mähnen ihrer Hengste.

Die Rolle der verheirateten Frauen bei diesen Völkern ist alles andere als leicht; sie sind fast ununterbrochen mit Haushalts- und anderen Arbeiten beschäftigt. Ihre Pflichten beschränken sich nicht ausschließlich auf die Geburt, die Pflege und das Aufziehen der Kinder. Sie müssen auch die Tierkadaver häuten und zerlegen, die Häute gerben und verarbeiten, die Kleider für die ganze Familie nähen und flicken, die Zelte anfertigen, aufschlagen und wieder abbauen, Holz hacken und sammeln, Eis stechen und schmelzen, die Schlitten be- und entladen, die Mahlzeiten zubereiten und den Männern beim Fischen, Jagen und Fallenstellen zur Hand gehen.

Bis zum Beginn des 18. Jahrhunderts waren die Burjaten – genau wie die anderen Völker des nördlichen Asiens, die zu den östlichen Zweigen der Ural-Altaischen Gruppe gehörten (also alle Ewenken, Mongolen und Turk-Stämme) – Anhänger der Religion, die allgemein als Schamanismus bezeichnet wird. Zurzeit, als die Dai-Tsin-Dynastie den Thron des chinesischen Reiches bestieg, wurde der Schamanismus unter dem Namen Tjao-Shen auch in China verbreitet, doch war ihm in diesem Land kein dauerhafter Erfolg beschieden. Der Umstand ist nur deshalb erwähnenswert, weil im Jahr 1747 eine Beschreibung der Zeremonien des Schamanismus in China veröffentlicht wurde. Diese Abhandlung in mandschurischer Sprache war über mehrere Jahrhunderte der einzige gedruckte Text zu dieser uralten mongolischen Religion, die ansonsten lediglich in mündlicher Form überliefert wurde.

Im Jahr 1727 kamen buddhistische Missionare in die Mongolei und bekehrten die Transbaikalischen Burjaten und die Bewohner des Tungkin-Tals zum Buddhismus, der sich hier jedoch aufs Engste mit dem Schamanismus vermischte. Es gab eine Zeit, da zählte man in dem Gebiet um den Baikalsee und in den südlichen Gegenden von Irkutsk Hunderte von buddhistischen Klöstern. Um die Wende zum 20. Jahrhundert war ihre Zahl drastisch zurückgegangen und ihre Bedeutung praktisch auf Null gesunken. Die frühen buddhistischen Missionare übten einen starken zivilisatorischen Einfluss auf die Burjaten aus, führten sie doch die Schrift bei ihnen ein und übersetzen mehrere tibetische Religionswerke in die mongolische Sprache.

Das buddhistische Kloster am Gänsesee war das wichtigste, da es zugleich die Residenz des Oberhaupts der sibirischen Anhänger des lamaistischen Glaubens war. Es gab hier auch eine Bibliothek mit einer wertvollen Sammlung von Büchern und Manuskripten in tibetischer und mongolischer Sprache. Ferner war das Kloster der Schauplatz für eine wichtige jährliche Feier. Die Burjaten unternahmen gern Pilgerreisen nach Urga, wo sie einem „lebenden Buddha" ihre Ehrerbietung darbringen konnten. So groß war ihre Frömmigkeit, dass ein Burjate nicht selten sein ganzes Eigentum bereits zu Lebzeiten einem Heiligtum unter der Bedingung vererbte, dass man ihm das überließ, was er zum Leben brauchte.

In jüngerer Zeit trifft man auf den Hügeln in der Nähe des Flusses oft Gräber von Angehörigen der Urbevölkerung mit einem einfachen Holzkreuz als Grabstein – Zeugnisse für das von den Russen importierte orthodoxe Christentum. Die Mehrheit der Einheimischen sind dem Namen nach Christen. Heidnische Begräbnisse ohne Kreuz sind inzwischen von Gesetzes wegen untersagt. Außerdem hat sich unter den christianisierten Einheimischen der Aberglaube breit gemacht, dass der Engel des Jüngsten Gerichts die Gräber nicht erkennen kann, wenn sie nicht mit einem Kreuz markiert sind. Doch selbst diese „orthodoxen" Gräber legen noch Zeugnis ab von den uralten, traditionellen religiösen Gebräuchen: auf den Gräbern liegen Rentierschädel, Schlitten, die die Toten zu ihrem letzten Ruheplatz fuhren, Kinderspielzeug oder andere Habseligkeiten der Toten.

Viele der sibirischen Stämme verhalten sich Fremden gegenüber erstaunlich gastfreundlich, sie scheinen oft enthusiastisch über die Gelegenheit, ihren Reichtum

Jakuten,
Geschirr für die Bewirtung von Gästen,
1909.
Holz, Metall, 23.5 x 65 cm.
Russisches Museum für Ethnographie,
St. Petersburg. Jakuten Oblast,
Boturuski Ulus.

Jakuten,
Geschirr für Kumiss,
(fermentierte Eselsmilch), wird während des Ysyakh-Feiertags benutzt, 1906.
Holz, Metall, 22 x 32.5 cm.
Russisches Museum für Ethnographie,
St. Petersburg. Jakuten Oblast,
Jakuten Okrug.

Frau bereitet auf einem Ofen in einer Jurte Essen zu, 1913.

Tschuktschen,
Tranlampe zur Beheizung und Beleuchtung der Unterkunft, frühes 20. Jahrhundert
Stein, Durchmesser: 16 cm; Höhe: 7 cm.
Russisches Museum für Ethnographie, St. Petersburg. Primorskaya Oblast, Anadyr Krai.

Jakuten,
Schöpfkelle zum Eingießen von Kumiss, (fermentierte Eselsmilch),
frühes 20. Jahrhundert
Holz, 103 x 18 cm.
Russisches Museum für Ethnographie, St. Petersburg. Jakuten ASSR.

Aleuten,
Löffel, frühes 20. Jahrhundert
Holz, 28.5 cm.
Russisches Museum für Ethnographie, St. Petersburg. nordwestliches Amerika.

Korjaken,
Löffel, 1909-1911
Argalihorn, 15.9 cm.
Russisches Museum für Ethnographie, St. Petersburg. Kamtschatka.

vorzuzeigen, sei dies nun in Form von Vieh oder von Pelzen. In Bulun, der Hauptstadt des Schigansk-Distrikts, einer Gegend, die von den Ewenken bewohnt wird, gibt es eine Kirche mit einem Pfarrer, einem Zivilbeamten und ein Polizeigebäude, ungefähr 40 Jurten mit 200 Einheimischen und in der Mitte all dieser Strukturen einen „Palast" in Form eines großen russischen Izba (Bauernhaus).

Ein Fremder, der hierher zu Besuch kommt, wird höflich in den Palast gebeten und gastfreundlich mit Wodka und Rentierfleisch, Wodka und Jukola (getrocknetem Fisch), Wodka und gekochtem Fisch, Wodka und Stroganina (gefrorenem Fisch) und Wodka und Ikra (getrockneter Fischrogen - Kaviar) bewirtet. Die Wände der Empfangshalle des Palastes sind mit kostbaren, glänzenden Ikonen behängt. In der rechten Ecke brennt eine Lampe vor dem Bild des Hl. Nikolaus. Die Schatzkammern des Königs enthalten riesige Haufen geschnitzter und dekorierter Mammutzähne, die viele Tausend Rubel Wert sind sowie eine Menge Pelze von Blau-, Weiß- und sogar den überaus kostbaren und seltenen Schwarzfüchsen.

Wandervölker wie die Tschuktschen entwickelten verschiedene Methoden, um miteinander über die weitläufigen Eissteppen zu kommunizieren. Überall in der Tundra gab es einst Pfähle, einzeln oder in Gruppen in spezieller Anordnung aufgereiht, und in verschiedenen Abständen voneinander platziert. Manche von ihnen waren mit geheimnisvollen Markierungen versehen, andere wiesen Kerben auf, in die in verschiedenen Richtungen Holzsplitter eingesteckt waren. Diese Pfähle dienten in

Nanai,
Hochzeitskleid.

Nanai,
Spirituelles Schutzkleid, Unbekannt
Fischgräten, Stoff,
Russisches Museum für Ethnographie,
St. Petersburg.

Ewenken,
Piktografischer Brief, 1908.
Holz (Kiefer), Kohle, 59 x 26 cm.
Russisches Museum für Ethnographie,
St. Petersburg. Yenisey Gubernia
(Provinz), Yenisey Uyezd (Distrikt),
das Podkamennaya Tunguska Flussgebiet.

Eskimo,
Frauentasche, frühes 20. Jahrhundert
Robbenfelle und -häute, Nackenhaare
eines Rentiers. 37 x 49 cm.
Russisches Museum für Ethnographie,
St. Petersburg. Tschuktschen-Halbinsel.

Alëuten,
Frauentasche, 1909-1910
Eingeweide einer Ohrenrobbe,
Vogelflaum, Wollgarn, Vogelbalg.
34 x 36 cm.
Russisches Museum für Ethnographie,
St. Petersburg. Alëutische Inseln.

diesem unermesslich großen Land dem Austausch von Nachrichten; sie wurden von den Nomaden sorgfältig studiert. So erfuhren die dieser „Sprache“ Kundigen beispielsweise, dass ein Ort im Sommer von den Ewenken besucht worden war, die hier wilde Rentiere jagten, dass ein Fuchstrapper aus Olenek ein paar Wochen zuvor auf seinem Weg nach Westen vorbeigekommen war, oder dass ein Passant in der Nachbarschaft einen Polarbären gesichtet hatte. Jeder, der die Steppen durchzog, konnte seinen Teil zu diesen „offenen Briefen“ beitragen, indem er neue Stäbchen und Pfähle setzte und die Nachfolgenden über wichtige Dinge informierte.

B. LAND UND WASSER

„Die Fauna und Flora und der Zyklus der Natur bestimmen in Sibirien den Lebensrhythmus der Urbevölkerung. Sie diktieren den Jahreskalender und die täglichen Aufgaben jeder Gruppe und jedes Einzelnen."

Rentierhalter

Die Ewenen und die Ewenken versuchten als Erste, das Rentier zu domestizieren. Bis auf den heutigen Tag nutzen sie das Rentier als Fortbewegungsmittel in dieser Region der Taiga, hauptsächlich beim Jagen anderer Huftiere. Bei diesen ethnischen Gemeinschaften dreht sich alles um das Rentier, ja sie nennen sich in ihrer eigenen Sprache oft die „Rentiermenschen" (Tschuwtschuwenen).

Der für Sibirien typische „Beruf" des Rentierhalters wird mehr oder weniger intensiv von zehn der alteingesessenen ethnischen Gruppen praktiziert: den Chanten, den Nenzen, den Tschuktschen, den Ewenen, den Ewenken, den Dolganen, den Jukagiren, den Korjaken, den Nganasanen und den Tofalaren. Dabei sind die Methoden der Rentierhaltung in der Taiga und der Tundra jedoch recht unterschiedlich.

In der baumlosen Taiga sind die Herden verhältnismäßig klein, meistens sind es nur zwischen 20 und 25 Tiere, höchstens deren 50. Hier dient das Rentier hauptsächlich als Fortbewegungsmittel für eine Bevölkerung, die sich im Wesentlichen durch Jagd und Fischfang ernährt. Die Chanten beispielsweise halten Rentiere (eine Tätigkeit, die sie von den Nenzen kopiert haben) nur als Nebenbeschäftigung.

Eine größere Bedeutung kommt den Rentieren in der Tundra zu, wo die Herden wesentlich größer sind, zwischen Hundert bis zu mehreren Tausend Tieren. Das halbdomestizierte Rentier ist eine Lebensgrundlage für die Menschen des russischen Hohen Nordens.

Flechten und Moose, die Hauptnahrung des Rentiers, wachsen im Jahr nur etwa 3 mm. Wenn in einem Areal alles bis auf Stumpf und Stiel gefressen ist, sind die Rentiere gezwungen, weiterzuziehen und nach neuen Weidegründen zu suchen. Diese jahreszeitlich bedingte Wanderung der Rentiere spiegelt sich notgedrungen im Leben ihrer Hirten und natürlich auch der Jäger wider. Die Strecken, die bei diesen Wanderungen zurückgelegt werden, stehen in einem direkten Verhältnis zur Gesamtgröße der Herde. Je mehr Tiere eine Herde umfasst, desto wichtiger ist es, ein ausreichend großes Areal mit frischen Flechten und Moosen zu finden (von der Taiga oder der Übergangszone zwischen Taiga und Tundra im Winter – wo die Rentiere unter der Schneedecke leichter Futter und die Menschen Feuerholz finden können – zu den riesigen unwirtlichen Weiten des Nordens während des Sommers).

Die kleineren Herden, ob in der Taiga oder der Tundra, legen eher kürzere Entfernungen zwischen Sommer- und Winterweidegründen zurück; ihre Marschrouten betragen im Mittel vielleicht 40 bis 60 km, jedenfalls nicht länger als 100 km. In der Taiga folgen die Rentierhalter, die ihre Rentiere für die Jagd benutzen, bei ihrer saisonalen Wanderungen den Pfaden, die mit den Wanderungsmustern der Tiere übereinstimmen, die sie jagen, oder sie suchen die Stellen an den Flüssen und Seen auf, an denen sie Fische fangen können.

Korjaken,
Spielzeug-Rentier, 1897.
Holz, 18 x 12 cm.
Russisches Museum für Ethnographie,
St. Petersburg. Kamtschatka.

Ewenken,
Ewenken auf Rentierrücken,
frühes 20. Jahrhundert
Yenisey Provinz.

In Westsibirien sind die Nenzen die größten Rentierhalter, im Osten die Tschuktschen und die Korjaken. Weniger gut organisiert als die Nenzen, halten die Tschaotschen und die Tschawtschuwen (so nennen sich die Tschuktschen und die Korjaken selbst) die zahlenmäßig größten Herden in ganz Sibirien. Die Nenzen halten sich das ganze Jahr über an den Weideplätzen ihrer Rentiere auf: ihre Hirten behalten die Rentiere mithilfe entsprechend abgerichteter Hunde ständig im Auge und achten darauf, dass die Herde zusammenbleibt. Im Gegensatz dazu überließen die Tschuktschen und die Korjaken, wenigstens bis in die 1950er Jahre, ihre Herden meistens sich selbst, mit dem Ergebnis, dass die Hirten (die keine Hunde hatten) häufig viel Zeit aufwenden mussten, um ausgebrochene Tiere wieder einzufangen.

Die Rentiere der Ewenen galten bei den Tschuktschen und den Korjaken als ganz besonders wertvoll, weshalb sie manchmal bereit waren, zwei ihrer eigenen Tiere für ein einziges Ewenentier zu geben. Das gleiche galt für alle Rentiere der Taiga, die wegen der größeren Herden von den Hirten der Tundra hoch geschätzt wurden.

Die Tundrahirten reiten ihre Tiere nicht, spannen sie jedoch vor ihre Schlitten zum Transport von Menschen und Waren. In den Wäldern der Taiga ist das Rentier das wichtigste Transportmittel, sowohl für die Ewenen als auch für die Ewenken. Das Rentier ist in bergigem und bewaldetem Gelände ein ausgesprochen gutes Reittier, wie die Tuwa, die im südlichen Teil Sibiriens Vieh- und Pferdezucht betreiben, bezeugen können, denn auch sie nutzen das Rentier zum Reiten.

Die Rentierjagd ist körperlich sehr anstrengend, und dies nicht nur im Winter, wenn die Jäger gegen Hunger und Kälte ankämpfen müssen. Nach der Kalbzeit (im Mai) müssen die Hirten die Neugeborenen Tag und Nacht im Auge behalten, damit sie nicht von Wölfen geschnappt werden. Gegen Ende des Sommers, wenn überall die Pilze aus dem Boden schießen, heißt es sogar, noch wachsamer zu sein, denn die Rentiere lieben diese potenziell gefährlichen Delikatessen. Aus Gründen der Gesundheit und Sicherheit muss die Herde mehr und mehr in ihrer Bewegungsfreiheit eingeschränkt werden, bis die Tiere schließlich nachts in der Nähe des Lagers eingepfercht werden (der arktische Tag geht seinem Ende entgegen).

Die Ernährung der Hirten der Taiga besteht zum größten Teil aus gejagter oder gefangener Beute, etwa Fischen, oder aus dem, was sie gesammelt haben (Beeren, Pilze, Waldfrüchte). Die Besitzer der größten Rentierherden jedoch leben fast ausschließlich von dem, was ihre eigenen Tiere ihnen liefern, angefangen mit dem einen Tier, das zu Beginn des Herbstes geschlachtet wird. Auch das kleinste Teil des Rentiers wird verwertet, nichts wird vergeudet. Das Fleisch wird in roher, gekochter oder gefrorener Form verzehrt. Zur längeren Lagerung wird es auch geräuchert. Das Blut wird noch lauwarm direkt nach der Schlachtung getrunken; das rohe Knochenmark gilt bei den Hirten als besondere Köstlichkeit. Das Fett wird in der Regel mit dem Fleisch zusammen gegessen, dient aber auch der Beleuchtung. Die Nenzen stellen Kerzen aus Rentierfett her. Die Sehnen werden als Fäden beim Nähen der Kleider benutzt oder als Schnüre und Seile. Die Haut lässt sich

Korjaken,
Pastor and Rentier-Hirte,
spätes 19. - frühes 20. Jahrhundert.
Kamtschatka Halbinsel.

Ulchi,
Rentierhirte, 1992.

Buryat,
Rentierfigürchen, 5. - 4. Jahrhundert v.Chr
Gold, 4.5 cm.
Staatliches Eremitage-Museum,
St. Petersburg. Amur Region.

Ewenken,
Wiege, 1907.
Holz, Stoff, Glasperlen, Metall, Rehhaut,
68 x 27 x 20 cm und 16 cm.
Russisches Museum für Ethnographie,
St. Petersburg. Yenisey Provinz,
Khatanga Fluss (Camp).

zu Schlingen und Riemen verarbeiten, als Zügel für die Beschirrung und für den Harnisch. Die pelzigen Teile der Rentierhaut werden für modische Kleidungsstücke verwendet oder für die riesigen teppichartigen Decken zur Auskleidung des Tschum, des wigwam-artigen traditionellen Rundzelts der nomadischen Jäger und Hirten.

Die Behausungen der sibirischen Ureinwohner sind von Gemeinschaft zu Gemeinschaft sehr unterschiedlich. Auch sie spiegeln die enge Wechselbeziehung zwischen dem Menschen und seiner natürlichen Umgebung wider. Bei den Wohnstätten der Rentier hütenden Stämme der Taiga und Tundra haben sich zwei Arten herausgebildet: Die Nenzen, die Dolganen, die Ewenken, die Nganasani und einige weitere Volksgruppen in Zentral- und Westsibirien leben in einem Nomadenzelt, dem Tschum, während die Völker in den Territorien weiter nördlich und östlich – die Tschuktschen, die Ewenen und die Korjaken – in einem Jaranga hausen.

Das Tschum wird aus 20 bis 50 kreisförmig auf dem Boden angeordneten und zu einem Konus aufgerichteten Holzstangen gebaut, die an der Spitze zusammengebunden werden. Im Winter wird diese Struktur durch zwei Lagen Rentierhaut belegt, wobei die Pelzseiten jeweils nach außen gekehrt sind, so dass die eine das Zelt nach innen auskleidet und die andere den Elementen nach außen trotzt. Zwischen den beiden Häuten befindet sich nur eine schmale Isolierschicht. Im Sommer werden statt der Häute Streifen von Birkenrinde oder dicht gepacktes Moos verwendet.

Der offene Bereich in der Mitte des Zeltes wird in einer Höhe von 1,5 m von zwei waagerechten Stangen eingenommen, die zum Aufhängen von Kleidern, Schuhen, Krügen und Töpfen usw. über dem Feuer dienen. Bei den Nenzen befindet sich der Wohnbereich

Jakuten,
Spielsachen: 1) Rentier 2) Bullenkalb,
1908, 1903
Holz, 1) 22 x 4 cm; 2) 18 cm x 13 cm.
Russisches Museum für Ethnographie,
St. Petersburg. 1) Jakuten Oblast,
Vilyuy Okrug; 2) Turukhan Krai,
Litovie Siedlung.

Tschuktschen,
Frauenmesser zum Zerteilen toter Tiere, Häute oder der Nabelschnur eines neugeborenen Kindes (in der Vergangenheit),
frühes 20. Jahrhundert
Metall, elfenbeinfarbener Wahlross-Stoßzahn, Messer: 20 cm;
Griff: 11 cm.
Russisches Museum für Ethnographie,
St. Petersburg. Tschuktschen National
Okrug (Region), Magadan Oblast.

Korjaken,
Schöpfkelle für Wasser, 1909-1911
Argalihorn, 14.5 x 12 cm;
Durchmesser der Kelle: 10.4 cm.
Russisches Museum für Ethnographie,
St. Petersburg. Kamtschatka.

jeweils links und rechts des Eingangs, also beidseitig des Herdes. Der Boden ist mit geflochtenen Binsenmatten und Rentierfellen ausgelegt. Der Bereich vor der Zeltwand gegenüber dem Eingang muss „rein" gehalten werden. Hier werden die heiligen Gegenstände der Familie aufbewahrt, zusammen mit den Koch- und Essutensilien sowie den Lebensmittelvorräten. Bei den Ewenen ist die Seite rechts oder links des Eingangs für die Frauen reserviert, die Mitte des Tschum für die übrigen Familienmitglieder, und der hintere Teil (gegenüber dem Eingang) für männliche Besucher.

Das Jaranga sieht ganz anders aus, auch wenn es ebenfalls Ähnlichkeit mit einem indianischen Wigwam aufweist. Es hat einen zylinderförmigen Grundriss, verjüngt sich jedoch an der Spitze zu einem Konus, eine Form, die sich als besonders widerstandsfähig gegen die heftigen Böen und die arktischen Stürme erwiesen hat. Im Winter wird der aus Pfählen gebildete Holzrahmen mit Rentierhäuten belegt und mit Steinen beschwert bzw. mit in den Schnee eingeschlagenen Holzpflöcken befestigt. Der Eingang des Jaranga befindet sich traditionell stets an der Ost- oder Nordostseite (der Westen gilt als unheilvolle Himmelsrichtung, als die Richtung des Teufels). Der Auf- und Abbau des Zeltes, das Einsammeln und Verpacken der einzelnen Teile (Stangen, Behänge, Deckhäute, Bodenmatten usw.) ist eine der vielen Aufgaben der Frauen. Die Lager der Korjaken und der Tschuktschen bestehen meist aus fünf bis zehn Jaranga, wobei in jedem ein oder zwei Familien (durch Blut oder Heirat verwandt) unterkommen. Für die Beförderung eines Jaranga mitsamt seiner Insassen werden rund zwanzig Schlitten benötigt. In früheren Zeiten besaßen die wohlhabendsten Rentierhalter bis zu 5 000 Tiere und etwa 150 Schlitten.

Die Bevölkerung der Kamtschatka-Halbinsel, der Heimat eines Großteils der Tschuktschen und der Korjaken, setzt sich aus drei stark unterschiedlichen Bevölkerungsgruppen zusammen: aus sesshaften Ureinwohnern, den Kamtschaken, aus russischen Zuwanderern oder aus Nomadenstämmen. Die Kamtschaken leben über die ganze Insel verstreut in Dörfern aus Holzhütten, vor allem aber an den Mündungen kleiner Flüsse, die im zentralen Bergmassiv entspringen und in das Ochotskische Meer oder den Pazifik fließen. Sie leben vorwiegend vom Fischfang, als Pelztier-Trapper sowie vom Anbau von Kohl, Roggen, Kartoffeln und Weißrüben, die recht spärlich bis zum 58. Breitengrad wachsen. Ihre größten Siedlungen befinden sich in dem fruchtbaren Tal des Kamtschatka-Flusses zwischen Klutschei und Petropawlowsk. Die relativ wenigen russischen Siedler wohnen verstreut in den Kamtschaka-Dörfern; sie sind Pelzhändler, die ihre Ware an die Kamtschaken und die nomadischen Stämme im Norden verkaufen.

Die Korjaken mit ihrer nomadischen Lebensart waren einst die wildesten, mächtigsten und unabhängigsten Ureinwohner der Halbinsel. Sie überschreiten nur selten den 58. Breitengrad, es sei denn, um Handel zu treiben. Ihre angestammten Weidegründe sind die großen, öden Steppen östlich des Golfs von Penzinsk, die sie pausenlos in kleinen Gruppen mit ihren Fellzelten durchstreifen. Sie leben von ihren großen Herden zahmer und domestizierter Rentiere. Die Regierung, der die Einwohner von Kamtschatka nominell unterstanden, wurde durch einen russischen Offizier, einem so genannten Ispravnik oder lokalen Gouverneur vertreten. Ihm oblagen die Gerichtsbarkeit und die Eintreibung der Tributzahlung, des Jassak, zu dessen Abgabe die männlichen Bewohner der Provinz verpflichtet waren. Er residierte in Petropawlowsk, aber wegen der Größe der zu verwaltenden Provinz und der unzulänglichen ihm zur Verfügung stehenden Verkehrsmittel verließ er sein Hauptquartier nur ganz selten. Die einzigen Transportmittel zwischen den weit verstreuten Siedlungen der Kamtschaken waren Kanus, Lastpferde und Hundeschlitten.

Kamtschaken-Dörfer liegen, umgeben von Birken und Pappeln und durch Hügel gegen die bitterkalten Winde aus dem Norden geschützt, vielfach auf einer kleinen Erhebung nahe der Böschung eines Flussufers. Die in Sichtweite vom Ufer errichteten Häuser sind sehr niedrig und bestehen aus Baumstämmen, deren Enden abgeflacht sind. Die Zwischenräume sind dicht mit Moos verstopft, die Dächer sind mit Stroh aus langen Gräsern oder mit überlappenden Streifen von Tamarack-Rinde gedeckt und bilden seitlich und an beiden Enden starke Überhänge. Die Fensterrahmen enthalten nur gelegentlich Glasscheiben, häufiger bestehen sie aus einem unregelmäßigen Flickwerk von durchsichtigen, mit getrockneten Rentiersehnen vernähten Fischblasen. Die Türen sind fast quadratisch, die Kamine nichts weiter als lange, kreisrund angeordnete und dick mit Lehm gepflasterte gerade Stangen.

Hier und dort stehen zwischen den Häusern merkwürdige vierbeinige Strukturen, die so genannten Balagane – Vorratskammern für getrockneten Fisch. Dies sind Plattformen mit Grasdächern, auf vier Pfählen in sicherem Abstand vom Boden errichtet, um den Inhalt vor Hunden zu schützen. Sie erinnern an kleine Heustöcke, die sich auf vier Beinen davonmachen wollen. Neben jedem Haus steht ein Gerüst aus horizontalen Stangen zum Trocknen von Lachs. Der Fischgeruch durchdringt alles und lässt keinen Zweifel über die Haupterwerbstätigkeit und die Ernährungsgrundlage der Kamtschaken zu.

Die sesshaften Ureinwohner auf Nordkamtschatka wechseln in der Regel saisonbedingt zwischen zwei Siedlungen hin und her. Es sind dies die Zimovie oder Wintersiedlung und die Letovie oder Sommer-Fischstation, die zwischen 1,5 bis 7,5 km auseinander liegen. Erstere befindet sich im Allgemeinen an einer durch einen bewaldeten Hügel geschützten Stelle, mehrere Kilometer von der Küste entfernt. Hier wohnen die Menschen zwischen September und Juni. Die Letovie hingegen wird in der

Eveni,
Jurte, 1992.

Rentierherde in Sibirien, 1998.
Fotografiert von Anthony Vecera.

Nähe einer Flussmündung errichtet und besteht aus einigen wenigen Jurten oder Erdhütten, acht oder zehn konischen Balaganen auf Stelzen und einer großen Zahl von Holzrahmen zum Trocknen der erbeuteten Fische. Hierher ziehen die Gemeinschaften jedes Jahr Anfang Juni, sie lassen die Wintersiedlung einfach unbewohnt zurück. Sie werden von den Hunden und den Krähen begleitet, die sich im Sommer ebenfalls in den Balaganen wohler fühlen.

Neben ihren Rentieren hängen die Einheimischen der Kamtschatka-Halbinsel für ihren Lebensunterhalt auch von Lachsen ab, die jeden Sommer in riesigen Schwärmen zum Laichen in die nördlichen Flüsse kommen. Sie fangen sie zu Tausenden mit Netzen, Speeren und Wehren. Die Fische werden salzlos im Freien getrocknet und bilden sowohl für die Kamtschaken als auch für ihre Hunde während der langen Wintermonate das Grundnahrungsmittel. Im Sommer sieht das Menü wesentlich abwechslungsreicher aus, denn das Klima und der Boden an den Unterläufen der Flüsse in Süd-Kamtschatka gestatten den Anbau von Roggen, Kartoffeln und Weißrüben, und auf der ganzen Halbinsel gibt es reichlich Wild. Auf den moosigen Ebenen und in den grasbewachsenen Tälern findet man wilde Rentiere und Braunbären; die Berge sind von Schneeberghammeln und einer Steinbockart bevölkert, in den Flüssen und den kleinen Seen und Teichen tummeln sich Millionen und Abermillionen von Enten, Gänsen und Schwänen aller Art. Diese Wasservögel werden während der Mauserzeit in großen Mengen durch organisierte Trupps zwischen 50 und 70 Jägern in Kanus gefangen. Sie jagen die Vögel in einem großen Schwarm einen schmalen Flusslauf hinauf, an dessen oberen Ende ein Netz auf sie wartet. Sie werden dann mit Keulen erschlagen, gesäubert und ausgenommen und zur Konservierung gesalzen.

Brot wird in neuerer Zeit aus Roggen hergestellt. Die Kamtschaken mahlen es selbst, doch vor der Ankunft der Russen kannten sie anstelle von Brot nur eine Art gebackener Grütze, die aus den zerstoßenen oder geriebenen Wurzelknollen eines einheimischen Liliengewächses hergestellt wurde. Die einzigen Früchte sind Beeren, von denen es allerdings 15 oder 20 verschiedene Arten gibt, darunter rote und schwarze Heidelbeeren, gelbe Moltebeeren und Zwergmoosbeeren, und eine Art wilder Kirsche. Die Beeren werden im Spätherbst gesammelt und als Vorrat für den Winter eingefroren. In fast allen Kamtschakensiedlungen werden Kühe gehalten, deshalb fehlt es nicht an Milch. Ein merkwürdiges, besonders leckeres einheimisches Gericht besteht aus Sauermilch, gebackenem Quark und süßer Sahne, bestäubt mit Zimt und Puderzucker.

Fischer und Jäger

An den Küsten des Nordpolarmeeres und des Pazifischen Ozeans widmen sich gelegentlich sogar im Sommer manche nomadischen und halbnomadischen Gemeinschaften dem Meerestierfang, sei es wegen deren Haut, des Specks oder einfach um für eine schmackhafte Abwechslung in der Ernährung zu sorgen. Zu diesen Gruppen gehören die Nenzen, sofern sie auf ihrer sommerzeitlichen Wanderung bis zur arktischen Küste vorstoßen, sowie die Nganasani und an der Pazifikküste die Oltschen, die Ewenken, die Oroken und die Orotschen. Für die Nivchen der Sachalin-Insel und vor allem für die Aleüten im extremen Nordosten, die Yuit (Eskimos) und die Küstengemeinschaften der Tschuktschen (die Ankalinen), für die Ewenen (Nemen) und die Korjaken (Nymylany) ist die Jagd auf Meeressäugetiere die Lebensgrundlage, die Basis ihrer traditionellen Kultur.

Die Beringstraße, die Ufer der Bucht von Lawrentija und die Umgebung von Novoje Tschaplino sind Gegenden, in denen die maritime Jagd, also die Jagd auf Meeressäuger, die grundlegende Form des Wirtschaftstreibens ist. In dieser Gegend (der Tschukotski-Halbinsel) folgen die Dörfer der Jäger dem Küstenverlauf, den Kaps und den Buchten. Aus ihren Häusern haben die Jäger einen Ausblick auf das Meer und können ihre Beute ins Visier nehmen: Seehunde, Walrosse, Beluga- und andere Wale.

Tschuktschen,
Tschuktschenmänner in Rüstung,
Unbekannt
Walross und Robbenleder,

Die traditionellen Waffen für die Jagd waren der Speer und die Harpune, die aber längst durch das Gewehr ersetzt worden sind. Die Techniken und traditionellen Methoden sind je nach Jahreszeit und nach Beute unterschiedlich. Eine wichtige Rolle spielen auch religiöse Vorstellungen über bestimmte Tiere.

Der Winteranfang, wenn die Eisschicht noch sehr brüchig ist, ist die beste Zeit für die Seehundjagd. Durch die dünne Eisscholle, in der das Tier ein Loch zum Atmen offen hält, werden mit Köder versehene Leinen gesenkt. Dieselbe Technik wird auch beim Jagen von Robben verwendet. In der Regel sitzt der Jäger vollkommen regungslos neben dem Loch, mit dem Gesicht zum Wind, und wartet, bis das Tier auftaucht. In diesem Moment spießt er es mit seiner Harpune auf oder erlegt es mit einem Schuss. Die Tschuktschen richten ihre Hunde speziell darauf ab, Atemlöcher der Meeressäuger ausfindig zu machen. Am Frühlingsanfang, wenn die Seehunde sich auf den Eisschollen an der Sonne wärmen, nähern sich ihnen die Jäger bis auf eine kurze Entfernung, indem sie sich auf dem Bauch mit robbenden Bewegungen vorwärtsbewegen und die schwerfälligen Bewegungen (und auch die Laute) der Tiere nachahmen. Oft tarnen sie sich zusätzlich mit Seehundfellen.

Für die Aleuten und die Eskimos beginnt die Jagdzeit mit der Eisschmelze, wenn sie mit ihren Kajaks auf das Meer hinausfahren können. Die Tschuktschen und die Korjaken tun dasselbe mit ihren Bidarka, einer Art Paddelboot. Beide Bootstypen können unterschiedlich lang sein, sind jedoch ganz besonders leicht und dennoch robust gebaut. Sie bestehen aus dehnbarer Robbenhaut oder aus auf einem Holzrahmen gespannter und gestreckter Walrosshaut. Ein Reisender am Ende des 19. Jahrhunderts beschreibt ein sibirisches Boot:

„Wir sahen ein Floß, bereit zu unserem Empfang. Es bestand aus drei großen ausgehöhlten Einbaumbooten, die parallel zueinander im Abstand von etwa 1 m platziert waren, mit Riemen aus Robbenhaut an Querbalken befestigt. Darüber war eine Art Boden oder Plattform gelegt worden, etwa 3 m x 3,60 m, so dass an Bug und Heck genügend Platz für die Männer mit den Paddeln blieb, die das sperrige Gefährt auf unbekannte, aber zweifellos befriedigende Weise, lenken würden. Auf der Plattform, die mit 20 cm frisch geschnittenem Gras bedeckt war, errichteten wir unser kleines Baumwollzelt und machten es mithilfe von Bärenhäuten und Wolldecken zu einer warmen Behausung."

George Kennan (1845-1924)

Eskimo,
Kleine Plastik: 'Killerwal der einen Seehund mit seinen Zähnen hält',
frühes 20. Jahrhundert.
elfenbeinfarbener Wahlross-Stoßzahn,
7.5 x 2.7 cm.
Russisches Museum für Ethnographie,
St. Petersburg. Kamt+I17schatka Okrug,
Tschuktschen-Distrikt.

Tschuktschen,
Kleine Plastik: 'Walrossjagd', 1906.
elfenbeinfarbener Wahlross-Stoßzahn,
17.8 x 2.8 cm.
Russisches Museum für Ethnographie,
St. Petersburg. Primorskaya Oblast,
Anadyr Krai.

Korjaken,
Kleine Plastik 'Vor dem Schneiden des Walrosskörpers', Unbekannt.
elfenbeinfarbener Wahlross-Stoßzahn,
5.8 x 3.8 cm.
Russisches Museum für Ethnographie,
St. Petersburg. Primorskaya Oblast,
Anadyr Krai.

Das Fangen eines Seehunds mag Sache eines Einzelnen sein, doch die Jagd auf Wale oder Walrosse kann nur in einer Gruppe und mit mehreren Booten geschehen. Jede Bidarka ist von einer Mannschaft mit sechs bis zehn Männern besetzt, von denen einer oder zwei mit Harpunen im Bug sitzen, fünf oder sechs Ruderer im Hauptteil des Schiffs und der Bootsbesitzer am Heckruder. Sobald ein Walross gesichtet wird, paddelt die Besatzung das Boot so schnell wie möglich auf das Tier zu, und die Männer im Bug schleudern die an ihren Gürteln mit langen Seilen befestigten Harpunen. Wenn die Spitze der Harpune sich fest in den Körper des Walrosses gebohrt hat, zieht sich das Seil wie eine Schlinge zusammen und hindert die Beute am Entkommen, so dass die Jäger es umzingeln können. Es wird dann mit einem Speer oder heutzutage meist durch einen Gewehrschuss erlegt. Zurück auf dem Festland, wird das Tier von den Männern zerschnitten und danach in der Gemeinschaft gerecht und nach Bedarf verteilt.

Vergleichbare Techniken kommen auch bei der Jagd auf Wale zum Einsatz, wenn auch hier mit Rücksicht auf die Größe des Tieres zusätzliche Bidarka erforderlich sind. Der erfolgreiche Fang eines Wals ist Anlass für ein großes Fest, liefert doch ein einziges Exemplar ausreichend Nahrung und zahlreiche andere nützliche Dinge für den Jahresbedarf einer ganzen Siedlung. Zwischen Mensch und Wal besteht eine ganz

besondere Beziehung, die bei den Tschuktschen religiöse Bedeutung hat und die Einheit zwischen Mensch und Natur symbolisiert.

So schenkt der schier unerschöpfliche Reichtum des Meeres diesen Küsteneinwohnern alles, was sie brauchen: Nahrung, Brennmaterial, Dinge für den häuslichen Gebrauch (einschließlich der Dinge für die Behausung, Kleidung und Kunsthandwerk).

Wie nicht anders zu erwarten, kommen dem Fett und dem Fleisch der Meeressäuger in der Ernährung dieser Küstenbewohner eine überragende Rolle zu. Das Fleisch wird roh verzehrt, aber auch gekocht, geräuchert, eingefroren oder in vergorenem Zustand gegessen. Um Wal- oder Walrossfleisch als Winterproviant zu konservieren, lassen es die Tschuktschen in einem hermetisch abgeschlossenen Beutel aus Robbenhaut vergären und vergraben es im Sommer an einer das ganze Jahr über mit Schnee bedeckten Stelle. Auf diese Weise sichern sie sich für den Winter einen Vorrat an fermentiertem Fleisch, das in der natürlichen Gefriertruhe des Permafrosts aufbewahrt wird. Die geschwärzte, sehnige Haut des Wals mit ihren feinen rosafarbenen Fettschichten wird von den Jägern der Meereswildtiere als ein großer Leckerbissen betrachtet.

Die Küstenbewohner essen neben Fisch (aus dem sie Jukola zubereiten) auch Rentierfleisch, Beeren und gelegentlich ein Gemüse, eine Art Kraut. Fett ist eine ganz besonders kostbare und unverzichtbare Substanz. Die Eskimos pflegten es in aus Wal- oder Walrossblasen hergestellten Beuteln aufzubewahren, die Tschuktschen nahmen dafür Beutel aus Robbenfell. In dieser Form wurde Fett auch als Tauschmittel benutzt, etwa gegen Pelze oder Rentierfleisch - Güter, die von den vorbeiziehenden Nomaden mitgeführt wurden.

Die Stoßzähne der Walrosse sowie die Rippen und Kieferknochen der Wale dienen im Wesentlichen als Werkstoffe für das Kunstgewerbe, das einen sehr hohen Standard erreicht hat. Alle Küstenbewohner sind auch Kunsthandwerker – und Meister ihres Fachs. Meist werden aus diesem Meeres-Elfenbein Statuetten geschnitzt, von Menschen und Tieren, Jagd- oder Familienszenen. Diese soliden, erdverbundenen Darstellungen aus Knochen und Stoßzahn sind aber auch Ausdruck der inneren, spirituellen Welt dieser Bewohner des Hohen Nordens.

Die Jäger der Meerestiere legen im Sommer ihre Schlitten und im Winter ihre Boote auf starke Bretter in etwa 2 m Höhe. In vergangenen Zeiten waren diese Stützen in den Boden getriebene Walrippen. Die mächtigen Walrippen und Kieferknochen bildeten einst auch das gerundete Stützwerk der traditionellen Behausungen der Küstengemeinschaften im Nordosten Sibiriens – der alten, halb im Boden vergrabenen Erdhäuser, die mit Erde und Moos bedeckt waren. Bei den Inuit konnten diese unterirdischen Erdhäuser eine ganze Sippe mit bis zu 40 Menschen aufnehmen. Die Tschuktschen und die Korjaken betraten ihre Erdhäuser im Sommer durch eine Luke im Dach, von der aus eine aus einem Baumstamm gefertigte Leiter ins Innere führte. Um im Winter die Wärme nicht entweichen zu lassen, wurde auf ebener Erde ein langer Korridor angelegt. Als Wandbehänge und Bodenbeläge dienten Seehundfelle. Licht und Wärme erzeugten die Bewohner, indem sie den Tran von Walen und Walrossen in ihrem Ofen aus Stein oder feuerfestem Ton verbrannten. Auch beim Kochen behalf man sich auf diese Weise. Im Innern der Jaranga wurden Kerzen durch mit Tran gefüllte Lampen ersetzt.Heute sieht man nur noch die verfallenen Überbleibsel dieser Erdhäuser, die vor etwa 150 Jahren verlassen wurden, weil ihre Bewohner in Jaranga oder Holzhäuser umzogen.

Auch wenn Jagd und Fischfang für die meisten sibirischen Völker nur ein Nebenerwerb sind, so bilden sie doch für viele Ethnien die Grundlage ihrer traditionellen Kultur und ihres Brauchtums. Zu diesen Kulturen gehören die der Keten, der Mansen, der Selkupen und der Jukagiren in den Wäldern der Taiga, die Schoren, zahlreiche Gruppen der Chanten und der Ewenken sowie die Gemeinschaften am Amur: die Nanai, die Oltschen, die Negidal, die Oroken, die Orotschen und die Udeken.

Tschuktschen, Eskimos,
Kanu, Waffen und Geräte für die gemeinsame Jagd von Meeresjägern. Szene aus der Ausstellung 'Meine Freunde - Meeresjäger', dem Andenken des Direktors des Museum D.A. Sergeev gewidmet,
1970-1974
Russisches Museum für Ethnographie, St. Petersburg. Tschuktschen National Okrug, Magadan Oblast.

Tschuktschen,
Stoßzahn mit farbiger Gravur (1. Seite),
1930er
elfenbeinfarbener Wahlross-Stoßzahn, 51 x 7 cm.
Russisches Museum für Ethnographie, St. Petersburg. Tschuktschen-Halbinsel.

Eskimo,
Modell „Jäger im Kanu“,
frühes zwanzigstes Jahrhundert
Holz, Seehundhaut, Walross Elfenbeinzahn. 46 x 8.5 cm.
Russisches Museum für Ethnographie, St. Petersburg.

Tschuktschen,
Stoßzahn mit farbiger Gravur (2. Seite),
1930er
elfenbeinfarbener Wahlross-Stoßzahn, 51 x 7 cm.
Russisches Museum für Ethnographie, St. Petersburg. Tschuktschen Halbinsel.

Alëuten,
Kleines Brett zum Werfen von Harpunen und Wurfpfeilen, spätes 19. - frühes 20. Jahrhundert
Holz, Knochen, 49.8 cm.
Russisches Museum für Ethnographie, St. Petersburg. Kommandeurinseln.

Eskimo,
Breitbeil, Grasrechen, Schaber zur Verarbeitung der Innereien von Meeressäugetieren, 3. - 4. Jahrhundert n.Chr. (Breitbeil, Schaber);
17. Jahrhundert n.Chr. (Rechen)
elfenbeinfarbener Wahlross-Stoßzahn, Nephrit, Holz, Breitbeil: 10.3 cm; comb: 11.9 cm; Schaber: 9 x 4.3 cm.
Russisches Museum für Ethnographie, St. Petersburg. Tschuktschen-Halbinsel.

Der Amur, der die natürliche Grenze zwischen China und Russland bildet, enthält über Hundert Fischarten. Von daher war der Fischfang für die örtlichen Naturvölker immer schon von großer Bedeutung. Lachs im Sommer und Herbst und verschiedene Arten von Stör und Karpfen im Winter sorgen dafür, dass die Einheimischen entlang des Amur relativ unbesorgt leben können, was ihre Nahrung angeht. Im Winter ist die Jagd eher eine Nebenbeschäftigung.

Wenn der Lachs seine zielstrebige Reise vom offenen Meer den Amur hinauf beginnt, um im oberen Flusslauf zu laichen, organisieren die Eingeborenen große Anglergesellschaften, die mit ihren altbewährten Methoden reichhaltige Beute mit nach Hause bringen. Die Männer stauen das Flussbett mit großen Felsblöcken und bauen flussaufwärts eine große Steinbarriere, so dass die hereinkommenden Lachsschulen nicht weiter vorankommen. Auf einen Schlag werden dann die Steine aus dem Flussbett genommen, so dass das Wasser wieder auf seine normale Höhe absinkt und die Fische in dem tiefer gelegenen Becken hinter der Barriere in der Falle sitzen. Früher fingen die Männer die Fische mit kleinen Schwimmnetzen, die vorzugsweise aus Pferdehaar oder aber aus Hanf gefertigt wurden. In seinem Vetka oder ausgehöhlten Kanu sitzend, bewegt sich der Fischer mit seinem Netz und beobachtet es sorgfältig. Wenn sich ein Fisch darin verfängt, zieht er das Netz schnell hoch und ersticht den Fisch mit der Spitze einer Art Gabel oder tötet ihn mit einem Holzhammer, wirft dann das Netz erneut aus und wartet wieder.

Wenn das Eis zwischen dem Delta und den Inseln begehbar ist, legen die Küstengemeinschaften ihre kleinen Netze unter der Eisdecke aus, die sie an verschiedenen Stellen durchlöchern. Frühmorgens werden die Netze eingeholt. Wenn

Alëuten,
Jägervisier, 1912.
Holz, Leder, elfenbeinfarbener Wahlross-Stoßzahn.
Unterer Durchmesser – 29.8 bis 21.8 cm. Höhe 8.7 cm.
Russisches Museum für Ethnographie, St. Petersburg.
Alëutische Inseln.

Tschuktschen, Eskimo,
Accessoires zum Schutz des Arms eines Bogenschützen während des Schießvorgangs, 1) 3.-4.Jahrhundert; 2) 1904-1907
Walross-Elfenbeinzahn, Leder, 1) 11.3 cm 2) 10 cm.
Russisches Museum für Ethnographie, St. Petersburg.
Primorskaya Oblast, Anadyr Krai, Tschuktsche Halbinsel.

Korjaken,
Kleine Plastik 'Bär hält Fisch in seinem Maul', 1903.
elfenbeinfarbener Wahlross-Stoßzahn, 8 x 5 cm.
Russisches Museum für Ethnographie, St. Petersburg.
Primorskaya Oblast, Gizhiginski Okrug.

der Fischer Glück hat, sind drei oder vier bis zu drei Pfund schwere Fische ins Netz gegangen, so dass er für einen Tag genügend zu essen hat.

Fische als ein zentrales Element der traditionellen Kulturen entlang des Amur erfüllen im täglichen Leben eine Vielzahl nützlicher Funktionen. In erster Linie sind sie ein Grundnahrungsmittel der Bevölkerung dieser Region. Sie kommen gebraten, gefroren, gekocht, geräuchert oder ungekocht und vor allem getrocknet auf den Tisch. Die Vorräte an Lachs und Karpfen, aus denen Jukola (Trockenfisch) zubereitet wird, sind ein Beweis für den Wohlstand der Bewohner der Ufer des Amur. Während des Sommers, wenn die schmackhafte Jukola für den Winter vorbereitet wird, erscheinen die Dörfer wie verwandelt. An jeder nur möglichen Stelle hängen kopf- und schwanzlose Fische, der Länge nach säuberlich in zwei Hälften zerlegt. Die Oltschen haben in ihrer Sprache nicht weniger als acht verschiedene Wörter für Jukola. Die Fischabfälle werden den Schlittenhunden zum Fraß überlassen.

Außer Fisch mögen die Völker entlang des Amur auch das Fleisch des Elchs, des Bären, des Rens und sogar Hundefleisch. Eines der Lieblingsgerichte der Nanai ist Magdan, eine Art Grütze aus getrocknetem, zerstoßenem Kaviar und mit Wasser oder Birkensaft vermengt. Eine ähnliche Spezialität kennen weiter im Norden die Jukagiren der Taiga. Hier heißt der Brei Kulibaka und ist ein zerstampftes Gericht aus Fischöl, Blaubeere und frischem Kaviar.

Die Frauen haben für die Zubereitung eines Essens aus der Haut von Hecht, Lachs und Karpfen ein ungewöhnliches Verfahren. Mehrere Tage lang werden die Häute an einem besonders schattigen Ort zum Trocknen ausgelegt. Anschließend legt man sie auf

Ewenken,
Jukola beim Trocknen, 1992.

Alëuten,
Waffen für die Jagd zu Land (Pfeile, Bogen und Speer), spätes 19. - frühes 20. Jahrhundert.
Holz, Knochen, Sehne, Vogelfeder, Feuerstein Länge: 1) Pfeil: 82.5 cm 2) Pfeil: 71 cm 3) Speer: 149 cm 4) Bogen: 135.5 cm.
Russisches Museum für Ethnographie, St. Petersburg. nordwestliches Amerika.

Eskimo,
Kleine Plastik – Bild von Wasservögeln und Verschluss in der Form eines Bären,
3. - 4. Jahrhundert n.Chr.
elfenbeinfarbener Wahlross-Stoßzahn,
Vögel: 1) 3.2 x 3 2 cm; 2) 3.5 x 2.8 cm;
Verschluss: 5.7 cm.
Russisches Museum für Ethnographie,
St. Petersburg. Tschuktschen Halbinsel.

Holzbretter und schlägt sie mit einem Hammer ganz platt. Dann werden sie um ein mit Absinth eingeriebenes Stöckchen gerollt, ein wenig befeuchtet und mehrere Stunden lang so belassen. Danach rollt man sie sorgfältig wieder aus und streckt sie bis zu ihrer maximalen Länge. Zu guter Letzt werden die Häute über dem Ofen aufgehängt und dort zwei Wochen lang geräuchert, bis sie eine leicht gelbliche Farbe annehmen.

Aus solchen Fischhäuten werden auch die Segel für die Boote aus Birkenrinde und die windfesten Vorhänge für die Fenster der Holzhütten gefertigt. Den Sommer verbringen viele Fischer in ihren Hütten in den Sumpflandschaften. Wenn sie jedoch im Binnenland auf die Jagd oder den Fischfang gehen, nehmen sie ihre konischen Zelte mit sich und schlagen diese an einem günstigen Ort auf.

Wasserverschmutzung und andere ernsthafte Probleme, die als Folge der sowjetrussischen Herrschaft und der forcierten Industrialisierung aufgetreten sind, haben auf die Lebensweise der auf die Fischerei angewiesen ethnischen Volksgruppen verheerende Auswirkungen. Aufgrund der dadurch schwindenden Fischbestände können sie sich nicht länger auf diese Weise ernähren. Mit dem Verlust ihres Erwerbs sind auch ihre traditionellen Lebensgewohnheiten, Sitten und Gebräuche unwiederbringlich verschwunden.

Über Tausende von Jahren waren der Elch und das (wilde) Rentier die wichtigsten Jagdtiere Sibiriens. Die Menschen, die sich von der Jagd auf Huftiere ernähren, führen ein nomadisches Leben, weil sie den Marschrouten dieser Tiere folgen müssen. Zweimal jährlich, im Frühjahr und im Herbst, wandern die Tiere und die Menschen von einem Weidegrund zu einem anderen. Im Winter jagen die Bewohner der Taiga eher Pelztiere, etwa Zobel oder Eichhörnchen. Da die Jagd für die Ewenen eine so überragende Rolle spielt, geht es auch in ihren Mythen und Legenden um dieses Thema, in denen ein einsamer Jäger oder ein Verbund nach Elchen, Vögeln oder Rentieren jagt. Pelztiere hingegen kommen in diesen traditionellen Erzählungen nicht vor, denn die Pelztierjagd ist, historisch gesehen, eine neuzeitliche Beschäftigung. Sie verbreitete sich erst, nachdem die Russen Sibirien erobert hatten und den Einheimischen den Jassak, die Pelz-Steuer, abverlangten.

Die sommerliche Hitze und die Mücken in der südlichen Taiga treiben Tausende und Abertausende von wilden Rentieren an die Küsten des arktischen Ozeans, vor allem in das Delta mit seinen zahlreichen Inseln. Im Herbst machen sich diese jetzt wohlgenährten eindrucksvollen Tiere auf den Rückweg nach Süden. Natürlich müssen sie dabei die Flüsse passieren, und da gibt es gewisse Stellen, an denen sie schwimmend überzusetzen gewohnt sind. Die Einheimischen kennen diese Plätze seit alten Zeiten und lauern den Tieren auf. Wenn die Herde den Strom überquert, umzingeln die Jäger in ihren Vetkas die Tiere und erstechen Dutzende mit ihren mit Eisenspitzen versehenen Holzspeeren. Am Ende des 19. Jahrhunderts wurden jedes Jahr wenigstens 1000 Rentiere auf diese Weise im Delta der Lena erlegt.

Daneben gibt es noch den weißen Polarfuchs, der in Fallen gefangen wird. Im Spätherbst (September), wenn die Rentierjagd zu Ende ist, fahren die Ewenken in ihren Booten auf die Inseln und an die Küsten des Nordpolarmeeres, um dort ihre Fuchsfallen für den Winter aufzustellen. Noch später, wenn die Wasserwege und das Meer zugefroren sind, ziehen sie in ihre großen Winterdörfer, etwa nach Bykoff-Myss im östlichen Teil des Deltas, nach Turak auf der Westseite oder nach Balkalak in der Nähe der Mündung des Olenek. Alle diese Dörfer befinden sich an Stellen, die für den Winterfischfang geeignet sind, denn diesem Erwerb gehen die Einheimischen mit ihren Eisnetzen in dieser Jahreszeit nach. Wenn der Winterfischfang kärglich ausfällt, kann es vorkommen, dass Menschen und Hunde vor Hunger sterben. Eine Hungersnot kann durch das Ausbleiben der starken Nordwinde verursacht sein, die offenbar die Fische in die Mündungsgebiete der großen Ströme treiben.

Elch und Rentier versorgen die Ewenen und die Ewenken mit allem, was sie zum Essen, Wohnen, für ihre Kleidung und für die Herstellung der Gegenstände des täglichen Bedarfs benötigen. Die intensivste Jagd findet jeweils am Frühjahrsanfang statt. Auf Skiern jagen die Jäger ihrer Beute nach, bis sie erschöpft in den Schnee sinkt. Daneben gibt es natürlich auch noch andere Techniken. Manche schicken einen „Köder“ oder „Lockvogel“ voraus, ein abgerichtetes männliches Rentier, in dessen Geweih ein Lederriemen angebracht wird. Bei einer Konfrontation zwischen zwei männlichen Tieren verhaken sich die Geweihe ineinander und die Tiere können sich nicht mehr voneinander lösen. Die Jäger (häufig durch ihre Kleidung kaum von den Rentieren zu unterscheiden), die ihrem Köder-Rentier gefolgt sind und es an einer langen Leine halten, nutzen diese Verhedderung und nähern sich so weit, bis sie das wilde Rentier mit einem Schuss erlegen können.

In der Region um den Amur und den Baikalsee hat sich bei den Ewenken noch eine andere Methode als nützlich erwiesen: Sie verwenden als Lockmittel ein Instrument aus

Tschuktschen,
Feuerstein mit Ständer und Schießpulver
1900-1901.
Holz, Metall, Haut, Metall, Leder, Knochen, Elfenbein, Holz, 99 cm; 33 cm.
Amerikanisches Museum für Naturgeschichte, New York. Markovo.

Tschuktschen,
Kleine Plastik 'Bärenjagd', 1906.
elfenbeinfarbener Wahlross-Stoßzahn, 14 x 5.7 cm.
Russisches Museum für Ethnographie, St. Petersburg. Primorskaya Oblast, Anadyr Krai.

Korjaken,
Kleine Plastiken 'Teetrinken' und 'Mahlzeit', 1911.
elfenbeinfarbener Wahlross-Stoßzahn, 1) 6 x 4.5 cm; 2) 6.7 x 7 cm.
Russisches Museum für Ethnographie, St. Petersburg. Kamtschatka Oblast.

Birkenrinde (Orevun), mit dem sie den Brunftruf des männlichen Rentiers nachahmen. Die wilden Rentiere eilen dann an die Stelle, um den Eindringling aus ihrem Gebiet zu verscheuchen und bezahlen dies mit ihrem Leben. Die vormals mit langen Speeren und Pfeil und Bogen ausgestatteten Jäger haben von den russischen Zuwanderern die Feuerwaffen übernommen.

Die meisten Menschen der Taiga jagen Pelztiere aus finanziellen Gründen. Mit Herbstbeginn suchen sie in den Weiten der Taiga die Gebiete auf, in denen Zobel und Eichhörnchen zuhause sind. Jäger, die ihre Rentiere als Transporttiere nutzen, reisen zusammen mit ihren Familien. Die anderen machen sich in Zweier- oder Dreiergruppen auf und lassen ihre Frauen und Kinder in den Lagern zurück. Als Transportmittel benutzen sie Skier, die so lang wie sie selbst und zwei Daumen breit sind. In der Regel sind sie aus dünnem Nadelholz gefertigt; in Gegenden, wo der Schnee besonders tief liegt, wird manchmal an der Unterseite Rentierleder aufgebracht (wie bei den Stiefeln wird auch hier das Fell des Unterschenkels des Tieres benutzt). Die Jäger fahren mit einem auf Kufen montierten Schlitten.

Neben Huf- (Elch und Rentier) und Pelztieren, die in ganz Sibirien gejagt werden, gibt es auch Tiere, die von manchen ethnischen Gruppen grundsätzlich nicht gejagt werden, weil sie mit gewissen spirituellen Attributen ausgestattet sind, also sozusagen als heilig gelten. Zu diesen gehören der Bär, der Schwan, der Storch, der Wolf, der Adler, die Eule und der Tiger.

Die ohnehin ganz seltene Bärenjagd unterliegt strengen Tabus, denn dieses Tier mit seiner so beeindruckenden Erscheinung scheint einen fast menschlichen Charakter zu haben und erzeugt unter den sibirischen Ureinwohnern sowohl Furcht und Schrecken als auch Respekt. Dieses Tabu ist so stark, dass es vielen Gemeinschaften untersagt ist, das Wort für „Bär" überhaupt zu verwenden. Stattdessen müssen Umschreibungen benutzt werden wie: „der alte Mann des Waldes", „Großväterchen", „Meister der Taiga" und so weiter (vgl. den liebevollen deutschen Begriff „Meister Petz"). In der Tat nimmt der Bär

Kamtschatka,
1897.

Ewenken,
Jäger beim Ritual mit einem erlegten Bären, frühes 20. Jahrhundert.
Yenisey Provinz.

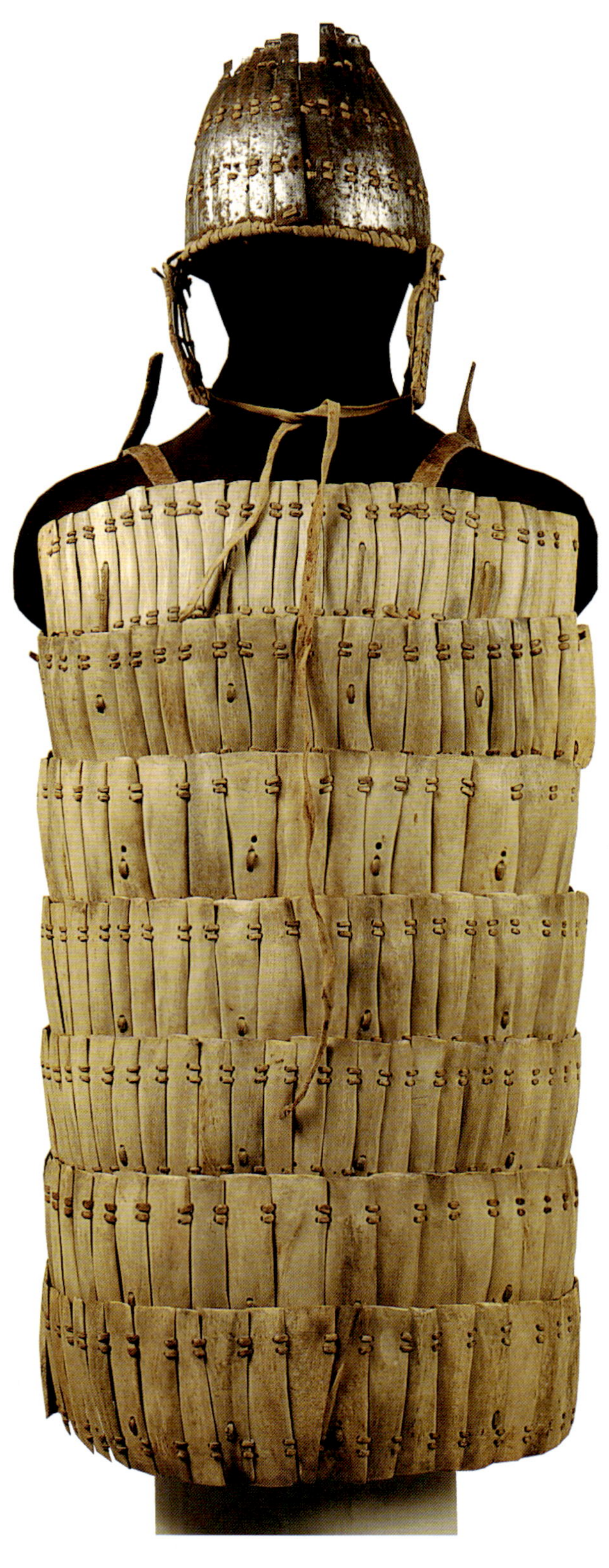

eine zentrale Stellung in einem hoch entwickelten Kult gewisser Volksgruppen ein, namentlich bei den Chanten, den Nivchen und den Negidal.

Der Wolf, der mit dem Menschen um dieselbe Beute rivalisiert, gilt als dem Menschen ebenbürtig, und wird deshalb kaum gejagt. Die östlichen Ewenken nennen ihn „Sohn", „Graupelz" oder „Schlingel". Bei ihnen gilt das Töten der Welpen als ein schändliches Verbrechen. Im Winter jedoch jagen die Tschuktschen den Wolf mithilfe einer gefürchteten Waffe. Ein Stück Gelenkknorpel vom Kopf eines Wals wird angespitzt, eingerollt, mit Schnur zusammengebunden und so lange in Wasser eingelegt, bis es vereist. Die Schnur wird dann abgezogen und die Eiskugel mit Tierfett eingerieben. Diese Kugel wird auf den Pfad des Wolfs gelegt, der sie findet und verschluckt. Im Inneren des Magens schmilzt die Eishülle schnell und legt die scharfen Spitzen bloß, die sich aus der zusammengerollten Stellung lösen und die Magenwände des Wolfs durchstechen, der daran eines jämmerlichen Todes stirbt.

Traditionsgemäß sind es die Männer, die sich in Sibirien der Jagd und dem Fischfang widmen, während die Frauen den häuslichen Pflichten nachgehen. Sie entfachen und schüren das Feuer, schlagen das Tschum auf und bauen es ab, gerben die Häute, nähen Kleider und Schuhwerk, ziehen die Kinder auf und... Dennoch ist es bei vielen der Urvölker nicht ungewöhnlich, dass auch die Frauen allein oder zusammen mit ihrem Mannsvolk auf die Jagd gehen. Viele von ihnen, besonders unter den Jukagiren, sind sehr erfolgreiche Jägerinnen: Einige ihrer alten Frauen sind bekannt für ihre Tapferkeit und können unter ihren Jagdtrophäen sogar Bären vorweisen.

Tschuktschen,
Rüstung und Helm eines Kriegers,
1904-1907
Geweih, Metall, Seehundfell, Rüstung: 74.5 x 129 cm; Helm: Höhe 11.2 cm.
Russisches Museum für Ethnographie, St. Petersburg. Primorskaya Oblast, Anadyr Krai.

Tschuktschen,
Köcher und Pfeile, 1904-1907
aufbereitete Rentierhaut, Seehundsfell, Metall, Nackenhaare eines Rentiers, Holz, Metall, Knochen, Vogelfeder, Köcher: 88 x 21.5 cm; Pfeile: 76.5 cm; 78 cm; 77.3 cm; 76.5 cm; 79 cm.
Russisches Museum für Ethnographie, St. Petersburg. Primorskaya Oblast, Anadyr Krai.

Tschuktschen,
Ärmlinge eines Krieger, 1904-1907
Geweih, Seehundsfell, 1) 36.5 cm;
2) 37 cm.
Russisches Museum für Ethnographie,
St. Petersburg. Primorskaya Oblast,
Anadyr Krai.

Alëuten,
Jägerhut, frühes 20. Jahrhundert.
Holz, Knochen, Schnurrhaare einer
Ohrenrobbe, 38.5 x 22 cm.
Russisches Museum für Ethnographie,
St. Petersburg. Alëutische Inseln.

Alëuten,
Jägerhut, frühes 20. Jahrhundert
Holz, 54 x 17 cm.
Russisches Museum für Ethnographie,
St. Petersburg. Kommandeurinseln.

Tierzüchter

In den Steppen Südsibiriens pflegen die Altai, die Tuwa, die Burjaten, die Chakassen, und weiter gegen Norden (schon fast in der Tundra) die Jakuten seit Jahrhunderten eine Kultur auf der Grundlage der Aufzucht von Pferden und Horntieren. Diese Turk- und Mongolen-Volksgruppen züchten in den südlicheren Ebenen auch Schafe, während sie in den bergigen Landschaften auch Rentierhirten sind, die sie aber ausschließlich als Transportmittel verwenden. Noch weiter im Norden, in den arktischen Zonen, übernahmen die Jakuten von den Ewenken die Methoden der Rentierhaltung.

Die vormals nomadischen Gemeinschaften sind im Verlauf des 20. Jahrhunderts sesshaft geworden. Es gibt noch einige wenige Gruppen, die ein teilweise nomadisches Leben führen und ihren Herden auf den Marschrouten zwischen den Winter- und den Sommerweiden folgen. Diese Gruppen widmen sich während des Sommers landwirtschaftlichen Aktivitäten, wie etwa der Heuernte, damit ihre Tiere ausreichend Futter haben. Im Winter bleiben das Vieh und die Pferde dagegen sich selbst überlassen; sie müssen dann auf den Grassteppen unter dem Schnee nach Nahrung suchen.

Die Aufzucht von Pferden und Rindern unter den rauen sibirischen Bedingungen ist die Spezialität der Jakuten. In der Tat ist das winterfeste Jakutenpferd der lebendige Beweis für die erfolgreiche Anpassung an die Härte des Klimas im Hohen Norden. Es ist von Statur klein und gedrungen, trägt ein langes zottiges Fell, kann extrem tiefen

Temperaturen (unter -50° C) trotzen und sein Futter mithilfe seiner Hufe aus dem tiefgefrorenen Erdboden scharren.

Das Pferd steht auch im Mittelpunkt der Kultur und der Mythen der Jakuten. Einer Legende zufolge war es das erste Geschöpf auf Erden, der Urahne des Menschen. In vergangenen Zeiten gab das Pferd den Jakuten alles, was sie zum Leben brauchten – Fleisch, Haut, Leder, Transport. Später führten die Jakuten in die nördlichen Regionen Sibiriens auch Vieh ein und machten es zu ihrer neuen Lebensgrundlage. Doch die von ihnen über die Jahrhunderte gezüchtete Rinderart stirbt heute aus. Sie zeichnet sich durch die gleichen Merkmale aus wie das Jakutenpferd: klein, widerstandsfähig, mit zottigem Fell und relativ geringer Reproduktionsrate. Allerdings besitzt ihre Milch im Vergleich zu gewöhnlicher Kuhmilch einen sehr viel höheren Nährwert. Wegen ihrer trägen Fortpflanzungsrate entschieden die sowjetrussischen Behörden, dass sie durch anderes Vieh zu ersetzen sind. Das Ergebnis der daraufhin einsetzenden Rassenkreuzung ist, dass die Jakutenrinder heute beinahe ausgestorben sind.

Der halbnomadische Lebensstil der Turk- und Mongolenvölker Sibiriens ist aufs Engste mit den Pferdeherden verbunden, mit denen sie zwei Mal im Jahr (im Frühjahr und im Herbst) neue Weidegründe aufsuchen.

In Jakutien leben die Pferde halbwild. Bei festlichen Anlässen legen die Jakuten ganz besonderen Wert auf das Zaum- und Sattelzeug. Traditionsgemäß besteht das Standard-Reitzubehör aus einem mit Silberplatten beschlagenen Sattel, einem Paar Steigbügel, Zaumzeug und einer kleinen Satteldecke, die mit bunt schillerndem Zierrat versehen ist. Während der Sommermonate grasen die Pferde und die Rinder frei auf den großen Ebenen der Jakuten-Region, einer Heidelandschaft, die mit Seen überstreut und von Wäldern gesäumt ist. Abends kehren die Kühe zum Melken in den Stall zurück, entweder indem sie einer Leitkuh folgen oder von einem Jungen zu Pferde getrieben werden.

Während sie sich im Sommer frei auf den Weideflächen bewegen, sind sie den Winter über in Ställen (Koton) untergebracht, die eigens für die tiefen Temperaturen ausgelegt sind. In vergangenen Jahrhunderten waren diese nicht viel mehr als Anbauten an die Jurte, und bis heute weisen sie damit noch eine gewisse Ähnlichkeit auf. Wie die Jurte der Jakuten (Balagan) besteht auch das Koton aus Holz, hat abfallende Seitenflächen und ein flaches, mit Erde bedecktes Dach. Seine Wände werden von außen her mit Lehm und Kuhmist übertüncht. Das hält die Kühe im Winter warm, und im Sommer können Teile des Kuhmists entfernt und verbrannt werden, um die lästigen Mücken zu verscheuchen.

Die Jakuten lebten früher in Gruppen verstreut überall in der Tundra oder den Wäldern, wobei jede Familie in einer Jurte bzw. in der Tundra in einem Zelt lebte. In Zentraljakutien behielten die Jakutendörfer trotz der Sowjetisierung ihr Lokalkolorit bei. So findet man hier heute noch das Koton und das Ambar (Getreidespeicher), rechteckige Holzbauten mit flachen Dächern aus Erde, die im Sommer mit Pflanzen bewachsen sind. Inzwischen sind jedoch die Sommerzelte (Urasa) und die Winterjurten gänzlich verschwunden und durch Holzhäuser russischer Art ersetzt worden.

Dennoch sind die Jurten nach wie vor in manchen südlichen Gebieten Sibiriens in Gebrauch. Es sind Holzhütten mit geneigten Wänden, bedeckt mit einer dicken Torfschicht, gänzlich aus nachwachsenden Baustoffen konstruiert. Statt Glasscheiben werden im Sommer Ochsenblasen und im Winter Eis verwendet. Die Fensteröffnungen sind in der Regel nicht größer als 30 x 30 cm. Die Feuerstelle befindet sich in der Mitte und besteht aus eng nebeneinander aufgestellten, mit Lehm oder Erde bedeckten Pfählen. Entlang der Wände sind zwischen den Holzpfählen enge Bänke angebracht, die tagsüber zum Sitzen und nachts als Schlafkojen dienen.

Die Jurte ist in zwei Teile aufgegliedert: Rechts neben dem Eingang befindet sich der Bereich der Frauen und Kinder; bei den Ärmsten ist hier auch das Vieh untergebracht; links davon ist das Männerquartier. Nicht zur Familie gehörende Männer dürfen den

Jakuten,
Tebenki (Pferdedecke), 1904.
Wolltuch, aufbereitete Rentierhaut, Perlen, Samenkörner, Metall, 62 x 51 cm.
Russisches Museum für Ethnographie, St. Petersburg. Jakuten Oblast, Jakutensk.

Frauenbereich nicht betreten. Die Jakuten haben in der Regel spezielle Jurten für Sommer und Winter, wobei sich die Sommerjurten meist in der Nähe ihrer Weiden und Heustöcke befinden. Im Hohen Norden weisen ihre Zelte und Hütten große Ähnlichkeit mit jenen der Lappen auf.

Am liebsten leben sie in Gruppen und lassen sich an Orten nieder, wo es reichlich Weideland gibt, oder auch in der Nähe von Seen und Fischen mit guten Fischvorkommen oder in Wäldern, in denen sie Jagd auf Wild machen können. Solche Gruppen oder Gemeinschaften werden als Aga-usa („paternalistische Familien") bezeichnet und bestehen aus Blutsverwandten. Die Angehörigen dieser Sippen heiraten zwar nicht untereinander, aber sie bleiben zusammen, um sich gegenseitig zu helfen und sich zu schützen. Sie wählen einen Ältesten und bilden einen Rat, der Entscheidungen trifft, Streitigkeiten schlichtet und noch andere Pflichten übernimmt.

Diese Gemeinschaften wiederum bilden größere Gruppen, so genannte Naslegi (Verbund von Familien), die wiederum in Ulus zusammengeschlossen werden, die den russischen Dorfdistrikten (Volost) entsprechen. An der Spitze der Ulus steht der Golava oder Häuptling, der einem Uprava, einer Art Polizeigericht, vorsteht. Die Naslegi werden von einem Distriktsrat und einem Distriktsältesten mit dem Titel Kujas (Prinz) verwaltet, ein Titel, der ihnen von der Zarin Katharina II. verliehen wurde. Die Steuern werden von den lokalen Behörden der Ulus eingetrieben, die nach gesetzlicher Vorschrift mit den Beamten und den Polizeibehörden verbunden sind. Die Steuern (Jasak) wurden früher in Form von Pelzen bezahlt, doch nachdem der Zobel praktisch ausgerottet war, musste die Pelz-Steuer durch eine Geldsteuer ersetzt werden, deren Höhe (zuzüglich der Gemeindesteuern) von den lokalen Behörden festgesetzt wurde und je nach Einkommen des Steuerzahlers variierte.

Die Jakuten sind in der Regel arm. Ihr einziger Besitz sind ihre Pferde und Rinder. Die Jakutenpferde sind klein und zottig, jedoch sehr widerstandsfähig und von gutmütigem, ausgeglichenem Temperament. Durch die langen, harten Winter hindurch ernähren sie sich von dem unter der Schneedecke liegenden Gras, das sie genau wie die Rentiere mit ihren Hufen freischarren, wobei die stärksten Pferde vorausgehen und die schwächeren ihnen folgen. Genau wie andere Tatarenvölker lieben auch die Jakuten Pferdefleisch, während sie aus der Stutenmilch den berühmten Kumiss bereiten. Die Zahl ihrer Pferde nimmt jedoch stark ab: Nur die wohlhabendsten Jakuten halten noch welche, die meisten anderen begnügen sich mit Rindern.

Die Jakutenrinder sind sehr klein und von minderer Qualität. Die Kühe geben nur wenig Milch. So braucht eine normale Familie zum Überleben 10 bis 15 Rinder, von denen 7 bis 9 Milchkühe sein müssen. Da die große Mehrheit der Jakuten-Familien sich jedoch nicht so viel Vieh leisten kann, sind Hungersnöte und Unterernährung bei ihnen nicht selten. Ihre sommerliche Haupttätigkeit besteht im Einbringen von Heu von den Weiden und Marschländern.

Die Erzeugnisse der Viehzucht, also Fleisch und Milch, bilden die Grundlage der Ernährung der Turken und Mongolen. So bestehen denn die meisten ihrer Gerichte aus den Grundnahrungsmitteln Fleisch und Milch, gelegentlich ergänzt durch Fisch. Wie zu vermuten war, steht Fisch an oberster Stelle auf der Speisekarte der ethnischen Gemeinschaften, die in der Gegend des Baikalsees und entlang der Lena leben. Willkommene Ergänzungen sind erbeutetes Jagdwild und im Sommer Beeren und Pilze. Ein Getränk, das die Jakuten bei Feierlichkeiten zu sich nehmen, ist der berühmte Kumiss, gegorene Stutenmilch. Dieses Getränk wird anlässlich des Isyakh-Festes im Juni in großen Mengen aus Holzschüsseln – den Ayak oder Tschoron - getrunken. Ganz anders sieht das Gericht aus, das die Jakuten bei der Arbeit auf dem freien Feld zu sich nehmen: Kuortschek – geschlagene Sahne mit Blaubeeren. Die beliebtesten Gerichte dieser nördlichen Volksgruppen sind gefrorenes rohes Fohlenfleisch und Stroganina, gefrorener roher Fisch.

Jakuten,
Spielezeug in der Form von Pferden, 1908, 1910.
Holz, 1) 30 x 15 cm; 2) 23 x 22 cm.
Russisches Museum für Ethnographie, St. Petersburg. 1) Jakuten Oblast, Vilyuy Okrug; 2) Jakuten Oblast, Vilyuy Okrug, Boturuski Ulus (Siedlung).

Jakuten,
Schachteln, 1959, frühes 20 Jahrhundert.
Holz, 1) 31 x 11 x 7.5 cm; 2) 17 x 5 cm.
Russisches Museum für Ethnographie, St. Petersburg. Jakuten ASSR, Vilyuysk-Stadt.

Sommerzelt.

Jakuten,
Jurt (traditionelle Winterbehausung der Jakuten).

Aleuten,
Teppich, 1909-1910
Eingeweide einer Ohrenrobbes, Stoff, Vogelflaum, Wollgarn. 33 x 28 cm.
Russisches Museum für Ethnographie, St. Petersburg. Aleutische Inseln.

Jakuten,
Hochzeitssattel der Braut, 1959, 1909, 1925-1926
Holz, Metall, Elchleder, Pferdehaar, Stoff, Wolltuch, Pferdefell, Perlen, Samenkörner. Sattel: 55 x 27 x 34 cm; Steigbügel: 19 x 14 cm; Pferdedecke: 156 x 89 cm; Satteldecke: 93 x 69 cm.
Russisches Museum für Ethnographie, St. Petersburg. Jakuten ASSR, Vilyuy Distrikt, Boturuski Ulus, Jakutensk.

Jakuten,
Modell einer Jakuten-Behausung, frühes 20. Jahrhundert.
Mammutknochen, Holz, 54 x 36 cm.
Russisches Museum für Ethnographie, St. Petersburg. Jakutenia.

Die Grundnahrung der überwiegenden Mehrheit der Jakuten ist der so genannte Tar, eine zerstampfte Mischung aus Fleisch, Fisch, Gräsern, verschiedenen Wurzelknollen und Kiefernrinde. Dieser Brei wird in abgerahmte Milch und Wasser gegeben, dazu kommt ein wenig Mehl (so weit vorhanden), und das Ganze wird dann zu einer Art Grütze verkocht. Die Jakuten trinken viel Tee und lieben starke Schnapsgetränke. Die Wohlhabenderen unter ihnen essen täglich Fleisch und eine Art dicken Fladen aus Wasser und Gerstenmehl.

Erst in den letzten zwei Jahrhunderten führten die russischen Zuwanderer (vor allem die Skopten und andere christliche Sekten) bei den Jakuten den Getreidebau ein. Statt Mehl benutzten die Jakuten im Frühjahr, wenn die Fichtenbäume Saft treiben und sich die Rinde absondert, das Innere der Rinde, die getrocknet und zerstoßen wurde; ähnlich verfuhren sie auch mit verschiedenen Wurzeln. Vor der Mitte des 19. Jahrhunderts war man davon überzeugt, dass in dem rauen Klima von Jakutsk kein Getreideanbau möglich sei. Tatsächlich erfroren bei den ersten Versuchen die Ernten, doch nach und nach akklimatisierten sich die Getreidearten, so dass jetzt in guten Jahren eine reichliche Ernte eingefahren werden kann. In der kurzen Zeit von zwei Monaten nach der Aussaat kann das Getreide dank des in der Regel recht heißen Wetters reifen und geerntet werden. So werden in der Umgebung der Stadt Jakutsk Gerste, Hafer, Weizen, Kartoffeln und sogar Wassermelonen angebaut. Die landwirtschaftlichen Methoden und Gerätschaften waren

Ewenken,
Frauenpuppe, 1907.
Stoff, Rentier, Knöchelknochen Perlen, 11 cm.
Russisches Museum für Ethnographie, St. Petersburg. Yenisey Gubernia (Provinz), Yenisey Uezd (Distrikt), das Katonga Flussgebiet.

Tschuktschen, Eskimos,
Spielbälle: 1) Fußball 2) Handball,
1) 1974; 2) 1904-1907
Robbenleder und Wolle, Nackenhaare eines Rentiers, Umfang: 1) 58 cm; 2) 25 cm.
Russisches Museum für Ethnographie, St. Petersburg. Tschuktschen Halbinsel.

ursprünglich sehr primitiv: Sie beschränkten sich auf Eggen und hölzerne Pflüge, doch auch dies hat sich seit der Industrialisierung geändert.

Die Burjaten sind Viehzüchter, die mit den Jakuten gewisse Gemeinsamkeiten teilen, und in Ulus leben. Ulu bedeutet wörtlich „Familiengruppe" und meint eine Sippe (Ail) oder einen Teil einer Sippe (Aimak). Die Jurten oder Hütten der Familien werden nicht, wie die Häuser im europäischen Teil Russlands, in regelmäßigen Reihen gebaut sondern stehen in einem malerisch anmutenden Wirrwarr innerhalb einer großen, alles umschließenden Einfriedung. In einiger Entfernung vom Dorf sind die Ugugi, große Gehege, angeordnet, in denen die Burjaten im Sommer ihr Heu ernten und im Winter das Vieh grast. Neben den Häusern stehen große, ein wenig an Maibäume erinnernde Pfosten. An ihnen hängen Opfergaben zu Ehren der Gottheiten, meist Ziegenfelle mitsamt Kopf und Hörnern, Teppiche und Kleidungsstücke. Außer ihren Winterdörfern besitzen die Burjaten auch Sommerstationen, in die sie zusammen mit ihren Viehherden ziehen. Bis Anfang des 20. Jahrhunderts wohnten sie ausschließlich in Jurten oder Erdhütten, doch inzwischen sind die reichen Burjaten in komfortable Häuser umgezogen, und nur noch wenige Familie bleiben der traditionellen Jurtenbehausung treu.

Die althergebrachte Behausung der Vieh züchtenden Volksgruppen Sibiriens ist eine Art Jurte nach mongolischer Tradition. Jurten aus Fell oder Tuch sind beweglich, die aus Holz eher stationär: Je nach der Region weichen die Jurtenkonstruktionen stark

voneinander ab, nicht nur, was die Baustoffe, sondern auch was die Form (rund, quadratisch, achteckig usw.) anbetrifft. Das Dach der Jurte wird in der Mitte durch eine auch als Rauchabzug dienende dicke, abgeknickte Stange gebildet. Der Eingang der Jurte zeigt bei den Burjaten in Richtung Süden, bei den Jakuten hingegen Richtung Osten (da sie sagen, Gott wohne im Osten, die Toten hingegen im Westen, deshalb sitzen die Jakuten auch immer mit dem Rücken nach Westen). In manchen Regionen wird die Jurte im Sommer durch ein wigwam-ähnliches konisches Zelt ersetzt.

Selbst wenn manche Burjaten in Zelten leben, sind sie doch keine wirklichen Nomaden, sondern halten sich an ein bestimmtes Areal. Als Abkömmlinge der kriegerischen Mongolen, die Europa über lange Zeit in Angst und Schrecken versetzten, haben sie keinerlei kämpferische Neigungen, wenn man einmal von ihren großartigen Reitkünsten absieht. Ihre Sättel sehen hoch und unbequem aus, doch sie reiten ihre leichten braunen Pferde mit schwarzer Mähne mit außerordentlichem Geschick. Die Burjaten ernähren sich hauptsächlich von Milch, Hirse und – an Festtagen – von Schaffleisch. Ihr Reichtum besteht in ihren riesigen Viehherden; viele von ihnen nennen vier- oder fünftausend Tiere ihr Eigen.

Tschuktschen, Tlingit,
Lederball und Puppen, 1898, 1901.
Ball: Seehundefell, Haar; Puppen:
1) Marmor, Haar, Stoff, Hirschleder;
2) Rentierhaut, Baumwolltuch, Perlen, Sehne, Ball: 17 cm; Puppen: 1) 25 cm; 2) 38 cm.
Museum der Anthropologie und Ethnographie, Moskau. Anadyr Distrikt.

Jakuten,
Schachtel für Fell und Silberwaren, 1906.
Birkenrinde, Glimmer, Papier, Pferdehaar, Leder, 37 cm x 57 cm; offener Durchmesser: 48 cm.
Russisches Museum für Ethnographie, St. Petersburg. Jakuten Oblast, Jakuten Okrug.

Korjaken,
Kleine Plastik 'Nackte Frau', 1911.
elfenbeinfarbener Wahlross-Stoßzahn, 5.3 cm.
Russisches Museum für Ethnographie, St. Petersburg. Kamtschatka Oblast.

C. Einheimische Kleidung

„Die einheimischen Stammesvölker sind Meister darin geworden, Kleidungsstücke mit künstlerischer Fertigkeit und Perfektion zu nähen, die den Naturelementen trotzt und menschliche Intelligenz und Kreativität zum Ausdruck bringt."

Wie in vielen Kulturen spielt die Kleidung auch im Leben der einheimischen sibirischen Urbevölkerung eine wichtige Rolle. Was jemand trägt, ist zugleich ein Symbol seines oder ihres Ranges und Ansehens, ein Mittel künstlerischen Ausdrucks und natürlich ein Schutz gegen die Elemente. Unberücksichtigt dessen, ob ein Kleidungsstück eng oder locker sitzt, aus Fischhaut, Bären- oder Eichhörnchenfell gefertigt, schmucklos oder mit reichen Dekorationen versehen ist, hat es doch immer eine wichtige Funktion für das leibliche und gesellschaftliche Wohlbefinden des Trägers. Ein reicher Sibirer hält seinen Mantel vielleicht mit einem silbernen Gürtel zusammen; ein Rentierjäger zieht lockere Beinkleider den Lederhosen eines Schlittenfahrers vor; eine Braut ist mit besonderem Zierrat geschmückt und trägt ihr Haar auf spezielle Weise geflochten oder gescheitelt – je nachdem, wie es die Tradition verlangt.

Die Kleidung der Kamtschaken besteht sowohl im Sommer als auch im Winter zum Großteil aus Fellen und Häuten. Ihr Winterkostüm ist aus Robbenleder gefertigt und wird über schweren Strümpfen aus Rentierhaut getragen, die bis an das Knie reichen; die Beinkleider sind mit der Haarseite nach innen genäht; die Kapuze besteht aus Fuchspelz, umrandet mit einem Streifen aus Vielfraßfell; dazu kommt ein bis zu den Knien gehender schwerer, doppellagiger Pelzanorak. Er ist aus dem dichtesten und weichsten Rentierfell gefertigt, am unteren Rand verziert mit Seidenstickerei, an den Ärmeln und am Hals besetzt mit glänzendem Biberpelz. Unter dem Kinn ist eine quadratische Klappe angebracht, die über die Nase gehalten werden kann, und hinten eine Kapuze, die man sich bei schlechtem Wetter über den Kopf zieht. In diesem Kostüm trotzen die Korjaken und die Tschuktschen wochenlang der ärgsten Kälte und schlafen unter dem Schnee sicher und wohlbehalten bei Temperaturen von minus zwanzig, dreißig und sogar vierzig Grad.

Wenn sich die Kamtschaken aus ihrer Siedlung aufmachen, um zu jagen, ziehen sie sich schwere Kuklankas an, das sind vom Hals bis zum Knie reichende Mäntel aus geflecktem Hirschfell, in der Mitte durch einen Gürtel zusammengehalten, am unteren Rand mit langen Vielfraß-Fransen versehen und mit kleinen Glasperlenschnüren und Troddeln aus rotem Leder sowie kleinen polierten Metallplättchen verziert. Beinkleider aus Pelz, hohe Stiefel bis zum Oberschenkel aus Seehundsfell, Kapuzen aus Wolfsfell (komplett mit den seitlich am Kopf hochstehenden steifen Wolfsohren!) vervollständigen das Kostüm, das dem Träger eine gute Beweglichkeit gestattet und ihn gleichzeitig gegen die Witterung schützt und warm hält.

Die Kleidung der Burjaten ist teils russisch, teils mongolisch, je nach den spezifischen Witterungsbedingungen und Erwerbstätigkeiten der Menschen. Ihre Mützen, oft in Form eines Konus und nach oben zugespitzt, sind aus gestepptem Stoff gefertigt und von der Spitze hängt eine seidene Quaste herab. Ihre Beinkleider wirken chinesisch, doch ihre Mäntel sind meistens aus Schafpelz und nach russischer Manier ausgeführt. Ihre Gürtel sind mit bunten Plättchen aus Stahl oder Messing geschmückt.

Wie bei vielen anderen der indigenen Volksgruppen Sibiriens ist das Lieblingskleidungsstück der Burjaten der Dehar. Er wird im Allgemeinen aus Rotwild-

Korjaken,
Kinderkittel, 1958.
Rentierhaut, aufbereitete Rentierhaut,
105 cm.
Russisches Museum für Ethnographie,
St. Petersburg. Korjaken National Okrug,
Tigilski Distrikt, Sedanka Village.

Ewenken,
Frauengürtel, frühes 20. Jahrhundert
aufbereitete Rentierhaut, Perlen und Samen, Perlen, Metall, 91 x 9 cm.
Russisches Museum für Ethnographie, St. Petersburg. Siberian Krai, Turukhan Distrikt, das (untere) Nizhni Tunguska Flussgebiet.

Tschuktschen,
Winterkleidung eines älteren Mannes, Rückenansicht, 1904-1907
Rentierfell und Beinfelle, Hundefell, Robbenuntermantel, Stoff, Anorak: 93 cm; Mütze: 27 cm.
Russisches Museum für Ethnographie, St. Petersburg. Primorskaya Oblast, Anadyr Krai.

oder Antilopenleder gefertigt und bietet einen sehr wirksamen Schutz gegen die Kälte. Im Stand berührt der Saum dieses mantelähnlichen Gewands den Boden. Wenn der Träger den Kragen hochstellt und vorne zusammenhält, ist der Kopf kaum noch zu sehen. Die Ärmel sind ein ganzes Stück länger als der Arm und der Umhang ist so großzügig geschnitten, dass leicht zwei Menschen darin Platz finden. Das Gehen im Dehar ist mühsam, da man kaum Bewegungsfreiheit hat. Doch die behagliche Wärme macht diesen Nachteil zweifellos wett. Das Gewand ist absichtlich so weit geschnitten: Die Länge schützt die Beine und Füße, der hohe Kragen wärmt den Kopf, und das weite Material kann übereinander geschlagen werden. Die überlangen Ärmel schützen Finger und Hände vor dem Erfrieren.

Das Kostüm der Lamuten ist sehr auffallend, fast möchte man sagen: theatralisch im Charakter. Gefertigt aus der Haut junger Rehe, wurde es mit prächtigen Mustern bestickt und mit Glasperlen und gefärbten Tiersehnen dekoriert. Auch die Pelzkappe und die hohen Mokassins waren mit Glaskügelchen besetzt. An dem um die Taille getragenen Gürtel hingen das Jagdmesser, ein Pulverhorn und ein Beutel mit Kugeln.

Rentierfell ist wunderbar warm, deshalb wird es von den sibirischen Volksgruppen nicht nur als isolierendes Material für den Boden und zum Auskleiden der Tschum und Jaranga, sondern auch ganz besonders für die Kleidung der sehr viel Zeit im Freien verbringenden Jäger und Rentierhirten eingesetzt.

Die Nenzen tragen die Malitsa, eine lange Tunika mit Kapuze und Fäustlingen aus Rentierfell, mit dem Fell nach innen. Wenn es empfindlich kalt wird, tragen sie über der Malitsa noch einen weiteren Umhang, ebenfalls aus Rentierfell, den Sokwi, der nochmal eine eigene Kapuze aufweist.

Der Sokwi der Jäger der Nenzen und der Nganasani wird aus verschiedenen Materialien zusammengenäht: Die Rückenteile sind zum Wärmen der Schultern und der Nieren aus Rentierfell, die Vorderseite besteht aus Hundefell, damit sich die Jäger möglichst lautlos an ihre Beute heranpirschen können. Das Kostüm der Nenzenfrauen ist, abgesehen von geringfügigen Unterschieden, dasselbe wie das der Ostiakenfrauen. Sie tragen Gürtel um die Taille, auf denen vorn große, mit verschiedenen Figuren geschmückte Messingscheiben angebracht sind. Diese sind meist als Rondellen ausgeführt und so breit, dass sie fast die ganze Brust bedecken. Daran befestigt sind Schnüre mit Glasperlen und kleinen, klimpernden und klirrenden Metallteilchen. An den Ellbogen werden als zusätzliches Ornament oft metallene Glöckchen befestigt. Für die Nenzen sind Felle das Material für ihre Kleidung, aber als Handelsware auch eine wertvolle Einnahmequelle. Verschiedene Fuchsarten, deren Felle hohe Preise erzielen, stammen aus dieser Gegend, ebenso wie das Fell des blauen Hermelins. Daneben gibt es eine Gattung von Enten, deren Halsflaum von besonderer Schönheit und deshalb sehr begehrt ist.

Die Korjaken tragen ein Kostüm aus Rehleder, bestehend aus einer Kutte, Beinkleidern und Leggings oder Stiefeln. Männer und Frauen kleiden sich gleich und tragen Perlenschmuck im Ohr. Die Tschuktschen und die Korjaken tragen die Kuklanka, eine doppellagige Tunika aus dichtem Pelz, so dass sowohl die Innen- als auch die Außenseite haarig ist. Die Sommerkleidung hingegen besteht aus reinem Tierleder. Ärmel und Kragen dieses Pelzmantels sind häufig mit Streifen aus Hunde- oder Vielfraßpelz besetzt. Die an sich nicht sonderlich groß gewachsenen Tschuktschen erhalten durch diese gewaltige Tunika ein imponierendes Aussehen. Viele ihrer Männer tragen einen langen,

Tschuktschen,
Winterkleidung eines älteren Mannes, Vorderansicht, 1904-1907
Rentierfell, Beinfelle und Borsten, Hunde- und Vielfraßfelle, aufbereitete Rentierhaut, Stoff, Anorak: 85 cm; Hosen: 101 cm; Ärmel: 53 cm; Schuhsohlen: 27 cm; Mütze: 27 cm; Stiefelhöhe: 17 cm.
Russisches Museum für Ethnographie, St. Petersburg. Primorskaya Oblast (Region), Anadyr Krai (Territorium).

Jakuten,
Frauen-Armbänder 1904.
Metall, 8 cm.
Russisches Museum für Ethnographie, St. Petersburg. Jakuten Oblast.

Eskimo,
Männergürtel, 1909.
Robbenfelle und -häute,
elfenbeinfarbener Wahlross-Stoßzahn,
Gürtel: 100 cm; kleine Tasche:
5.8 x 3.9 cm.
Russisches Museum für Ethnographie,
St. Petersburg. Kamtschatka Okrug,
Tschuktschen-Distrikt.

Ewenen,
Frauenkleidung, Rückenansicht, 1910, 1907
aufbereitete Rentierhaut, Erdhörnchen-
und Hundefelle, Robben- und
Rentierhaar, Perlen, Kleidung: 91 cm;
Mütze: 30 x 28 cm.
Russisches Museum für Ethnographie,
St. Petersburg. Primorskaya Oblast,
Anadyr Krai.

auffallenden Pelzmantel aus Rehleder, Pelzhosen, Mokassins, mit Biberpelz verbrämte Stiefel, eine Pelzkapuze mit Fuchspfoten und Fäustlinge aus dichtem Fuchspelz. Zu dekorativen Zwecken wird gerne Mäusepelz verwendet.

Sowohl die weibliche als auch die männliche Kleidung dieser ethnischen Gruppe unterscheidet sich von anderen im Detail der Ausführung. Meist besteht sie aus einem Beinkleid aus Rentierhaut (Pelzseite nach innen, raue Seite nach außen gekehrt) sowie, ebenfalls aus Rentierhaut, Stiefeln und Strümpfen, aus einer Art ledernem, vielfach mit weißem Fuchs oder mit Hasenfell gefüttertem Mantel oder Anorak, und schließlich für die bitterste Winterkälte einen doppellagigen Kittel mit Pelzflächen sowohl nach innen als auch nach außen. Eine warme Kappe und große Fäustlinge, gelegentlich ein Brustlatz aus weißem Fuchs (genannt Nagroodnick, d. h. Brustdecke) und ein Eichhörnchenbalg um den Hals, ergänzen ihre ansonsten gänzlich aus Rentierfell bestehende Kleidung.

Zur Anfertigung von Mützen, Hauben und zum inwendigen Füttern der Kleidungsstücke dienen Fuchsfelle. Der Wolfspelz gilt wegen seiner hervorragenden Wärmeeigenschaften als besonders wertvoll. Tschuktschen und Korjaken tragen auch Schutzklappen für Kinn, Stirn, Nase und Ohren. Im Sommer tragen sie Nankeen-Beinkleider und dazu meistens ein Hemd. Die Frauen haben inzwischen die typisch russische Kopfbedeckung übernommen. Bei der Dekoration ihrer Kleider legen sie besonderes Geschick an den Tag: Lappen aus Rehleder werden zu den verschiedensten attraktiven Mustern aufgenäht.

Im Allgemeinen setzt sich das Winterkostüm wie folgt zusammen: Strümpfe aus Rentierhaut (Pelzseite nach innen), hohe Stiefel aus Fell vom Bein des Rentiers, deren

weiter Schaft mit isolierendem Heu ausstaffiert wird; Hose, Weste und Unterkleider aus Wolltuch; ein Innenmantel aus Rentierhaut und als Überzug ein wuchtiger Mantel aus Rentierfell. Die Mäntel werden wie Hemden über den Kopf gezogen, sie sind mit einer großen Kapuze versehen, die das ganze Gesicht einhüllt und nur für die Augen eine Öffnung lässt. Dies ermöglicht lange Fahrten im beißend kalten Wind oder auch im gleißenden Sonnenlicht. Die Hände stecken in Fäustlingen aus Rentierleder. Bei extrem kalter Witterung trägt der Schlittenfahrer gar zwei schwere Kuklanka übereinander, stülpt sich zwei dicke Rentierfell-Kapuzen mit langen Fransen aus schwarzem Bärenpelz über sowie eine Gesichtsmaske aus Eichhörnchenbalg, um Mund und Nase gegen das unerbittliche Schneegestöber zu schützen.

Rentierfell-Schneeschuhe (Untiy, Torbaza sind nur zwei der zahlreichen Fachbegriffe), verziert mit Glasperlen und oft mit einer Filzsohle ausgelegt, werden in allen Regionen Nordsibiriens getragen, selbst in den Städten. Die meisten Kleidungsstücke aus Rentierhaut werden in Fischtran eingelegt und eingeschmiert, um das Material geschmeidig zu machen und gegen den Wind und die Nässe zu imprägnieren.

Das Fell des halbdomestizierten Rentiers kommt in verschiedenen Färbungen vor: von Schneeweiß über Dunkelgrau bis Nussbraun. Braunes Fell mit weißen Flecken ist besonders für festliche Kleidung äußerst begehrt. Diese unterscheidet sich von den Alltagskleidern vor allem dadurch, dass sie reichlich mit metallenen Ornamenten und mit Strängen bunter Glasperlen oder mit den verschiedensten Anhängseln geschmückt wird (bei den Ewenen etwa kleine, mit der volkseigenen Tracht bekleidete Pelztierchen).

Ab dem Monat April müssen die Bewohner der Taiga und der Tundra ihre Augen gegen die Reflexionen der Sonne auf dem Schnee und auch gegen den Wind schützen. In der Vergangenheit benutzten sie spezielle, in zwei waagerechte Hälften aufgeteilte Blenden aus Metall, Birkenrinde oder Holz oder auch einfach ein festes Haarbüschel.

Die traditionelle Sommerkleidung der Küstenbewohner bestand aus der Haut und verschiedenen Innereien von Bären, Robben und Walrossen, während die

Ewenken,
Mädchenkleidung, Vorderansicht, 1905.
aufbereitete Rentierhaut, Pferdehaar, Perlen, Samenkörner, Kaftan: 88 cm.
Russisches Museum für Ethnographie, St. Petersburg. Yenisey Gubernia.

Ewenken,
Mädchenkaftan, Rückenansicht, 1905.
aufbereitete Rentierhaut, Pferdehaar, Perlen, Samenkörner, 88 cm.
Russisches Museum für Ethnographie, St. Petersburg. Yenisey Gubernia.

Jakuten,
Frauen-Ohrringe, Männerring, 1959.
Metall, Ohrringe: 8.7 cm; Ring: 2.2 cm.
Russisches Museum für Ethnographie, St. Petersburg. Jakuten ASSR, Vilyuy Distrikt, Chochunsk Village, Jakutensk.

Korjaken,
Kinderpuppe, 1988.
Rentierfell, Perlen, Samenkörner, aufbereitete Rentierhaut, 23.5 cm.
Russisches Museum für Ethnographie, St. Petersburg. Korjaken Autonomous Okrug, Kamtschatka Oblast, Achai-Vayam Siedlung.

Buryat,
Halskette mit Schwänen,
5. - 4. Jahrhundert v.Chr.
Holz, Leder, Gold, 60 x 28 cm.
Staatliches Eremitage-Museum, St. Petersburg.

Winterkleidung aus Rentierfell angefertigt wurde. Doch bevor die Eskimos anfingen, mit den Rentierhaltern Tauschhandel zu treiben, verwendeten sie auch Vogelhäute und -federn für ihre Kleidung. Heutzutage tragen sie Pelzsocken und -strümpfe und darüber kniehohe Stiefel und Hosen aus Seehundfell (Fellseite nach innen).

Bei extrem kalten Bedingungen, wie sie in den angestammten Gebieten der Tschuktschen und der Korjaken vorkommen, wird auch das Kuklanka getragen. Als oberste Schicht über der anderen Kleidung tragen sie das Kamleyka, einen Regenschutz, der aus den vollständig wasserdichten Eingeweiden des Walrosses genäht wird. Wegen seiner Wasser abstoßenden Qualitäten wird er gerne bei Jagdexpeditionen auf dem Meer getragen. Das Kostüm der am Amur-Fluss lebenden Stämme besteht aus einer Pelzkapuze, engen Pelzhosen, kurzen Hirschfell-Stiefeln, einer Schürze aus flexiblem Wildleder, geschmückt mit Perlen und Metallplättchen, sowie einer Art Anorak aus Hirschleder, verziert mit langen Strängen aus gefärbtem, zu einer Kordel gedrehtem Rentierhaar.

Zur Fertigung der Sommerkleider werden verschiedene Teile von Fischen verwendet. Die Nanai und die Oltschen tragen Westen und Kamisolen aus Fischhaut, dekoriert mit Stickereien. Der Kragen ist nach Art der Chinesen meist rund geschnitten und lässt sich auf der rechten Seite zuknöpfen. Das Verfahren zur Präparation der Fischhäute ist recht einfach: Die Häute werden zunächst getrocknet und dann geklopft, um die Schuppen zu

entfernen und die Haut geschmeidig und dehnbar zu machen. So vorbereitet, werden die Häute zusammengenäht. Ein solcher Fischhautmantel, der zusätzlich durch Stickereien oder anderweitig dekoriert wird, kann sehr prächtig aussehen und ist Wasser abweisend. Fischhäute werden übrigens auch für Bootssegel verwendet. Bei festlichen Anlässen schmücken sich die jungen Mädchen der Küstengegenden mit speziellen Trachten und tragen über ihren mit gefärbten Sehnen von Rehwild verschönerten Tuniken große Brustschilde aus runden Metallscheiben.

Im Winter tragen die Nanai ihren traditionellen Kopfputz, der eine konische Form und eine Einfassung aus Pelz aufweist; dazu kreisförmige, innen mit Pelz gefütterte und außen bestickte Fischhaut-Ohrenmuffs. Die Fischhautkleider sind im Winter mit Baumwolle gefüttert. Die Wintermäntel sind aus Rentier-, gelegentlich aus Hundefell gefertigt. Das Schuhwerk und auch die Stiefel aus Fischhaut sind leicht, wasserdicht und überraschend gut wärmeisolierend: Im Winter werden sie mit Trockengras gepolstert und halten so die Füße sehr schön warm. Diese Methode ist nicht nur bei den Volksgruppen entlang des Amur, sondern auch in der Mandschurei und im nördlichen China Tradition.

Die sommerliche Kleidung der Jakuten besteht aus der Robaseka (dem russischen „Oberhemd", einer Art Kamisole), und dem Balachon, einer Art Bluse – beides aus Tuch – sowie aus hohen Stiefeln aus weichem Leder und breiten Hosenträgern aus demselben Material. Die Kleidung der Frauen weicht nur insoweit von der der Männer ab, als sie länger geschnitten ist, also bis auf die Erde geht, und mit mehr Zierrat geschmückt ist. Im Winter hüllen sie sich in mehr oder minder kostbaren Pelz, je nach ihren Besitzverhältnissen. Meist werden die Kleider mit dem warmen Fell des Polarhasen

Buryat,
Schurz, erstes Jahrhundert v.Chr.
Federn, Stoff, 60 x 33 cm.
Staatliches Eremitage-Museum,
St. Petersburg.

Korjaken,
Männerkleidung für den Winter, 1970er
Rentierhaut and Beinfelle, Hundefell,
aufbereitete Rentierhaut,
Bartrobbenleder, Perlen, Anorak:
126 cm; Hosen: 106 und 110 cm;
Fußbekleidung: 71 und 74 cm;
Schuhsohlen: 32 und 31 cm;
Mütze: 32 cm x 33 cm.
Russisches Museum für Ethnographie,
St. Petersburg. Korjaken National Okrug,
Kamtschatka Oblast.

Jakuten,
Männergürtel, 1971.
Metall, Leder, 126 x 7 cm.
Russisches Museum für Ethnographie,
St. Petersburg. Jakuten ASSR.

Nanai,
Nanai Frauen-Fischhautmantel, 1898-1899
Getrocknete und ungetrocknete
Fischhaut, Garn, 104 cm.
Amerikanisches Museum for
Naturgeschichte, New York.
Amur River Region.

gefüttert. Der Pelzmantel, der in der Art eines Hemdes gefertigt und über den Kopf angezogen wird, ist gewöhnlich mit einer Pelzkapuze versehen. Viele Jakuten tragen eine Reihe kleiner Gerätschaften am Gürtel um ihre Taille: eine Pfeife, einen Tabaksbeutel, einen Flintstein und einen Feuerstahl, zusammen mit dem unverzichtbaren langen Messer. In der Taiga und anderen sibirischen Wäldern mussten Kopfnetze zum Schutz von Nacken und Gesicht gegen die riesigen Schwärme von Stechmücken, Gnitzen und anderen stechwütigen Insekten getragen werden.

Bei ihren festlichen Veranstaltungen tragen die Chanten im Sommer ein Hemd – meist aus rotem oder gelbem Tuch – gelegentlich auch aus weißem Leinen. In letzterem Fall bestehen Kragen und Säume aus schwarzem Tuch, besetzt mit farbenprächtigen Glasperlen und glänzenden Zinn- oder Messingornamenten, und dazu Schuhe aus Filz in den verschiedensten Farben. Die Alltagskleidung der Chanten-Frauen ähnelt in jeder Hinsicht derjenigen der Männer, nur dass sie einen Schleier tragen, den sie auch in ihrer eigenen Jurte nicht abnehmen. Die männlichen und die weiblichen Chanten flechten ihr Haar zu beidseitig des Kopfes herabhängenden Zöpfen, doch sind die der Frauen sehr viel reicher geschmückt. Die Zöpfe werden am Ende mit einer Schnur oder einem flach gedrückten, etwa 7,5 cm breiten, reich mit Glasperlen bestückten Lederband zusammengehalten. Von da an fallen die beiden Zöpfe zusammen, wobei sie in regelmäßigen Abständen durch weitere Perlenbänder zusammengehalten werden. In dieser Weise fällt ihnen das Haar beinahe bis zu den Fersen. Jede Perlenschnur wird am Ende von einem runden Metallmedaillon in der Größe einer Münze zusammengehalten. Dies bewirkt bei jeder Bewegung des Kopfes oder Körpers einen Kontakt mit den Glasperlen, was ein ständiges „Bimmeln“ erzeugt.

Bei ganz speziellen Anlässen, etwa einer Hochzeit, trägt der Mann gern eine mehrfarbige gelbe und rote Tunika, zusammen mit einem Paar schwarzer Samthosen, bestickt mit verschieden farbigen Mustern aus Seide. Möglicherweise trägt er um die Taille eine kostbare grüne Schärpe. Den Kopf ziert eine prachtvolle rote Kappe mit

aufgestülptem Rand aus schwarzem Fuchspelz. Sein Lederbeutel ist meist mit Eisen- und Silbereinlagen verziert und dient der Aufbewahrung von Flintstein, Feuerstahl, Zunder und einer Schnupftabaksdose. In der Schärpe stecken Messer, Pfeife und eine Peitsche. Dies ist das Hochzeitskostüm des sibirischen Bräutigams.

So seltsam das Kostüm der indigenen Volksgruppen Sibiriens den westlichen Beobachter heute noch anmuten mag, so war es doch einst noch wesentlich fremdartiger, exotischer: Ein Forscher, der 1860 die Kirgisen besuchte, staunte über die ungewöhnliche Schönheit der einheimischen Kleidung:

> *„Mehrere [unter den Männern] hatten Mäntel aus Pferdeleder, deren prächtige Mähnen der Länge nach ihren Rücken hinunter hingen; ihre Röcke waren in Beinkleider aus gelbem Leder gestopft. Ihre Köpfe waren bedeckt von Kappen aus Pferdefell, wobei ein Teil der Mähne wie der Federbusch eines Helms nach unten fiel, was ihnen ein besonders kämpferisches Aussehen verlieh. Andere waren in Schaffellmäntel gekleidet, Leder und Fuchsfellhauben, deren Lappen ihre Ohren bedeckten."*
>
> \- Thomas W. Atkinson (1799-1861)

Doch in jüngster Zeit hat sich bei den meisten der indigenen Urvölker Sibiriens vieles verändert. So wird die traditionelle Kleidung meist nur noch bei zeremoniellen Anlässen

Jakuten,
Frauen-Festtagskleidung, 1903, 1908.
Wolltuch; Brokat; Biberfelle, Robbe, Erdhörnchen, Vielfraß, Zobel, Luchs; Metall; Silber; Seide; Stoff; Perlen, Fellmantel: 134 cm; Kopfbedeckung: 70 cm; Kopfschmuck: 97 cm.
Russisches Museum für Ethnographie, St. Petersburg. Jakuten Oblast, Jakuten Okrug, Boturuski Ulus (Siedlung).

Jakuten,
Kreuz, am Körper getragen, 1906.
Metall, 49 cm.
Russisches Museum für Ethnographie, St. Petersburg. Jakuten Oblast, Jakuten Okrug, Vostochno-Kangalaski Ulus.

Jakuten,
Männergürtel, Fragment, 1971.
Metall, Leder,
Russisches Museum für Ethnographie,
St. Petersburg. Jakuten ASSR.

Tschuktschen,
Frauenkleidung für den Winter, 1970er
Rentierfell und Beinfelle, Hundefell,
Bartrobbenleder, aufbereitete
Rentierhaut, Länge: 103 cm;
Spannweite der Ärmel: 170 cm.
Russisches Museum für Ethnographie,
St. Petersburg. Tschuktschen Halbinsel.

aus dem Schrank geholt. Bei den Jakuten sind es die Frauen, deren Kleiderschmuck das Auge auf sich lenkt, sind ihre Kostüme doch reichlich mit Biber-, Zobel- und Murmeltierfell besetzt. Die Oberfläche ist mit Silber, Glasperlen und Stickereien geschmückt. Diese Tracht, die in alten Zeiten von der Mutter auf die Tochter überging, wird durch eine Pelzmütze ergänzt, an deren Spitze ein Stück Stoff mit spitz zulaufenden Enden wie eine Fahne hängt. Der Hut selbst ist mit vielen Silberdekorationen verziert, ähnlich dem Ohrgehänge und den größeren Brust- und Rückenschilden.

Mit dem zunehmenden Einfluss des europäischen Teils Russlands verbreitete sich auch unter den einheimischen Bevölkerungsgruppen die westliche Kleidung immer mehr. Bei Tanz- und anderen festlichen Veranstaltungen erscheinen die Teilnehmer nach wie vor gerne in voller Montur, also mit Pelzstiefeln, weiten Pelzhosen und mit Pelz gefüttertem Samtmantel. In den stark unter mongolischem Einfluss stehenden Gruppen stecken die Frauen ihr Haar zu einem charakteristischen Knoten zusammen und befestigen ihn im Nacken. Sie durchstechen ihn mit zwei langen „Stricknadeln" und schmücken ihn mit bunten Bändern und echten oder künstlichen Blumen. Sie lieben Arm-, Finger- und Ohrringe in größerer Anzahl und schmücken sich überhaupt mit viel Geschmack und Sorgfalt.

Metallarbeiten, ganz besonders Schmiedearbeiten, ist ein Handwerk, das immer schon mit großem Geschick praktiziert wurde und in Jakutien auch heute noch floriert. Die Jakutierinnen tragen bis auf den heutigen Tag ihren traditionellen Goldschmuck, vor allem Ringe, Halsbänder und dekoriertes Ohrgehänge. Ihre Kopfbedeckung hat

manchmal die Form von auf die Stirn fallenden Tabletts. Manche Frauenkostüme sind mit zahlreichen Gold- und Silbermünzen behangen, so dass bei jeder Kopfbewegung ein klimperndes Geräusch ertönt. Anderer Kopfputz hat die Form eines Diadems und ist oben wie ein Halbmond geformt, von dessen beiden Enden zwei „Hörner" abstehen. Diese Diademe sind wie die Tabletts mit Teilchen aus Messing und anderen Metallen bestückt. Manche Frauen bedecken ihre Brust- und Nackenpartien mit Gold- und Silbermedaillen unterschiedlicher Größen, die gelegentlich mit Löchern versehen und an einer Schnur zu einem Halsband aufgereiht sind.

Die Jakuten schnitzen Skulpturen aus Holz, und seit dem 18. Jahrhundert fertigen sie aus Stoßzähnen Armbänder, Ohrringe, ornamentale Kämme und Schmuckkästchen, kleine Statuetten und Ähnliches. Diese Kleinkunst ist ein weiterer Beweis ihrer wunderbar ausgeprägten Handfertigkeiten bei der Verwertung von allem, was ihnen die Fauna bietet.

In der Kleidung der einheimischen sibirischen Völker zeigen sich ihre große Fertigkeit und ihr schöpferisches Talent. Ihr Leben in den rauen Verhältnissen der Taiga und der Tundra hat sie über Jahrhunderte gelehrt, alles, was ihnen die Natur zur Verfügung stellt, jedes kleinste Fitzelchen Fischhaut oder Rentierfell zu verwerten, um ihren Körper vor der erbarmungslosen Witterung zu schützen. Doch abgesehen von den rein praktischen und den ästhetischen Überlegungen, sind die Kleider und überhaupt die gesamte Lebensweise dieser Menschen des Nordens tief verankert in den Regeln, Sitten, Tabus, den Gebräuchen und Ritualen, die sich aus ihrer ganz besonderen Weltanschauung und ihrem Verständnis der Welt herleiten und deren spirituelle Grundlage der Schamanismus ist.

Korjaken,
Frauen-Festtagskleidung, 1970er
Rentierhaut und Beinfelle, Hundefell, aufbereitete Rentierhaut, Stickgarn, Perlen, Anorak: 127 cm; Schuhsohlen: 26 cm; Stiefelhöhe: 28 cm; Ärmellänge: 130 cm.
Russisches Museum für Ethnographie, St. Petersburg. Korjaken National Okrug, Kamtschatka Oblast, Karaga Village.

Amur Region,
Stiefel, Unbekannt.
Rentierhaut, Fischgräten, Stoff, Eier, Ruß, Russisches Museum für Ethnographie, St. Petersburg.

III. SCHAMANISMUS

EINLEITUNG

Schamanismus wird oft für eine von den Ureinwohnern Nordasiens und Stammvölkern in anderen Erdteilen praktizierte primitive Religion oder ein religiös-magisches Phänomen gehalten. Schamanismus war in Nordasien jedoch nur eine Ausdrucksform des religiösen Kults mit dem Ziel, böse Geister abzuwehren.

Interessant dabei ist, dass zwischen den verschiedenen Glaubensansätzen der sibirischen Stämme eine enge Verwandtschaft zu erkennen ist. Dies macht sich auch durch die Ähnlichkeiten bei der Begründung ihrer Mythologie und in ihren Ritualen bemerkbar, ja sogar in der Namensgebung – es besteht also durchaus Grund zu der Annahme, dass all diese Glaubensrichtungen das Ergebnis eines Gemeinschaftswerkes intellektueller Aktivitäten der Menschen aus dem gesamten Norden Asiens sind.

Die alte Volksreligion der Mongolen und ihrer Nachbarländer ist in Europa als „Schamanismus" bekannt, die Anhänger selbst haben für ihre Religion jedoch keine besondere Bezeichnung. Schamanismus wurde „Der Schwarze Glaube" (*Khara Shadjin)* genannt, im Gegensatz zum Buddhismus, dem „Gelben Glauben" (*Shira Shadjin*). Die Chinesen wiederum bezeichneten den Schamanismus als *Tao-Shen* („im Antlitz der Geister tanzen").

Diese Namen vermitteln jedoch nicht im Geringsten einen Eindruck vom wahren Wesen des Schamanismus. Einige vertreten die Ansicht, er sei gleichzeitig mit dem Buddhismus und Brahmanismus entstanden, während andere glauben, darin Elemente aus den Lehren des chinesischen Philosophen Lao-Tze wieder zu finden. Viele sind der Meinung, Schamanismus sei nichts anderes als Naturverehrung und vergleichen ihn mit dem Glauben der Anhänger Zarathustras. Sorgfältige Studien zu diesem Thema belegen jedoch, dass die schamanische Religion weder aus dem Buddhismus noch aus anderen Religionen heraus entstand, sondern ihren Ursprung in den mongolischen Völkern hat und nicht nur aus schamanischen und abergläubischen Zeremonien besteht, sondern auf gewisse, wenngleich auch auf ursprüngliche Weise, die diesseitige Welt – die Natur – und die jenseitige Welt – die Seele – beobachtet.

Schamanismus findet sich im gesamten Norden Asiens sowie in Teilen Zentralasiens wieder. Aus heutiger Sicht betrachtet, ist die einfachste Form des Schamanismus die der Paläosibirer, die komplexeste Form hingegen die der Neosibirer. In der ersten Gruppe ist daher der „Familien-" Schamanismus weiter verbreitet als der „professionelle" Schamanismus, damit sind Glaube, Schamanen und Zeremonien mehr oder weniger auf die Familie beschränkt.

Der professionelle Schamanismus, also Zeremonien, die von einem fachkundigen oder professionellen Schamanen für eine ganze Gemeinschaft dargeboten werden, stand damals noch ganz am Anfang und wurde, da er noch relativ schwach war, stärker vom Christentum beeinflusst.

Bei den Neosibirern, wo der professionelle Schamanismus stärker entwickelt ist (zum Beispiel bei den Jakuten), wurde der Familien-Schamanismus vor allem durch europäische Einflüsse geprägt. Daraus darf aber nicht geschlossen werden, dass die bei den Paläosibirern verbreitete Form die primitivere ist. Der professionelle Schamanismus ist möglicherweise eine Weiterentwicklung des Familien-Schamanismus. Es könnte aber durchaus auch eine Abart davon sein, die entstand, weil die Umstände ein Leben in der Gemeinschaft nicht länger erlaubten.

Vasily Surikov,
Eine Schamane, Skizze für 'Die Eroberung Sibiriens durch Yermak', 1893.
Ölgemälde, 25 x 23 cm.
Krasnoyarskiy Kraevoy Musey,
Krasnoyarsk.

Ewenken,
Amulett, 1910.
Holz, Baumwollstoff, Perlen, Metall, 17 cm.
Russisches Museum für Ethnographie, St. Petersburg. Yenisey Gubernia (Provinz), Yenisey Uezd (Distrikt), Angara-Flussgebiet.

Diese Ungleichheit zwischen dem Schamanismus der Paläo- und der Neosibirer ist zweifelsfrei auf die unterschiedlichen geographischen Bedingungen von Nordsibirien im Vergleich zu Südsibirien zurückzuführen. Das Ergebnis einer sorgfältigen Studie über einige neosibirische Stämme (Jakuten), die in den Norden zogen und einige paläosibirische Stämme (Giljaken), die in den Süden zogen, scheint diese These zu belegen. Die Selbstverständlichkeit, mit der sie die neuen Bräuche und Anschauungen der unbekannten Umgebung annahmen, zeigt, dass zwischen ihren schamanischen Ritualen kein nennenswerter Unterschied bestand. Die vorhandenen, in ihrem Umfeld begründeten Unterschiede verschwanden mit der Migration. Es lässt sich auch nicht behaupten, der Wandel sei auf einen Kontakt mit anderen Stämmen zurückzuführen, da es kaum zu solchen Treffen kam. Schamanismus scheint vielmehr ein derart natürliches Resultat aus dem kontinentalen Klima mit seinen extremen Hitze- und Kälteperioden, den strengen *Burgas* und *Burans*, sowie der Angst und des Hungers zu sein, den die langen Wintermonate mit sich bringen, dass nicht nur die Paläosibirer und die etwas kultivierteren Neosibirer, sondern sogar Europäer sich dem Einfluss einiger abergläubischer Vorstellungen manchmal nicht entziehen konnten. Beispiele dafür sind die russischen Bauern und Beamten, die sich in Sibirien niederließen, oder auch die russischen Kreolen.

Öffentlichen Volkszählungen zufolge sind nur wenige Einheimische „wahre Schamanisten" – doch auch wenn sie als orthodoxe Christen und Buddhisten registriert sind, blieben sie in Wirklichkeit doch fast alle den Ritualen ihrer alten Religion treu.

A. DER SCHAMANE

„Als ich zwanzig Jahre alt war, wurde ich sehr krank und begann, Dinge 'mit meinen Augen zu sehen, mit meinen Ohren zu hören', die andere nicht sehen oder hören konnten."

Wie bei allen Naturreligionen nimmt der Priester als Quelle aller religiösen Überzeugungen und Traditionen eine äußerst wichtige Rolle ein. In jedem Stamm wird das Schamanentum ein wenig anders organisiert, in manchen Fällen wird das Amt auch vererbt, doch eines ist überall Voraussetzung, um Schamane zu werden: eine übernatürliche Gabe. Bei den kulturell etwas weiter entwickelten Neosibirern ist das Schamanentum stärker organisiert als bei den Paläosibirern. Dort herrschen die Familienschamanen vor, während bei den Neosibirern professionelle Schamanen weiter verbreitet sind.

Im Laufe der Jahre verlor der Familien-Schamanismus in den genannten Stämmen, mit Ausnahme der Tschuktschen, jedoch zunehmend an Bedeutung und wird nach und nach durch individuellen Schamanismus ersetzt. Diese individuellen oder professionellen Schamanen werden von den Tschuktschen „jene mit Geist" (*Enenilit*) genannt, abgeleitet von *Enen*, was so viel bedeutet wie 'schamanischer Geist'.

Obwohl die Hysterie (von einigen Autoren auch „arktische Hysterie" genannt) Grundlage der Berufung zum Schamanen ist, unterscheidet sich ein Schamane gleichzeitig von einem gewöhnlichen Patienten, der an dieser Krankheit leidet, da er die außerordentliche Fähigkeit besitzt, sich zwischen den eigentlichen, während der Zeremonien auftretenden Anfällen zu beherrschen. Ein guter Schamane zeichnet sich durch viele ungewöhnliche Talente und Eigenschaften aus, doch die wichtigste ist die durch Wissen und Taktgefühl erworbene Macht, die Menschen, mit denen er lebt, zu beeinflussen. Er muss einschätzen können, wie und wann er seinen sich manchmal bis zum Wahnsinn hin steigernden Anfall der Inspiration haben kann, und er muss gleichzeitig wissen, wie er sich diese höchst „tabuisierte" Haltung im täglichen Leben bewahrt.

Wenn von der Berufung zum Schamanen gesprochen wird, müssen die Familienschamanen der Korjaken, der asiatischen Eskimos, der Tschuktschen und der Jakagieren ausgeschlossen werden. Ihre Fähigkeiten und Positionen sind recht vage beschrieben, was sich auch aus der Schilderung ihrer Pflichten und Aufgaben ersehen lässt: Jede Familie hat eine oder auch mehrere eigene Trommeln, mit der die Familienmitglieder zu genauen Zeiten ein bestimmtes Ritual vollziehen – sie schlagen die Trommeln und singen dazu verschiedene Melodien. In der Regel versucht bei diesen Gelegenheiten mindestens ein Mitglied nach Art der Schamanen mit den 'Geistern' zu sprechen. Manch einer versucht sogar, die Zukunft vorauszusagen, die anderen schenken ihm dabei jedoch kaum Beachtung. All das findet im Freien und bei Tageslicht statt, wohingegen die Zeremonien der professionellen Schamanen nachts, im Inneren der Behausungen gefeiert werden.

Jeder erwachsene Tschuktsche wird außerdem von Zeit zu Zeit, vor allem während des Winters, seine Trommel nehmen und sie im Schutz des warmen Schlafzimmers spielen – manchmal mit, manchmal ohne Licht – und zu diesen Rhythmen seine Melodien singen.

Ein Familienmitglied hat also die Pflicht, während bestimmter Zeremonien die Trommel zu schlagen, „schamanisiert" aber so manches Mal auch nur zu seinem

Vergnügen, genauso wie es die Trommeln auch jederzeit außerhalb der Feiern zur reinen Unterhaltung spielen kann. Solch ein Familienmitglied kann natürlich nicht als Schamane bezeichnet werden, er oder sie ist vielmehr ein den Schamanen nachahmender Meister der Zeremonien. Echte Schamanen sind nur jene Menschen, die besondere Fähigkeiten besitzen und berufen wurden, unabhängig davon, ob ihnen das Schamanenamt vererbt wurde oder nicht.

Unter den Tschuktschen, Korjaken, Jakagiren, asiatischen Eskimos und mehr oder weniger unter allen Paläosibirern finden sich jedoch auch professionelle Schamanen, manchmal zwar vom Aussterben bedroht, doch es gibt keine Zweifel an ihrer Existenz. Bei den Kamtschadalen gibt es einmal im Jahr, im November, eine riesige Feier, bei der alte Männer die Hauptrollen übernehmen. Anhand dieser recht spärlichen Informationen kann nicht beurteilt werden, ob es bei den Kamtschadalen einen Familienschamanen gibt, denn die alten Männer agieren nicht in den einzelnen Familien, sondern treten bei Gemeinschaftsfeiern auf. Es ist also vermutlich angebrachter, sie als Gemeinschafts-Schamanen zu bezeichnen.

Zwar gab es einst eine Form des professionellen Schamanismus, da jedoch jede alte Frau schamanisieren konnte, war diese Form nicht sehr ausgeprägt. Das weibliche Geschlecht ist freundlicher und vermutlich geschickter, daher finden sich unter den Schamanen mehr Frauen und *Koekchuch* als unter den Männern. Bei den Kamtschadalen gibt es keine besonderen Schamanen, wie bei anderen Völkern, doch alle alte Frauen und *Koekchuch* (vermutlich Frauen in Männerkleidung) sind Hexen und deuten Träume. Es gab keine besondere Schamanentracht, sie nutzten auch keine Trommeln, sondern sprachen ganz einfach Beschwörungsformeln und machten Prophezeiungen - der Beschreibung nach scheinen sie also den modernen Familien-Schamanen zu ähneln. Dass die Kamtschadalen als einziger der asiatischen und amerikanischen Stämme allerdings überhaupt keine professionellen Schamanen gehabt haben, ist jedoch recht unwahrscheinlich.

Es lässt sich also vermuten, dass bei den Kamtschadalen neben dem Gemeinschafts-Schamanismus auch der professionelle Schamanismus existierte, wenngleich auch eine noch sehr einfache, in den Händen der alten Männer liegende Form. Dass Frauen, die 'freundlich und geschickt' sind, am effektivsten schamanisieren konnten, deutet darauf hin, dass es bereits damals bestimmte Ansprüche an jene gab, die den Schamanismus außerhalb der Gemeinschaft praktizieren wollten und dass Frauen diesem Ideal am nächsten kamen.

1. Die Berufung zum Schamanen

Es macht keinen Unterschied, ob ein Schamane sein Amt geerbt hat oder nicht, er muss in jedem Fall eine fähige – ja sogar eine inspirierende Persönlichkeit sein. In der Realität sind dies meist sehr nervöse und leicht erregbare Menschen, die oft am Rande des Wahnsinns leben. So lange ein Schamane jedoch seine Berufung ausübt, übertritt er niemals diese unsichtbare Grenze zwischen Genie und Wahnsinn. Viele von ihnen sind an Nervenleiden erkrankt, bevor sie dem Ruf folgen. Telpina beispielsweise, eine Schamanin vom Stamme der Tschuktschen, litt ihrer eigenen Aussage nach drei Jahre an einer derart schlimmen Geistesstörung, dass ihre Familie Vorkehrungen treffen musste, damit sie weder sich selbst noch andere verletzte.

Menschen, die kurz davor stehen, zum Schamanen zu werden, durchleben heftige Anfälle, gefolgt von völliger Erschöpfung. Dann liegen sie zwei oder drei Tage regungslos nieder, ohne zu essen oder zu trinken. Schließlich ziehen sie sich in die Wildnis zurück, wo sie ihre Zeit damit verbringen, Hunger und Kälte zu erdulden, um sich so auf ihre Berufung vorzubereiten.

Jukagiren,
Schamanenkostüm, 1900-1901
Rentierhaut, Fell, Leder, Haarschmuck, Sehne, Lappen, gefärbtes Fell eines Robbenwelpen, Mantel: 96 cm; Schurz: 94 cm; Mütze: 91 cm.
Amerikanisches Museum for Naturgeschichte, New York. Markovo.

Zum Schamanen berufen zu werden bedeutet normalerweise dasselbe, wie an Hysterie zu leiden, von der man schließlich geheilt wird, indem man den Ruf akzeptiert. Es gibt Fälle, in denen junge Menschen, die über Jahre hinweg an einer chronischen Krankheit (meist an einer Nervenkrankheit) litten, sich schließlich dazu berufen fühlten, das Schamanenamt zu übernehmen und so ihre Krankheit zu besiegen.

Für einen Gläubigen bedeutet das Annehmen des Rufes gleichzeitig, dass er mindest einen oder aber mehrere Geister als Diener oder Beschützer akzeptiert, über den oder die der Schamane mit der gesamten spirituellen Welt in Kontakt tritt. Manchmal zeigt sich der schamanische Ruf in Form einer Pflanze, eines Tieres oder eines anderen Gegenstands aus der Natur, auf den die betreffende Person zur 'richtigen Zeit' stößt, d. h. in jungen Jahren, oftmals in der kritischen Zeit zwischen Kindheit und Erwachsensein (oder wenn eine bereits ältere Person mit geistigen oder seelischen Problemen kämpft). In anderen Fällen ist es eine innere Stimme, die die Person bittet, den Kontakt zu den „Geistern" aufzunehmen. Folgt die Person dieser Aufforderung nicht gleich, erscheint der rufende Geist bald in sichtbarer Gestalt und teilt die Aufforderung deutlicher mit.

Eine Geschichte erzählt von dem Schamanen Ainanwat, der nach einer Krankheit mehrere 'Geister' sah, ihnen jedoch keine sonderliche Aufmerksamkeit schenkte. Schließlich kam ein 'Geist', den Ainanwat mochte und zum bleiben einlud. Doch der 'Geist' antwortete, er bliebe nur unter der Bedingung, dass Ainanwat Schamane werde. Ainanwat weigerte sich und der 'Geist' verschwand.

Ein Schamane der Jakuten-Ewenken, Tiuspiut ('vom-Himmel-gefallen'), erzählt, wie er zum Schamanen wurde:

> *„Ich war neun Jahre lang krank, kämpfte mit mir selbst und erzählte niemandem, was mit mir geschah, weil ich Angst hatte, die Leute würden mir nicht glauben und sich über mich lustig machen. Schließlich wurde ich so schwer krank, dass ich dem Tode nahe war. Doch als ich anfing zu schamanisieren, verbesserte sich mein Zustand. Und selbst jetzt noch bin ich anfällig für Krankheiten, wenn ich lange Zeit nicht schamanisiere."*

Tiuspiut war sechzig Jahre alt und hatte schon einunddreißig Jahre lang schamanisiert, als er diese Geschichte erzählte. Er war mittlerer Größe, dünn aber muskulös und früher offensichtlich ein gut aussehender Mann. Trotz seines Alters konnte er die ganze Nacht hindurch tanzen und schamanisieren. Er war ein erfahrener, sowohl durch den Norden als auch durch den Süden viel gereister Mann. Während seiner schamanischen Zeremonien konnte man in seinen Augen einen eigenartigen, außergewöhnlichen Ausdruck und einen eindringlichen Blick erkennen, mit dem er bei jenen, die er ansah, Angst und Erregung auslöste.

Normalerweise ist etwas Eigenartiges am Erscheinungsbild eines Schamanen, so dass selbst ein wenig erfahrener Beobachter ihn leicht von anderen unterscheiden kann. Die Augen eines Schamanen sehen anders aus als die eines normalen Menschen. Sie erklären dies mit der Behauptung, dass ihre Augen besonders stark leuchten (*nikeraqen*), was dem Schamanen übrigens auch die Fähigkeit verleihe, die 'Geister' selbst im Dunklen zu sehen. Es ist sicherlich eine Tatsache, dass der Ausdruck eines Schamanen ungewöhnlich ist – eine Mischung aus Schüchternheit und Gerissenheit - und dass er sich oftmals, selbst in einer großen Gruppe, von den anderen abhebt.

Ähnlich verhält es sich mit den Schamanen bei den Tschuktschen, die sich der extremen Nervosität ihrer Schamanen bewusst sind und dies durch das Wort *ninirkilqin* ausdrücken, was so viel heißt wie „... er ist schüchtern". Sie versuchen damit zu sagen, dass der Schamane während seiner Rituale selbst auf die kleinste Veränderung in der psychischen Atmosphäre um ihn herum höchst sensibel reagiert. Ihre Schamanen sind sehr

Ewenken,
Schamane mit Geisterdarstellungen,
frühes 20. Jahrhundert
Russisches Museum für Ethnographie,
St. Petersburg. Yenisey Provinz.

Korjaken,
Bild einer Frau, 1906.
Geweih, 10.7 cm.
Russisches Museum für Ethnographie, St. Petersburg. Primorskaya Oblast, Anadyr Krai.

Ivan Shishkin,
Mischwald, 1872.
Ölgemälde, 209 x 161 cm.
Russisches Museum, St. Petersburg.

zurückhaltend, wenn es darum geht, vor Fremden aufzutreten, besonders dann, wenn sie ihr Amt noch nicht lange ausüben. Ein mächtiger Schamane wird sich weigern, seine Fähigkeiten vor Fremden zu demonstrieren und dem nur nach langem Bitten nachgeben. Doch selbst dann wird er, aus Prinzip, nicht seine gesamte Macht zur Schau stellen.

Der schamanische Ruf richtet sich manchmal auch an Menschen fortgeschrittenen Alters. Ältere Leute hören ihn oftmals während einer schlimmen Pechsträhne, einer gefährlichen und langwierigen Krankheit, oder dem plötzlichen Verlust von Eigentum oder Familie. Es wird allgemein angenommen, dass gute Dinge nur mit der Hilfe der 'Geister' möglich sind. Ein Mensch, der in seinem Leben besondere Strapazen erdulden musste, trägt die Möglichkeiten eines Schamanen demnach in sich und fühlt sich dazu bestimmt, eine engere Verbindung mit den 'Geistern' aufzunehmen, damit er durch seine Unaufmerksamkeit und mangelnde Dankbarkeit nicht ihren Unmut auf sich zieht.

Katek, ein Schamane aus dem Dorf Unisak am Indian Point, nahm im Erwachsenenalter Kontakt mit den 'Geistern' auf, als er auf der Seehundjagd ein schreckliches Abenteuer erlebte: Er wurde auf einer Eisscholle, auf der er stand, davon geschwemmt und erst nach langem Treiben stieß er auf einen Eisberg, auf den er kletterte. Doch bevor er an diesem Eisberg ankam, hatte er versucht, sich mit seinem Gürtelmesser

das Leben zu nehmen, als plötzlich ein riesiges Walross ganz nahe bei ihm den Kopf aus dem Wasser streckte und sang: "Oh Katek, töte dich nicht! Du wirst die Berge von Unisak wieder sehen und den kleinen Kuwakak, deinen ältesten Sohn." Als Katek nach Hause zurückkehrte, brachte er dem Walrosskopf ein Opfer, und von dieser Zeit an war er ein von Nachbarn geachteter und sehr bekannter Schamane.

Sehr alte Menschen sollten den schamanischen Ruf jedoch nicht hören. Eine Geschichte der Korjaken aber erzählt von Quikinnaqu (der bereits eine erwachsene Tochter hatte), der sich überraschend aus alten Lumpen eine Trommel bastelte und zum Schamanen wurde. Seine Nachbarn fragten daraufhin skeptisch: „Ist der alte Quikinnaqu jetzt wirklich ein Schamane? Seit er ein Kind war, hatte er nie etwas mit den Geistern zu tun."

Doch auch junge Menschen bitten die 'Geister' um Hilfe, wenn sie in Schwierigkeiten sind. Wenn diese dann später zu ihnen kommen, werden diese Jugendlichen oft Schamanen. Ein Mann namens Yetilin, der von Geburt an einem arktischen Fischerdorf angehörte, aber später in eine Familie von Rentierzüchtern am Fluss Anui heiratete und deren Lager beitrat, erzählte, dass seine ganze Familie von einer ansteckenden Krankheit (vermutlich Grippe) dahingerafft wurde, als er noch ein kleines Kind war und er nur mit seiner jüngeren Schwester zurückblieb. Daraufhin rief er die 'Geister' an. Sie kamen, brachten ihm zu essen und sagten: „Yetilin, lerne die Trommel zu schlagen! Wir werden dir auch dabei helfen."

Die Erzählungen der Tschuktschen handeln oft von armen und verstoßenen Waisenkindern, die von den 'Geistern' beschützt und dann zu Schamanen wurden. Der schamanische Ruf bei den Ewenken von Transbakalien zeigt sich darin, dass einem

Tschuktschen,
'Bretter der Beschwörung' zur Ausführung von Ritualen an Feiertagen, 1904 - 1907
Holz, Farbe, 1) 62.2 x 10 cm;
2) 29.5 x 7.8 cm.
Russisches Museum für Ethnographie, St. Petersburg. Tschuktschen Halbinsel.

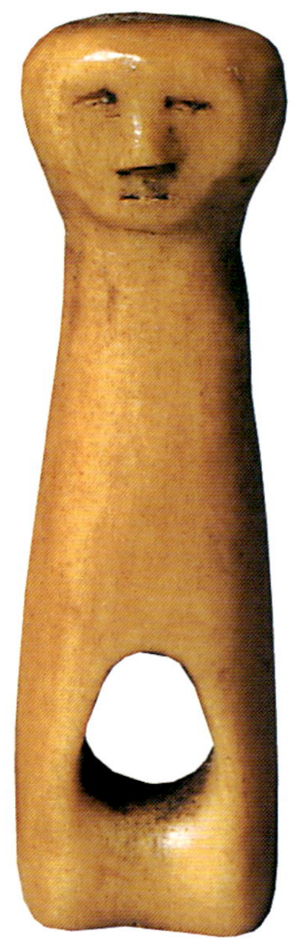

Träumenden ein toter Schamane erscheint und ihn auffordert, sein Nachfolger zu werden. Ähnliche Beispiele finden sich in den Aufzeichnungen aller sibirischen Stämme. Vererbbar ist das schamanische Amt nur dann, wenn ein Nachkomme eines Schamanen eine gewisse Bestimmung und Fähigkeit für die Berufung zeigt.

Bei den Ostjaken wählt der Vater seinen Nachfolger selbst - nicht unbedingt nach dem Alter, sondern nach den Fähigkeiten – und gibt sein Wissen dann an ihn weiter. Wenn er keine Kinder hat, kann er das Amt auch an einen Freund oder an ein adoptiertes Kind übertragen. Ab und an verkauft ein Schamane bei den Ostjaken seinen vertrauten Geist auch an einen anderen Schamanen. Nachdem er die Bezahlung dafür erhalten hat, teilt er sein Haar in zwei Zöpfe und legt den Zeitpunkt fest, an dem der Geist zu seinem neuen Meister wechseln soll. Der Geist lässt seinen neuen Besitzer nach diesem Wechsel leiden. Wenn der neue Schamane dies nicht spürt, ist das ein Zeichen dafür, dass er sein Amt nicht beherrscht.

Bei den Jakuten und den Burjaten ist das Schamanenamt zwar nicht zwingend vererbbar, doch wird es dennoch häufig an Nachkommen weitergegeben, da der schamanische Geist oftmals von einem Familienmitglied zum nächsten übergeht.

Die Altaier glauben, dass niemand aus freien Stücken heraus Schamane wird, sondern dass das Amt *nolens volens*, wie eine Erbkrankheit, zu ihm kommt. Sie sagen, dass manch junger Mann, der die ersten Symptome des Rufes spürt, Schamanen und schamanische Zeremonien meidet und sich durch diese Bemühungen schließlich selbst heilt. Der Zeitraum, in dem der schamanische Ruf zu einem Nachkommen einer schamanischen Familie kommt, ist als *tes bazin-yat*, '… der Geist der Vorfahren springt ihn an, schneidet ihm die Luft ab' bekannt.

Eskimo,
Zeichnungen eines Mannes,
3. - 4. Jahrhundert n.Chr.
elfenbeinfarbener Wahlross-Stoßzahn,
1) 4.7 cm; 2) 3.7 cm; 3) 3.8 cm.
Russisches Museum für Ethnographie,
St. Petersburg. Tschuktschen Halbinsel.

Die Berufung zum Schamanen geht mit großen Gefahren einher: bereits die kleinste Disharmonie zwischen den Handlungen des Schamanen und dem mysteriösen Ruf der 'Geister' setzt seinem Leben ein Ende. Die Tschuktschen drücken genau das aus, wenn sie sagen, die '... Geister' seien sehr schlecht gelaunt' und strafen die geringste Ungehorsamkeit des Schamanen mit dessen unmittelbarem Tod, vor allem, wenn der Schamane jene Befehle nur langsam ausführt, die ihn von den anderen Menschen unterscheiden sollen.

Die Aussagen der weiter entwickelten Stämme ähneln sich. Die Pflichten, die ein Schamane dort zu erfüllen hat, sind nicht leicht, und der Kampf, den er führen muss, ist gefährlich. Es gibt Überlieferungen von Schamanen, die noch lebend von der Erde zum Himmel getragen oder von anderen, die von den 'Geistern' getötet wurden, oder bei ihrer ersten Begegnung mit den Mächten zusammenbrachen, weil sie es gewagt hatten, sie zu rufen.

Den Hexer, der sich entschließt, diesen Kampf weiter zu führen, erwarten nicht nur materielle Vorteile, sondern auch die Linderung der Schmerzen seiner Mitmenschen. Der Hexer, der die Berufung, den Glauben und die Überzeugung hat, der seine Pflichten voller Begeisterung erfüllt und sich nicht um sein eigenes Leben kümmert, der inspiriert ist durch das hehre Ideal der Opferung, solch ein Hexer kann auf seine Zuhörer stets einen immensen Einfluss ausüben. Einheimische ordnen einen Schamanen sofort als „großartiger", „mittelmäßiger", „möchtegern-" oder betrügerischen Schamanen ein, wenn sie ihn zum ersten Mal treffen. Obwohl ein Schamane den Gefahren übernatürlicher Mächte ausgesetzt ist, ist er vor menschlichem Zorn angeblich sicherer als jeder andere.

Tschuktschen,
Tschuktschen in traditionellen Kostümen.

Ewenen,
Rentierhirten in der Taiga, 1896–1897
Okhotsk Region.

Der Tschuktschen erzählen, dass eine Mörderin sich auf den Weg zu ihrer Nachbarin machte, die gerade damit beschäftigt war, Feuer zu machen. Sie erstach sie von hinten. Doch das Mädchen fuhr mit seiner Arbeit am Feuer fort, denn sie war ein Schamanenmädchen, das dazu in der Lage war, sich während schamanischer Vorführungen selbst mit Messern zu stechen. Daher konnte die Mörderin sie nicht töten, sondern durchschnitt ihr nur die Sehnen ihrer Arme und Beine.

Ein Schamane, der sich selbst mit einem Messer durchbohren kann, so dass dessen Spitze an seinem Rücken wieder austritt, oder seinen Kopf abtrennen, auf einen Stab stecken und damit um die Jurte herum tanzen kann, ist sicherlich ausreichend gegen Angriffe von Feinden gewappnet. Trotzdem erklärt der Schamane „Scratching-Woman", der sich weigerte, den Alkohol zu trinken, den sein Gastgeber anbot, nachdem er zuvor verlangt hatte, folgendes: „Ich bin ganz offen. Trinken nimmt einen schlechten Einfluss auf mein Gemüt. Normalerweise passt meine Frau auf mich auf und räumt alle Messer aus meiner Reichweite weg. Doch wenn sie nicht bei mir ist, bin ich ängstlich."

Insgesamt betrachtet, sind Schamanen sehr stark an ihren Ruf gebunden, obwohl sie deswegen von der russischen Regierung verfolgt werden. Tiuspiut wurde mehrmals von russischen Beamten bestraft, und seine schamanische Kleidung und seine Trommel wurden verbrannt. Doch er kehrte nach jedem dieser Vorfälle wieder zu seinen Pflichten zurück. „Wir müssen es tun, wir können das Schamanisieren nicht hinter uns lassen" sagte er, „und wir schaden niemandem damit, wenn wir es tun."

Ein anderer Schamane, der alt und blind war, erzählte, er wäre schon eine ganze Zeit lang Schamane gewesen, doch als er sich davon überzeugen ließ, Schamanisieren sei eine Sünde, hörte er damit auf. Und obwohl ein anderer, sehr mächtiger Schamane das „Zeichen", *Ämägyat,* von ihm genommen hatte, hätten ihn die 'Geister' dennoch erblinden lassen.

In dem Dorf Baigantai trifft man auf einen anderen Schamanen, der, egal wie oft er geschworen hatte, sich vom Schamanismus fern zu halten, dennoch jedes Mal zurückkehrte, wenn sich die Gelegenheit dazu ergab. Er war ein reicher Mann, dem nicht viel am materiellen Vorteil lag, und er war so angeblich so großartig, dass seine Augen während der schamanischen Aufführungen aus seiner Stirn sprangen.

Bei den Paläosibirern trifft man kaum auf einen Schamanen, der seinen Lebensunterhalt nur durch die Ausführung dieses Amtes bestreitet – für sie ist es nur eine zusätzliche Einnahmequelle. Bei den Ewenken und den Jakuten wird der Schamane nur entlohnt, wenn seine Bemühungen von Erfolg gekrönt sind. Tiuspiut war arm und brauchte Geld, doch pflegte er auch sehr stolz seinen Ruf, und wenn einer seiner Nachbarn einen anderen Schamanen holen ließ, der weiter weg wohnte als er selbst, war Tiuspiut recht gekränkt.

2. Die Vorbereitungszeit des Schamanen

Die Tschuktschen

Die Tschuktschen benennen die Vorbereitungszeit eines Schamanen mit einem Begriff, der soviel bedeutet wie '... er sammelt schamanische Kräfte'. Für schwächere und für weibliche Schamanen ist diese Vorbereitungszeit weniger schmerzhaft und die Inspiration kommt oft in der Form von Träumen.

Doch für einen starken Mann ist diese Zeit sehr lang und schmerzhaft – in Einzelfällen dauert sie zwei Jahre oder noch länger. Einige junge Leute schrecken davor zurück, eine Trommel zur Hand zu nehmen und die 'Geister' zu rufen, oder einen Stein oder einen anderen Gegenstand aufzuheben, der ein Amulett sein könnte, damit der 'Geist' sie nicht dazu auffordert, Schamane zu werden. Einige Jugendliche wählen lieber den Tod, als sich dem Ruf der Geister zu unterwerfen. Eltern, die nur ein Kind haben, fürchten den Ruf aufgrund der damit einhergehenden Gefahren, doch in einer großen Familie sehen sie es ganz gern, wenn eines ihrer Kinder ein Schamane ist.

Ewenken,
Schamanenkostüm frühes 20. Jahrhundert
aufbereitete Rentierhaut, Perlen, Metall, Bärenfell, Baumwollstoff, Kaftan: 96 cm; Brusttuch: 73 x 17 cm.
Russisches Museum für Ethnographie, St. Petersburg. Siberian Krai, Krasnoyar Okrug, Turukhan Distrikt, Flussgebiet des (unteren) Nizhni Tunguska.

Während der Vorbereitungszeit macht der Schamane sowohl ein mentales als auch ein körperliches Training durch. In der Regel lebt er während dieser Vorbereitung als Einzelgänger und geht entweder in die Berge und Wälder, wobei er vorgibt, auf die Jagd zu gehen, oder er beobachtet die Herden, oftmals ohne irgendwelche Waffen oder das Hirtenlasso mitzunehmen, oder er verlässt während der gesamten Zeit nicht mehr seine Hütte. Der junge Novize, der „neu inspirierte" (*Turene Nitvillin*) verliert völlig das Interesse an den alltäglichen Dingen des Lebens. Er hört auf zu arbeiten, isst nur wenig und ohne Genuss, spricht nicht mehr mit Menschen und beantwortet noch nicht einmal ihre Fragen. Den größten Teil seiner Zeit verbringt er schlafend. Daher muss ein einzelner Wanderer aufmerksam beobachtet werden, denn ansonsten legt er sich vielleicht mitten in der Tundra nieder und schläft drei oder vier Tage lang und riskiert dabei, vom Schnee völlig zugedeckt zu werden. Wenn er nach so einem langen Schlaf wieder zu sich kommt, glaubt er, nur einige Stunden lang „weg" gewesen zu sein und erinnert sich meist überhaupt nicht daran, dass er in der Wildnis geschlafen hat.

Auch wenn die Berichte vom langen Schlaf vielleicht übertrieben sind, so erfahren wir daraus zumindest, dass die Tschuktschen, wenn sie krank sind, manchmal in einen langen und tiefen Schlaf fallen, der mehrere Tage andauern kann, nur von kurzen Wachphasen unterbrochen, um ihre körperlichen Bedürfnisse zu befriedigen.

Die Korjaken

Der mentale Teil der Vorbereitung besteht darin, mit den richtigen Geistern, d. h. mit den Geistern, die den Schamanen bei seiner Arbeit beschützen sollen, in Kontakt zu treten. Bei den Korjaken hat jeder Schamane seine eigenen Schutzgeister, die ihm im Kampf mit dem Krankheiten auslösenden *Kalau* bei Rivalitäten mit anderen Schamanen oder auch bei Angriffen gegen Feinde helfen.

Die Schamanengeister erscheinen normalerweise in der Form von Tieren oder Vögeln. Die gängigsten Schutzgeister sind der Bär, der Wolf, der Adler, die Möwe und der Rabe. Ein Korjaken-Schamane erzählte, wie die Geister von Bär, Wolf, Möwe, Rabe und Regenpfeifer ihm in der Wüste erschienen – mal in Tier-, mal in Menschengestalt – und ihm befahlen, entweder Schamane zu werden oder zu sterben. Man sieht also, dass die Geister ihnen, wenn sie allein sind, sichtbar in Erscheinung treten, Kräfte verleihen und Anweisungen geben. Für junge Schamanen ist das Sammeln von Inspiration aufgrund ihres inneren Kampfes gegen den Ruf oft so schmerzhaft, dass sie angeblich manchmal sogar Blut von ihrer Stirn und ihren Schläfen schwitzen. Ab diesem Zeitpunkt wird jede zukünftige Vorbereitung des Schamanen auf eine seiner Vorführungen als eine Art Wiederholung des anfänglichen Prozesses betrachtet: Es wird daher gesagt, die Schamanen der Korjaken seien während dieser Zeit sehr anfällig für Blutungen und würden sogar Blut schwitzen.

Was das körperliche Training eines Novizen angeht, so muss er lernen zu singen, zu tanzen und verschiedene Tricks darzubieten, wie beispielsweise Bauchreden oder Trommelspielen. Auch wenn das Trommelschlagen so einfach erscheint, erfordert es doch eine gewisse Fertigkeit, und der Novize muss eine beträchtliche Zeit mit Üben verbringen, bis er seine Künste perfektioniert hat. Dadurch wird vor allem sein Durchhaltevermögen auf die Probe gestellt. Dasselbe kann man vom Singen sagen. Die Manifestation dauert mehrere Wochen lang an, in denen der Schamane leidenschaftlich und nahezu ohne Unterlass übt. Nach seiner Vorführung darf er keine Anzeichen von Müdigkeit zeigen, denn er soll ja durch die 'Geister' gestärkt werden, ja mehr noch - der Großteil der Vorführung selbst wird der Arbeit der Geister zugeschrieben, die entweder aus dem Inneren des Schamanen oder von Außen auf ihn wirken.

Der für all dies nötige Grad an Durchhaltevermögen und die Fähigkeit, schnell von extremer Erregung zurück zu normaler Gelassenheit zu wechseln, können natürlich nur durch langes Üben erreicht werden. Die meisten Schamanen berichten, dass es ein oder sogar zwei Jahre dauerte, bis sie genügend körperliche Kraft und eine freie Stimme von

Klavdiy Vasilievich Lebedev,
Die Eroberung der Neuen Gebiete in Russland, 1904.
Wasserfarben auf Papier, 42 x 27 cm.
Kunstmuseum von Vologda, Russia.

den Geistern erhielten. Manche versichern, dass sie während all der Zeit in enger Verbindung mit der spirituellen Welt standen und mehrmals pro Tag die Trommel zur Hand nahmen und sie so lange schlugen, wie es ihre Kräfte erlaubten.

Haben die Novizen irgendwelche Lehrer? Man möchte annehmen, dass sie welche haben müssen, und sei es nur, um die schwierigen Zaubertricks zu lernen – doch es ist schwierig, zu dieser Frage genauere Informationen zu bekommen, denn die Eingeborenen schreiben die gesamte Geschicklichkeit der Schamanen den 'Geistern' zu. Manchmal lehren alte Männer die jungen Schamanen. Der Mann, der einen Teil seiner Kräfte an einen anderen weitergibt, verliert entsprechend einen Teil seiner Kraft und kann sich im Nachhinein kaum von diesem Verlust erholen. Der ältere Schamane muss auf die Augen oder in den Mund des Empfängers blasen, um seine Kräfte zu übertragen, oder er sticht sich selbst mit einem Messer, dessen Klinge er dann, solange sie noch mit seiner Quelle des Lebens' (*Telkeyun*) bedeckt ist, direkt in den Körper des Empfängers sticht.

Diese Art der Kraftübertragung finden wir auch bei den Eskimofrauen, die dies von ihren Ehemännern und deren Kinder dies wiederum von ihren Eltern lernten. In einer Familie wurde die schamanische Kraft so über Generationen hinweg erhalten – offensichtlich wurde sie stets vom Vater zum Sohn weitergegeben.

„In unserem Beruf gibt es viele Lügner", so der Schamane „Scratching-Woman". „Manch einer wird die Zeltwände eines Schlafzimmers mit seinem rechten Zeh anheben und dir dann versichern, dass das die 'Geister' gewesen seien, ein anderer wird in den Kragen seines Hemdes sprechen, oder durch seinen Ärmel, so dass seine Stimme von recht ungewöhnlichen Stellen ertönt."

Die Giljaken

Bei den Giljaken spielen die Schamanen eine weniger wichtige Rolle als bei einigen

Alëuten,
Amulett, spätes 19. - frühes 20. Jahrhundert.
Knochen, Perlen, Haar, Eingeweide von Meeressäugern, Sehnenfaden, 12 cm.
Russisches Museum für Ethnographie, St. Petersburg. Alëutische Inseln.

Korjaken,
Pfeife in Form einer Frau, 1906.
Walross Elfenbeinzahn, 6.5 cm x 4.5 cm.
Russisches Museum für Ethnographie, St. Petersburg. scanned.

der benachbarten Stämme, dennoch besitzen sie dort nahezu unbegrenzte Kräfte. Ein Giljaken-Schamane sagte, bevor er seiner Berufung gefolgt sei, wäre er zwei Monate lang sehr krank gewesen. In dieser Zeit habe er bewusstlos gelegen und hätte sich kaum mehr bewegt. Manchmal sei er beinahe zu Bewusstsein gekommen, jedoch gleich wieder ohnmächtig geworden, bis sich seine Sinne endlich erholt hätten. „Ich wäre gestorben" erklärte er, „wenn ich kein Schamane geworden wäre." Während dieser Monate der Probe wurde, so sagte er, „... er so trocken wie ein trockener Ast."

Nachts hörte er sich selbst Schamanenlieder singen. Einmal erschien ihm ein Geist in Vogelgestalt und, in einiger Distanz, ein Mann, der zu ihm sagte:

> *„Baue dir selbst eine Trommel und alles, was zu einem Schamanen gehört. Schlage die Trommel und singe Lieder. Wenn du ein gewöhnlicher Mensch bist, wird nichts geschehen, doch wenn du Schamane werden sollst, wirst du ein sehr außergewöhnlicher werden."*

Als er wieder zu sich kam, stellte er fest, dass seine Freunde seinen Kopf und seine Füße nahe beim Feuer hielten. Sie erzählten ihm, sie hätten ihn bereits tot geglaubt, hinweg getragen von den bösen Geistern (*Kekhn*). Er verlangte sofort nach einer Trommel und begann sie zu schlagen und zu singen. Er fühlte sich halb tot, halb betäubt. Dann sah er zum ersten Mal seine Schutzgeister, *Kekhn* und *Kenchkh*. Der erstere sagte zu ihm „Wenn du einen Kranken siehst, dann heile ihn. Vertraue *Kenchkh* nicht. Er hat das Gesicht eines Mannes, doch den Körper eines Vogels. Traue nur uns."

Eine andere Geschichte erzählt von einem zwölfjährigen Jungen. Als Sohn des großen Schamanen Chanikh, der vier Seelen hatte (eine von den Bergen, eine weitere vom Meer, eine dritte vom Himmel und eine vierte von der Unterwelt), hatte der Junge trotz seines jungen Alters zwei Seelen. Als er einmal plötzlich aus dem Schlaf gerissen wurde, begann Koïnit sich wild hin und her zu werfen und schrie in den verschiedensten Tönen und Tonarten, so wie es Schamanen gewöhnlich tun. Nachdem es vorbei war, sah das Gesicht des Jungen müde und ausgebrannt aus, wie das eines alten Mannes. Er sagte, während des Schlafes, der dem Ausbruch vorangegangen war, seien ihm zwei *Kekhns* erschienen. Er kannte sie als *Kekhns* seines Vaters und sie sagten zu ihm „Wir haben früher mit deinem Vater gespielt – lass uns auch mit dir spielen."

Die Jakuten

Wechselt man von den Paläosibirern zu den Neosibirern, dann fällt auf, dass die Schamanen bei den letzteren sehr hoch entwickelte Wesen sind. Es gibt drei Arten von 'Geistern', die mit einem Jakuten-Schamanen in Verbindung gebracht werden, nämlich *Ämägyat, Yekyua* und *Kaliany*.

Ämägyat ist die unentbehrliche Eigenschaft eines jeden Schamanen und gleichzeitig der Name der eisernen Brustscheibe, dem Zeichen für die Würde des Schamanen. Selbst der schwächste Schamane besitzt *Ämägyat* und *Yekyua* – das letztere wird als „Muttertier" betrachtet, das „... von oben gesandtes Tierbild, verzaubernder Geist, teuflischer Fresser" (*Yekyua oïun abassyuah, simah abassyuah, üssüttan ongorudh*) genannt wird. Das *Yekyua* wird den Menschen gegenüber vorsichtig versteckt. Nur Hexer können *Yekyua* sehen, für gewöhnliche Menschen sind sie unsichtbar.

Einmal im Jahr, wenn der Schnee schmilzt und die Erde schwarz wird, kommen die *Yekyua* aus ihren Verstecken hervor und beginnen zu wandern. Sie geben sich Orgien voller Kampf und Lärm hin, und die Schamanen, mit denen sie verbunden sind, fühlen sich sehr krank. Besonders schädlich sind die *Yekyua* von weiblichen Schamanen.

Die schwächsten und feigsten *Yekyua* sind die von Hunden, die stärksten sind die von riesigen Bullen, Elchen, Hengsten und schwarzen Keilern. Jene Schamanen, deren tierische Inkarnation ein Hund, ein Wolf oder Keiler ist, trifft es am härtesten: diese Tiere

Jakuten,
Schamanenkostüm spätes 19. - frühes 20. Jahrhundert.
aufbereitete Rentierhaut, Metall, 82 cm.
Russisches Museum für Ethnographie, St. Petersburg. Jakutenia.

sind unersättlich, sie sind niemals zufrieden, egal wie viel der Schamane ihnen auch gibt. Besonders der Hund lässt seinem zweibeinigen Gefährten keine Ruhe, er „… nagt sich mit seinen Zähnen in das Herz das Schamanen, reißt seinen Körper in Stücke.“ Dann fühlt sich der Schamane krank und leidet Schmerzen.

Die Krähe ist ebenfalls ein schlechtes *Yekyua,* der Adler und der Yak werden 'teuflische Kämpfer und Krieger' (Abassy *keiktah*) genannt. Dieser Titel ist das größte Kompliment für einen Schamanen. Wenn ein neuer Schamane erscheint, erkennen ihn die anderen Schamanen sofort an der Gegenwart eines neuen *Yekyua,* das sie zuvor noch nicht gesehen haben. Wenn eines dieser Tiere ein anderes seiner Art tötet, wird auch der entsprechende Schamane sterben. Der Schamane verkörpert sein *Kut* nur solange er tatsächlich schamanisiert.

Während der schwarze, tierische Beschützer der *Yekyua* von persönlicher und totemischer Natur zu sein scheint und zu einem gewissen Grad 'von einem Fleisch und Blut' mit seinem Schützling ist, haben die *Ämägyat* offenbar unpersönlichere Kräfte. In den meisten Fällen ist er der 'Geist eines verstorbenen Schamanen' oder, in seltenen Fällen, ein untergeordnetes himmlisches Wesen. Doch es scheint, als ob der Begriff 'Geist' hier sehr vage verwendet wird: Der menschliche Körper kann keine Kräfte von mächtigen Gottheiten in sich tragen, der Schutzgeist bleibt also stets in der Nähe (aber außerhalb) des geliebten Menschen und folgt bereitwillig seinem Ruf. In schwierigen Situationen hilft er ihm, verteidigt ihn und berät ihn. „Der Schamane sieht und hört nur durch seinen *Ämägyat*“, so der Schamane Tiuspiut.

Ämägyat kommt zufällig oder als himmlisches Schicksal zu einem Schamanen. Tiuspiut erzählt:

„Als ich im Norden reiste, kam ich zu einem Haufen Holz (*Saïba*) in den Bergen und wollte lediglich etwas zu Essen kochen, ich zündete das Holz also an. Unter diesem Haufen war aber ein bekannter Ewenken-Schamane begraben (Tuispiut war ein Jakute), und so sprang sein *Ämägyat* auf mich über.“

Wenn die großen Schamanen bei ihrem Tod ihren *Ämägyat* mit in den Himmel nehmen, werden sie in himmlische Wesen verwandelt. Doch wenn der *Ämägyat* nicht in den Himmel kommt, wird er früher oder später auf der Erde auftauchen.

Neben den beiden bereits erwähnten so genannten Geistern kommt zum Jakuten-Schamanen während der schamanischen Vorführungen noch ein anderer Geist, ein recht boshafter, der den Schamanen zwingt, zu reden und verschiedene, oftmals unanständige Gesten auszuführen. Diese Geister werden *Kaliany* genannt und ihre Vertreter können ein russischer Teufel oder die Tochter eines Teufels mit einem teuflischen Bräutigam sein, der, weil er blind ist, gewöhnlich in der Dunkelheit herumtastet.

Nur ein Mensch, dessen *Sür* ausreichend gebildet ist, kann Schamane werden. Das *Sür* eines 'weißen' Schamanen wird unter der Aufsicht von einem der *Aïy* unterrichtet, das *Sür* eines 'schwarzen' Schamanen lernt mit einem *Abassy.* Wie das *Sür* eines weißen Schamanen bei den Jakuten ausgebildet wird, wissen wir nicht. Das *Sür* des schwarzen Schamanen lebt jedoch, gemeinsam mit seinem Lehrer, im neunten Stock (unterirdisch – in ihrer Idealaufteilung des Universums). Wird das *Sür* im neunten Stock ausgebildet, wird daraus ein äußerst mächtiger Schamane entstehen. Geschieht das Ganze im achten Stock, wird er zu einem durchschnittlich mächtigen Schamanen, im dritten Stock wird aus dem Schamanen lediglich ein Zauberer. Die Ausbildung besteht darin, dass das *Sür* den Charakter, die Gewohnheiten und das Verhalten von *Abassylar* und Schamanen lernt.

Was die Ausbildung des Schamanen sowie seine Einführung angeht, wird der Schamane bei den Jakuten von einem älteren Schamanen gelehrt, der ihn weiht, indem er ihm das *Ämägyat* umhängt. Dieses Zeichen nimmt der Schamane einer Person weg, die nicht mehr länger Schamane sein möchte. In der Sprache der Jakuten gibt es das Wort

Ivan Shishkin,
In der Wildnis des Nordens, nach Mikhail Lermontovs Gedicht Die Kiefer, 1891.
Ölgemälde, 161 x 118 cm.
Museum russischer Kunst, Kiev.

Usüi, das soviel bedeutet, wie die Kunst des Schamanisierens zu lehren und einen Schamanen zu weihen.

Die Schamanenweihe bei den Jakuten läuft folgendermaßen ab: der alte Schamane führt seinen Schüler auf einen hohen Berg oder auf eine Waldlichtung. Dort kleidet er ihn mit einem Schamanengewand ein, gibt ihm eine Rassel und stellt auf seine eine Seite neun keusche Jungen, auf die andere Seite neun keusche Mädchen. Dann legt der Schamane sein eigenes Gewand an und weist die Jugendlichen an, gewisse Worte, die er spricht, zu wiederholen.

Der Schamane befiehlt dem Novizen, seine liebsten Dinge auf der Welt aufzugeben und sein Leben dem Dienst der Geister zu widmen, die auf seinen Ruf hin kommen werden. Er sagt seinem Schüler, wo bestimmte 'schwarze' Geister hausen, welche Krankheiten sie verursachen und wie man sie gewogen stimmen kann. Schließlich muss der junge Schamane ein Opfertier schlachten und sich selbst mit dessen Blut bespritzen. Das Fleisch wird von denen gegessen, die bei der Zeremonie anwesend sind.

Die Burjaten

Bei den Burjaten wird ein Kind, das zum Schamanen erwählt wurde, durch folgende Zeichen erkannt: es ist oftmals in Meditation versunken, ist gerne allein, hat mysteriöse Träume und manchmal Anfälle, während denen es bewusstlos ist. Dem Glauben der Burjaten nach wird die Seele des Kindes in diesen Momenten ausgebildet, von den 'westlichen Tengris', wenn es ein 'weißer' Schamane werden soll, und von den 'östlichen Tengris', wenn es ein 'schwarzer' Schamane werden soll.

Während das Kind in der Obhut der Götter lebt, lernt seine Seele unter der Anleitung verstorbener Schamanen die verschiedenen Geheimnisse der Berufung zum Schamanen. Die Seele muss sich die Namen der Götter merken, die Orte, an denen sie leben, die Mittel, mit denen man sie beruhigen kann und die Namen der Geister, die diesen hohen Gottheiten untergeordnet sind.

Nach einer Zeit der Probe kehrt die Seele des Kindes, das noch eine ganze Zeit lang ein normales Leben weiterführt, in den Körper zurück. Doch wenn ein Kind zum Jugendlichen heranwächst, zeigen sich an einem Menschen, der solche Erfahrungen durchlebt hat, eigenartige Symptome, denn er wird launisch, ist bis zur Ekstase hin leicht erregbar, führt ein unregelmäßiges Leben und wandert von *Ulus* zu *Ulus*, um schamanische Zeremonien zu beobachten. Er gibt sich mit größter Ernsthaftigkeit den schamanischen Künsten hin und sondert sich zu diesem Zweck ab, geht auf einen hohen Berg oder in den Wald, wo er vor einem großen Feuer die Geister ruft und anschließend in Ohnmacht fällt. Seine Freunde beobachten ihn dabei aus der Ferne, um zu verhindern, dass er sich selbst verletzt.

Während der Novize sich auf sein neues Leben vorbereitet, rufen seine Verwandten einen guten Schamanen herbei, der ein Opfer bringt, um die Geister wohl gesonnen zu stimmen und sie zu überreden, dem jungen, zukünftigen Schamanen beizustehen. Falls der junge Schamane aus einer armen Familie stammt, hilft die ganze Gemeinschaft, Opfertiere und andere, für die Zeremonien unentbehrliche Dinge zu beschaffen.

Die Vorbereitungszeit dauert mehrere Jahre, wobei ihr Ablauf größtenteils von den Fähigkeiten des jungen Mannes abhängt. Er kann jedoch auf keinen Fall vor seinem zwanzigsten Lebensjahr Schamane werden. Schließlich unterzieht er sich einer Reinigungszeremonie. Eine solche Feier verleiht ihm aber nicht alle neun Kräfte eines Schamanen. Doch nur sehr wenige Schamanen durchlaufen all diese Reinigungsprozesse, die meisten von ihnen beschränken sich auf zwei oder drei, manche von ihnen nehmen gar keine wahr, da sie die mit der Schamanenweihe einhergehende Verantwortung scheuen. Einem vollständig geweihten Schamanen gegenüber sind die Götter sehr streng und strafen seine Fehler oder Irrungen mit dem Tod.

Der ersten Weihezeremonie geht die Katharsis von Wasser voraus. Zu diesem Zweck wird ein alter Schamane, der 'Vater-Schamane', ausgewählt, zusammen mit neun ihm

Ewenen,
Frauenpuppe, 1910.
Rentierfell, Wolle und Baumwollstoff, Perlen, aufbereitete Rentierhaut, 16 cm.
Russisches Museum für Ethnographie, St. Petersburg. Primorskaya Oblast, Anadyr Krai.

assistierenden jungen Männern, die seine 'Söhne' genannt werden. Das Wasser für die Waschung muss aus einer Quelle geholt werden, manchmal auch aus drei Quellen. Am Morgen der Weihe gehen sie los, um das Wasser zu holen, nehmen dabei *Tarasun* mit auf den Weg und bringen damit den über die Quelle herrschenden Geistern ein Trankopfer.

Auf dem Rückweg sammeln sie Birkenzweige vom Boden auf, machen daraus einen Besen und bringen ihn zum Haus des Novizen. Als nächstes wird das Wasser unter Zugabe bestimmter Kräuter und eines Stücks Baumrinde über dem Feuer erhitzt. Dann nehmen sie von den Ohren eines schon bereit stehenden Ziegenbocks einige Haare und schaben ein wenig von seinen Hörnern und Hufen ab. All das kommt ebenfalls in den Topf. Der Ziegenbock wird anschließend so getötet, dass sein Blut in den Topf tropft. Erst dann ist das Wasser für die Weihezeremonie bereit. Das Fleisch des Bocks wird an die anwesenden Frauen verteilt, die es kochen und essen.

Nun liest der 'Vater-Schamane' aus dem Schulterblatt eines Schafes die Zukunft. Er ruft die Schamanen-Vorfahren des Novizen herbei und bringt ihnen mit Wein und *Tarasun* ein Trankopfer. Dann taucht er den Birkenbesen ins Wasser und schlägt den Schüler damit auf den nackten Rücken. Die neun 'Söhne' des 'Vater-Schamanen' tun es ihm gleich und sagen dabei: „Wenn deine Kunst von einem armen Mann erbeten wird, verlange nur wenig für deine Mühen und nimm das, was dir gegeben wird. Kümmere dich stets um die Armen, hilf ihnen und bete zu den Göttern, damit sie vor den Mächten böser Geister geschützt werden. Wenn deine Kunst von einem reichen Mann erbeten wird, reite auf einem Ochsen zu ihm und verlange wenig für deine Mühen. Wenn deine Kunst zur gleichen Zeit von einem armen und von einem reichen Mann erbeten wird, gehe zuerst zum armen." Der Schüler spricht diese Regel dem Schamanen nach und verspricht, sie einzuhalten.

Anschließend erfolgt das Trankopfer mit *Tarasun* an die Schutzgeister - damit wird die Zeremonie beendet. Die Reinigung eines Schamanen mit Wasser wird mindestens einmal pro Jahr durchgeführt, manchmal aber auch einmal pro Monat, bei Neumond, oder auch jedes Mal, wenn er denkt, er sei befleckt worden, etwa nachdem er einen schmutzigen Gegenstand angefasst hat. Falls die Verunreinigung besonders schlimm ist, wird die Reinigung mit Blut durchgeführt. Der Schamane reinigt sich auch dann selbst, nachdem im *Ulus* jemand gestorben ist.

Einige Zeit nach dieser Zeremonie folgt die erste Weihe, die *Kherege-Khulkhe*, die von der ganzen Gemeinschaft zusammen finanziert wird. Wieder werden ein 'Vater-Schamane' und neun 'Söhne' ausgewählt, die dann, gemeinsam mit dem Novizen, auf Pferden von Jurte zu Jurte reiten und Spenden sammeln. Vor jeder Jurte halten sie und kündigen ihr Kommen mit einem lauten Ruf an. Sie werden gastfreundlich empfangen und erhalten Spenden der verschiedensten Art, etwa geweihte, an einen vom Novizen getragenen Birkenstock gebundene Taschentücher und manchmal auch Geld. Sie kaufen, unter anderem, hölzerne Becher, kleine Glöckchen, die sie an Pferdestäbe binden, sowie Wein.

Am Tag vor der Zeremonie wird von den 'Söhnen' im Wald unter der Anleitung des 'Vater-Schamanen' eine gewisse Anzahl an stämmigen Birken geschnitten. Aus den geradesten fertigen sie dann die Pferdestäbe. Sie holen die Birkenäste aus einem Hain, in dem die toten Mitglieder der *Ulas* begraben sind und bieten den Geistern Hammel und *Tarasan*, um sie zu besänftigen. Gleichzeitig bereiten sie die Hilfsmittel des Schamanen vor, während andere Schamanen mit demselben Ansehen wie der 'Vater-Schamane' die Geister herbeirufen.

Am Morgen des Weihetages werden die am Tag zuvor geschnittenen Birken angepflanzt. Die kräftigste Birke, die noch immer ihre Wurzeln hat, wird in die süd-westliche Ecke der Jurte gepflanzt, wo der Boden für das Feuer freigehalten wird. Der Wipfel des Baumes erstreckt sich durch das Rauchloch nach oben. Diese Birke repräsentiert symbolisch den die Tür hütenden Gott, der dem Schamanen Einlass in den Himmel gewährt. Sie zeigt den Weg, auf dem der Schamane den Himmel erreichen kann und wird dauerhaft in der Jurte belassen, als ein Zeichen dafür, dass dort ein Schamane haust.

Korjaken,
Zeremonienmantel des Schamanen,
1900-1901.
Gefärbtes Fell eines Robbenwelpen, gefärbte Rentierhaut, Haarschmuck, Baumwollgarn, Stoff, Hundefellverzierung, Leder, 96 cm.
Amerikanisches Museum for Naturgeschichte, New York. Kushka.

Tschuktschen,
Tschuktschen-Yurangas in der Tundra,
1998.
Rentierhaut, Holzstäbe.

Jakuten,
Jakuten-Sommerfeldlager zur Zeit der Heuernte.

Unbekannt,
Schuhe.
Russisches Museum für Ethnographie,
St. Petersburg.

Ewenken,
Schamanenkostüm, 1915.
Stoff, Rehhaut, Vogelkrallen und -federn,
115 cm.
Russisches Museum für Ethnographie,
St. Petersburg. Eastern Siberia,
Vitim und Olekma Flussgebiet.

Die Samojeden und die Ostjaken

Bei den Samojeden und den Ostjaken des Turukhan-Landes verbringt der zukünftige Schamane seine Jugend mit Übungen, die seine Nerven stimulieren und seine Phantasie anregen sollen. Bei der Weihe eines Novizen muss er mit dem Gesicht gen Westen stehen, während der amtierende Schamane den 'Dunklen Geist' bittet, dem Schüler zu helfen und ihm einen dienenden Geist beiseite zu stellen. Am Ende der Zeremonie singt der Schamane eine Lobeshymne an den 'Dunklen Geist', die der Novize wiederholt. Der Anfänger wird von den Geistern getestet, die ihm gewisse Opfer abverlangen, ebenso wie seiner Frau oder seinem Sohn und er muss versprechen, ihnen noch diverse andere Opfer zu erbringen.

Einer der Samojeden-Schamanen erzählte, wie er im Alter von fünfzehn Jahren einem alten Schamanen zur Ausbildung anvertraut wurde, da er (der Schüler) einer alten schamanischen Familie entstammte. Die Ausbildung lief folgendermaßen ab: Zwei *Tadibey* (Schamanen) verbanden ihm mit einem Taschentuch die Augen und schlugen ihn dann – einer auf den Hinterkopf, der andere auf die Schultern – bis seine Augen wie von einem grellen Licht geblendet waren und er auf seinen Armen und Beinen Dämonen tanzen sah. Man darf natürlich nicht vergessen, dass er zuvor schon einiges über die Geisterwelt der Samojeden gelernt hatte.

In früheren Zeiten war Lappland eine Schule des Schamanismus und alle benachbarten Stämme sandten ihren Nachwuchs dorthin, damit er zu Schamanen ausgebildet würde. Mittlerweile findet man nur noch bei den russischen Lappen *Noyda* (Schamanen), die lediglich eine entartete Kopie ihrer Vorgänger sind.

Tschuktschen,
Stoßzahn mit farbiger Gravur (2. Seite), Fragment, 1930er
elfenbeinfarbener Wahlross-Stoßzahn,
51 x 7 cm.
Russisches Museum für Ethnographie,
St. Petersburg. Tschuktschen Halbinsel.

B. VERSCHIEDENE ARTEN VON SCHAMANEN

"Die Tschuktschen sagten vom Schamanen Galmuurgin, er sei '... (mit) nur sein(em) (eigenen) Körper' (Em-wikilin), da kein anderes Wesen ihm bei seiner Inspiration half. Wenn er eine Séance abhielt, begann er damit, eine Trommel zu schlagen und zu singen und holte dann tief, nahezu hysterisch, Luft und ging direkt dazu über, die Zukunft vorherzusagen."

In diesem Kapitel, das sich mit den verschiedenen Arten von Schamanen befasst, werden die Pflichten eines Schamanen aufgezeigt. In fast allen fortschrittlichen Stämmen spezialisieren sich bestimmte Schamanen auf gewisse Aufgaben, während bei den primitiveren Völkern der Schamane eine Vielzahl verschiedener Tätigkeiten ausführt – was möglich ist, da es sich bei ihnen um weniger komplexe Pflichten handelt.

Das hohe Ansehen der Pflichten eines Schamanen in manchen Stämmen kann man am Idealbild eines Burjaten-Schamanen sehen. Er ist gleichermaßen Priester, Prophet und Medizinmann. Als Priester kennt er den Willen der Götter und sagt den Menschen deshalb, was sie opfern und welche Zeremonien sie abhalten sollen - er ist also ein Experte für Feiern und Gebete. Neben den von ihm geleiteten gemeinschaftlichen Zeremonien führt er auch verschieden private Zeremonien durch. Als Prophet sagt er entweder mit der Hilfe des Schulterblatts eines Schafes oder dem Flug von Pfeilen die Zukunft voraus und als Medizinmann begeht der Schamane bestimmte Rituale, um aus Patienten böse Geister zu vertreiben.

Dieses Ideal eines Schamanen wurde vermutlich selbst im neunzehnten Jahrhundert nicht allzu oft vorgefunden, denn Berichten zufolge war ein Schamane nicht bei allen Gemeindeopfern anwesend. Dasselbe gilt auch für manche Familienopfer: die *Ongons* werden vom Hausherren gestillt und manch andere Opfergaben, wie zum Beispiel bei der Geburt eines Kindes, werden ohne die Hilfe eines Schamanen durchgeführt. Die Tatsache, dass eine Gemeinschafts- oder Familienzeremonie manchmal vom Stammes- oder Familienoberhaupt geleitet wurde oder dass ab und zu eine private Einzelperson etwas prophezeite, ändert aber nichts daran, dass diese Rituale der ursprünglichen Definition der Burjaten nach in den Händen des Schamanen lagen.

Die Korjaken

Bei den Korjaken sowie bei den Stämmen der Paläosibirer und den meisten Neosibirern kann man zwischen Familienschamanen und professionellen Schamanen unterscheiden.

Familien-Schamanismus wird mit dem heimischen Herd in Verbindung gebracht, dessen Wohlergehen in seinen Händen liegt. Der Familien-Schamane ist für Rituale, Familienfeiern, Opferzeremonien, den Gebrauch der Familienamulette und -talismane und ihre Beschwörungsformeln verantwortlich.

Professionelle Schamanen sind jene, die nicht fest an eine bestimmte Gruppe gebunden sind. Je mächtiger sie sind, desto größer ist ihr Einzugsbereich. Es gibt keinen Zweifel daran, dass sich der professionelle Schamanismus aus den Zeremonien des Familien-Schamanismus heraus entwickelt hat. Es scheint jedoch nötig, hier noch eine weitere Kategorie, den Gemeinschafts-Schamanen hinzuzufügen, der eine Art Mittelding zwischen Familien- und professionellen Schamanen darstellt. Diese Schamanen kümmern sich um Gruppen aus mehreren Familien und nehmen an wichtigen Zeremonien teil.

Sibirische Schule,
Schamane beim Trommelschlagen,
Unbekannt
Elfenbein, 6.4 cm.
Amerikanisches Museum for Naturgeschichte, New York.

Die Einräumung dieser dritten Kategorie bedeutet jedoch nicht, dass hier bedingungslos die Ansicht vertreten wird, dass der professionelle Schamane sich aus der Familie oder Gemeinschaft heraus entwickelt hat, obwohl viele Praktiken und die Meinungen ernst zu nehmender Forscher einigen Grund für diese Annahme geben.

Die ersten vom Christentum beeinflussten professionellen Schamanen befanden sich unter den Korjaken.

Die Tschuktschen

Bei den Tschuktschen muss die oben genannte Unterscheidung in Familien- und professionelle Schamanen noch erweitert werden, da es bei ihnen drei Arten von professionellen Schamanen gibt: Ekstatische Schamanen, Schamanen-Propheten und Zauber-Schamanen. Natürlich verschmelzen die Aufgaben dieser Unterarten häufig miteinander, dennoch lässt sich eine gewisse Spezialisierung beobachten.

Der ekstatische Schamane kommuniziert mit den 'Geistern' und wird *Kalatkourgin* genannt. Zu seinen Aufgaben gehören alle Arten von Verkehr mit den Geistern, der für die Zuhörer offensichtlich ist, das heißt, die Stimmen der Geister sprechen durch das Medium, den Schamanen - etwa bei bauchrednerischen Vorführungen und anderen Tricks – oder, ganz allgemein gesagt, während der spektakulären Darbietungen des Schamanen, die den Hauptteil der schamanischen *Séancen* ausmachen. Wie weiter oben bereits erwähnt, wird dies oftmals als Gauklerei betrachtet. Für Vorstellungen dieser Art sind junge Menschen besser geeignet als ältere. Mit zunehmendem Alter hören manche Schamanen mit den meisten dieser Tricks auf.

Der Schamanen-Prophet ist der, der '... auf den Grund geht', *Heto Latirgin*. Diese Art des Tschuktschen-Schamanismus wird aufs höchste verehrt, denn ein Schamane, der diese Fähigkeit besitzt, kann den Menschen drohende Gefahren oder die guten Dinge, die sie erwarten, voraussehen und ihnen entsprechende Ratschläge geben, um sich vor dem einen zu schützen und sich das andere zu sichern. Die meisten Anweisungen, die er gibt, erfolgen in der Form von Ritualen und sind Bestandteil von Zeremonien, die auf gewisse Weise vorbereitet werden müssen, um das gewünschte Ergebnis zu garantieren.

Es gibt Schamanen, die trotz *Kelet* keine Ratschläge geben können, während andere zwar nicht mit den Geistern kommunizieren können, jedoch magischen Rat aus einer Art inneren, subjektiven Inspiration heraus geben, nachdem sie für einige Momente in sich kehren. Trotz der Einfachheit ihres Vorgehens genießen diese Schamanen bei ihren Nachbarn in der Regel die höchste Achtung.

Zauber-Schamanen (*Ewganva-tirgin*, 'Zauber vollbringen') führen die etwas komplizierteren Praktiken des Schamanismus aus. Beschwörungsformeln machen gemeinsam mit Zaubersprüchen den größten Teil der Magie der Tschuktschen aus. Die Beschwörungsformeln können entweder wohl wollender oder übel wollender Natur sein. Daher unterscheidet man bei dieser Schamanenart zwei weitere Unterarten:

'Wohlgesinnte' (*Ten-cimnulin*), die ihre Fertigkeiten nutzen, um Leidenden zu helfen.

'Boshafte' (*Kurg-enenilit*, oder *Kunich-enenilit*, wörtlich 'vorgetäuschte Schamanen'), die darauf aus sind, Menschen zu schaden.

Gute Schamanen haben einen roten Schamanenmantel, böse Schamanen einen schwarzen. Dieselben Farben werden auch von den Jakagiren-Schamanen getragen. Die Mehrheit der Schamanen vereint allerdings Talente aus all diesen Kategorien in sich, sie vollbringen im Namen der Geister allerlei Tricks, sagen die Zukunft voraus und sprechen Beschwörungsformeln.

Die Jakuten.

Die Unterteilung der Schamanen in schwarze und weiße ist die grundlegende Aufteilung unter all den sibirischen Stämmen, auch wenn viele Reisende von Schamanen ganz allgemein sprechen, so, als ob es nur eine Art gäbe. Es ist jedoch naiv, die Unterscheidung zwischen den religiösen Anschauungen der Paläosibirer und der

Jakuten,
Hochzeitstasche, 1909.
Rentierfell, Perlen, Samenkörner, aufbereitete Rentierhaut, 79 x 55-62 cm.
Russisches Museum für Ethnographie, St. Petersburg. Jakuten Oblast, Boturuski Ulus.

Ewenken,
Kiste für Geschirr, 1962.
Holz, aufbereitete Rentierhaut, Rentier, Zobel and Bärenfells, Wolltuch, Zeltplane, 17 x 33 cm.
Russisches Museum für Ethnographie, St. Petersburg. Dalnevostochni (fernöstlich) Krai, Sakhalin Oblast, Eastern Sakhalin Distrikt, Val Village.

Neosibirer zu ignorieren. Sie leben schließlich unter verschiedenen Umweltbedingungen und außerdem wurden die Neosibirer zweifelsohne bis zu einem gewissen Grad vom Kontakt mit den asiatischen Religionen beeinflusst.

Unter den Neosibirern zeichnet sich der magisch-religiöse Dualismus deutlicher ab. Auch bei den Neosibirern muss man verschiedene Arten unterscheiden. Bei den Jakuten herrschen die schwarzen Schamanen vor, weiße gibt es dort kaum, während bei den Wotjaken fast nur noch weiße Schamanen zu finden sind, da dort der Kult um den strahlenden Gott den Kult um den schwarzen Gott fast völlig ersetzt hat.

Die weißen Schamanen der Jakuten werden *Aïy-oïuna* genannt. Sie nehmen teil am Frühlingsfest, Hochzeitsfeiern, Fruchtbarkeitsriten und der Heilung von Krankheiten, wenn der Patient vom *Kut* noch nicht befreit wurde.

In einer Erzählung heißt es, dass bei einer Hochzeit neun *Aïy-oïuna* (weiße Schamanen) und acht *Aïy-udangana* (weiße Schamaninnen) anwesend waren. Ist eine Frau unfruchtbar, so sind es die weißen Schamanen, die den *Maghan Sylgglakh* bitten, auf die Erde herunter zu kommen und die Frau fruchtbar zu machen.

Beim Herbstfischen wurden früher Fackeln angezündet, die sie aus dem Holz der vom Blitz getroffenen Bäumen angefertigt hatten. Dann wurde das Wasser von allen Unreinheiten gesäubert und der *Ichchi* (Geist-Besitzer) des Sees um Hilfe gebeten. Dies wurde mit Sicherheit von weißen Schamanen getan, und sei es nur deshalb, weil die Zeremonie bei Tageslicht stattfand. Nur die Frühlingsfeste wurden *Aïy-ysyakh* genannt, die Feste im Herbst waren als *Abassy-ysyakh* bekannt. Daher muss, obwohl sie tagsüber stattfanden, die Fruchtbarkeitszeremonie am See von schwarzen Schamanen, *Abassy-oïuna*, durchgeführt worden sein.

Was die Charaktereigenschaften dieser zwei Schamanenarten angeht, so ist der 'schwarze Schamane' bei den Jakuten nur von Berufs wegen 'schwarz', sein Charakter ist nicht besonders böse und er hilft den Menschen nicht weniger als dies auch der weiße Schamane tut. Er ist, obwohl er sich mit den bösen Mächten abgibt, nicht unbedingt schlecht und hat unter den Jakuten eine höhere Position inne als bei anderen Neosibirern.

Schwarze Schamanen bringen oft Opfer an *Abassylar* und schamanisieren, um sich ihr Ansehen zu erhalten. Sie sagen die Zukunft voraus, rufen die Geister herbei, wandern ins Land der Geister und berichten danach von ihren Reisen. Heutzutage gibt es bei den Jakuten besondere Geschichtenerzähler und besondere Zauberer (*Aptah-kisi*).

Je nach dem Grad des Ansehens, das sie bei den Menschen genießen, werden Schamanen klassifiziert in: Der Große Schamane - *Ulahan-oïun*, Der Mittlere Schamane - *Orto-oïun*, Der Kleine Schamane - *Kenniki-oïun*.

Ein 'großer Schamane' erhält das *Ämägyat* von *Ulu-Toïen* selbst. Ein Schamane mit mittleren Kräften besitzt ebenfalls ein *Ämägyat*, allerdings von weniger hoher Qualität oder in einem weniger großen Ausmaß wie der erstere. Ein 'kleiner Schamane' besitzt überhaupt kein *Ämägyat*. Er ist eigentlich kein echter Schamane, sondern eine Person, die auf gewisse Weise unnormal, neurotisch oder außergewöhnlich ist, die lediglich harmlose Krankheiten heilen, Träume deuten und kleine Teufel verjagen kann.

Im Hinblick auf die Unterteilung in 'weiße' und 'schwarze' Schamanen sind einige der Ansicht, diese zwei Schamanenarten seien unabhängig voneinander entstanden und hätten sich selbstständig entwickelt. Es ist leicht vorstellbar, dass es zuerst die weißen Schamanen gegeben hat, die sich aus den Familien- oder Stammesoberhäuptern heraus entwickelt haben. Der Brauch, einen Schamenenführer aus dem Kreise der Familienoberhäupter heraus zu wählen, der dann für gemeinschaftliche Zeremonien oder Opfer zuständig ist, hat vielleicht zu dieser Entwicklung beigetragen. Das weiseste und am meisten respektierte Mitglied der Gemeinschaft hatte vermutlich die besten Chancen, gewählt zu werden, da es nicht nur den Menschen, sondern auch den Geistern gefallen konnte.

Buryat,
Frauen-Kopfbeckung, 5. Jahrhundert v.Chr.
Leder, Federn, Gold, 50 x 30 cm.
Staatliches Eremitage-Museum,
St. Petersburg.

Buryat,
Frauen-Kopfbeckung, Detail,
5. Jahrhundert v.Chr.
Leder, Federn, Gold, 50 x 30 cm.
Staatliches Eremitage-Museum,
St. Petersburg.

Ewenken,
Schamane. Teil der Ausstellung 'Völker von Sibirien', spätes 19. - frühes
20. Jahrhundert.
Russisches Museum für Ethnographie,
St. Petersburg. Ostsibirien.

Ewenen,
Schamanenpuppe, 1904-1907
Rentierfell, Glasperlen, Stoff, Metall, 35 cm.
Russisches Museum für Ethnographie, St. Petersburg. Chukotka, Anadyr.

Eskimo,
Teppich, 1926,
Seehundsfell, Nackenhaare eines Rentiers, Fell, Durchmesser: 95 cm.
Russisches Museum für Ethnographie, St. Petersburg. Tschuktschen-Halbinsel.

Ewenken,
Abdeckung für Satteltasche, 1905.
Rentierfell, Wolltuch, Samt, Perlen, 61 x 38 cm.
Russisches Museum für Ethnographie, St. Petersburg. Primorskaya Oblast, Okhotsk Okrug, Inya Territorium.

Dieselbe Person wurde dann vielleicht wieder und wieder gewählt und bald entstand so eine Klasse weißer Schamanen zur Pflege des gemeinsamen Kults und der Opfergaben. Gleichzeitig konnte das Familienoberhaupt seine priesterliche Macht in seinem eigenen Heim erhalten, bis der professionelle Schamane diesen Platz einnahm. Der weiße Schamane kann dann weiblich sein, wenn das Familienoberhaupt eine Frau ist.

Was die schwarzen Schamanen angeht, nehmen wir an, dass sie ursprünglich weiblich waren – sprachliche und soziologische Besonderheiten unterstützen diese Hypothese.

Wie ist die Grundbedeutung des Wortes *Schamane*? Im Sanskrit bedeutet *sram* = müde sein, erschöpft sein, *sramana* = Arbeit, Bettelmönch. In Pali hat das Wort *samana* dieselbe Bedeutung, die beiden letzteren wurden von den Buddhisten als Bezeichnungen für ihre Priester übernommen. Doch das Wort *Schamane* hat seinen Ursprung in Nordasien: *saman* ist ein mandschurisches Wort und bedeutet etwa: einer der erregt, bewegt, unruhig ist. *Samman* (als *Schamane* ausgesprochen) und *hamman* in der Sprach der Ewenken haben dieselbe Bedeutung. *Samdambi* ist mandschurisch für: Ich schamanisiere', d.h. 'Ich rufe die Geister, die vor dem Amulett tanzen'.

An all dem, was hier beschrieben wurde, ist zu sehen, dass eine grundsätzliche Charaktereigenschaft des Schamanen die Neigung zu nervöser Erregung und

Jakuten,
'Luft-' Sarg, frühes 20. Jahrhundert.

Korjaken,

Schamanin mit Trommel, umgeben von Dorfbewohnern.

Ewenken,
Rückenplatte eines Mannes, 1908.
aufbereitete Rentierhaut, Perlen,
Baumwollstoff, Rentier Haar, 38 cm.
Russisches Museum für Ethnographie,
St. Petersburg. Yenisey Gubernia
(Provinz), Yenisey Uyezd (Distrikt), das
Podkamennaya Tunguska Flussgebiet.

tranceartigen Zuständen ist. Frauen sind anfälliger für emotionale Aufregung als Männer: bei den Jakuten leiden die meisten Frauen unter *Menerik* (einer Nervenkrankheit, eine Unterart der so genannten 'arktischen Hysterie').

Doch die einzige Schlussfolgerung – wenn überhaupt eine – die daraus gezogen werden kann, ist, dass Frauen von Natur aus für das Schamanisieren geeigneter sind als Männer. Und warum sollte sie das zu den ersten schwarzen Schamanen machen? Es gibt nur ein Beweisstück, das eine Verbindung zwischen Frauen und 'schwarzem' Schamanisieren herstellt, nämlich aus den Überlieferungen der Kamtschadalen. Bei den meisten primitiven Kamtschadalen waren nur Frauen (oder *Koek-chuch*) Schamanen, die ausschließlich schwarzen Schamanismus praktizierten und böse Geister anriefen.

Es gibt auch einen von den Jakuten abgeleiteten religiös-sozialen Beweis, der die Hypothese unterstützt, dass die Entwicklung der 'schwarzen', männlichen Schamanen ihren Anfang bei den 'schwarzen' weiblichen Schamanen genommen hat: Auf dem Schurz von Jakuten-Schamanen sind zwei Brüste symbolisierende eiserne Kreise gestickt, und der männliche Schamane trägt seine Haare wie eine Frau – zwei Zöpfe, links und rechts am Kopf geflochten, die er während einer Vorstellung auflöst.

Sowohl Frauen als auch Schamanen ist es verboten, auf der rechten Seite eines Pferdefells in der Jurte zu liegen. Die männlichen Schamanen tragen die Schamanenkostüme nur zu sehr wichtigen Gelegenheiten, unter normalen Umständen tragen sie die aus dem Fell eines Fohlens gefertigten Frauenkleider. Während der ersten drei Tage nach einer Niederkunft, wenn *Ayisit*, die Gottheit der Fruchtbarkeit, der im Wochenbett liegenden Frau nahe sein soll, ist den Männern der Zutritt zu dem Haus, in dem sie liegt, verboten, Schamanen aber dürfen hinein.

Wie die weiblichen schwarzen Schamanen von den männlichen schwarzen Schamanen ersetzt wurden, wird folgendermaßen erklärt, wobei diese Erklärung wiederum nur auf Beweisen der Jakuten beruht:

Der Schmied, der die Ornamente für das Gewand einer Schamanin herstellte, erlangte somit etwas schamanische Kraft. Er kam in Kontakt mit Eisen, das magische Fähigkeiten besaß, und etwas von dieser Macht ging durch den Kontakt auf ihn über. (Die Schmiede waren wie auch die Schamanen 'schwarz' und 'weiß', doch bei den Jakuten hört man öfter von 'schwarzen' als von 'weißen'). Daher ähnelt die Berufung des Schamanen der eines Schmiedes, vor allem, wenn der Beruf des Schmieds über Generationen hinweg in der Familie bleibt. Schmiede galten damit als ältere Brüder der Schamanen, aber letztendlich wurde auch dieser Unterschied nicht mehr gemacht und die Schmiede selbst wurden zu Schamanen. Da die Frauen den Beruf des Schmiedes jedoch nicht ausüben konnten, mussten sie ihren Platz an Männer abtreten.

Die Hypothese, dass Frauen die ersten schwarzen Schamanen gewesen seien, lässt sich dennoch nicht schlüssig beweisen. Selbst wenn wir all die oben genannten Hinweise beachten, vor allem jene sprachlicher Natur, die darauf hindeuten, dass Frauen das Schamanenamt vor den Männern ausübten, so folgt daraus nicht zwingend, dass sie auch die ersten schwarzen Schamanen waren.

Die Altaier

Bei den Altaiern gibt es neben dem *Kam* genannten Schamanen auch die *Rynchi,* die während schmerzhafter Anfälle die Zukunft voraussagen können, *Telgochi* oder 'Rater', *Yarinchi* oder jene, die mit Hilfe des Schulterblattes Prophezeiungen machen können, *Koll-kurechi,* die aus der Hand lesen, *Yadachi,* die das Wetter mit einem Stein kontrollieren - einem *Yada-tash,* den man in engen Bergpässen findet, in denen ständig

Jakuten,
Teppich, 1978.
Pferdefell, Baumwollstoff, 105 x 58 cm.
Russisches Museum für Ethnographie,
St. Petersburg. Jakuten ASSR, Jakutensk.

der Wind weht. Um solche Steine zu bekommen, muss ein *Yadachi* alle seine Besitztümer aufgeben. Er ist daher arm, einsam und meist ein Witwer.

Die Burjaten

Bei den Burjaten unterscheidet man Schamanen der ersten Generation und Erbschamanen. Eine weitere Unterteilung kann zwischen echten und falschen Schamanen gemacht werden. Und wiederum gibt es weiße (*sagan-bö*) und schwarze (*haranïn-bö*) Schamanen.

Die weißen und schwarzen Schamanen, so sagen die Burjaten, kämpfen gegeneinander, indem sie aus hunderten Kilometern Entfernung einander Äxte entgegenschleudern. Die weißen Schamanen dienen den westlichen *Tengeri* und den westlichen *Khats* und sind für Zeremonien verantwortlich, die bei Geburten oder Hochzeiten gefeiert werden. Sie tragen einen weißen Mantel und reiten auf weißen Pferden. Ein berühmter weißer Schamane war Barlak aus dem Landstrich Balagansk, zu dessen Grab seine Nachkommen auch heute noch ziehen, um ihn zu ehren.

Der schwarze Schamane dient den *Tengeri* und den *Khats* des Ostens. Diese Schamanen haben angeblich die Macht, Tod und Krankheit zu den Menschen zu bringen. Sie werden von den Menschen nicht gemocht, sondern gefürchtet, und diese Abneigung geht manchmal sogar so weit, dass die schwarzen Schamanen getötet werden. Das Grab eines schwarzen Schamanen liegt in der Regel im Schatten einer Espe und sein Körper ist mit einem Pfahl von diesem Baum im Boden verankert. Es gibt außerdem einige wenige Schamanen, die beiden Geistern, den guten und den bösen, gleichzeitig dienen.

Die Samojeden

Die Samojeden-Schamanen werden nicht wie bei den Burjaten in verschiedene Klassen wie weiß und schwarz eingeteilt, sondern dienen je nach Bedarf dem Guten wie dem Bösen. Die Lappen nehmen ebenfalls keine strenge Unterteilung zwischen guten und bösen Schamanen vor. Einige Lappen, die *Noyda* (Schamanen) sind als 'Große', andere als 'Kleine', *Noyda*, bekannt.

Die Wotjaken

Die gesamte Hierarchie der Wotjaken ist auf die weißen Schamanen zurückzuführen. Der oberste Schamane ist der *Tuno,* der oberste Erhalter der alten Religion.

Da die Seele eines *Tuno* vom Schöpfer 'erzogen' wird, ist er zweifelsfrei ein weißer Schamane. Außerdem sind die *Tuno* Priester, entweder selbst ernannt oder mit seinem Rat vom Volk gewählt. In den meisten Fällen werden der Beruf und das Wissen eines *Tuno* von Vater zu Sohn weitergegeben, obwohl jeder, der die Möglichkeit hat, das nötige Wissen eines *Tuno* zu erwerben, auch einer werden kann. Früher fanden sich unter den Wotjaken auch schwarze Schamanen, doch sind diese nach und nach den weißen gewichen, nur bei den Jakuten wurden die weißen Schamanen größtenteils durch schwarze ersetzt.

Bei den Wotjaken gibt es eine Unterteilung in dauerhafte oder vorübergehende Schamanen. Letztere werden ausgewählt, damit sie bestimmte Opfergaben ausführen. Darüber hinaus gibt es noch untergeordnete Priester, die vom *Tuno* bestimmt werden und *Töre* und *Parchis* genannt werden.

Der schwarze Wotjaken-Schamane aus früheren Zeiten hat sich mittlerweile in einen gewöhnlichen Zauberer gewandelt. Er wird *Pellaskis* genannt und kann Kranken helfen und verlorene Rinder durch seine Beschwörungsformeln wiederfinden, doch er tut all das, ohne eine Verbindung zu den Göttern herzustellen. Eine weitere Art Zauberer ist der *Vedin.* Er wird von allen gehasst und gefürchtet.

Wenn der *Tuno* seine Ausbildung beim *Kylchin-Inmar* (Schöpfer) vollendet hat, bringt dieser seinen Schüler an einen Ort, an dem die Anwärter auf das Amt des Zauberers hausen. Dort prüft er sie, und denen, die seine Fragen zu seiner Zufriedenheit beantworten, gibt er die Erlaubnis, Menschen zu verzaubern und zu zerstören.

Korjaken,

Frau bei der Reinigung von Knochen eines während einer traditionellen Feier der korjakischen Rentierhirten geopferten Rentiers .

Baikal-See.

C. DIE HILFSMITTEL DES SCHAMANEN

„Die Trommel hat die Macht, den Schamanen in die Überwelt zu befördern und die Geister durch ihre Klänge zu beschwören."

Der Alltag eines Schamanen unterscheidet sich nicht von dem anderer Menschen, abgesehen von seiner gelegentlich etwas überheblichen Art, doch wenn er mit den Geistern kommuniziert, bedient er sich dafür bestimmter Kleider und Instrumente. Der wichtigste Gegenstand, der vom Schamanen in der Regel auch am häufigsten benutzt wird, ist seine Trommel. Man kann sagen, dass überall in Sibirien, wo es Schamanen gibt, auch Trommeln zu finden sind.

Den Hilfsmitteln eines Schamanen kommt eine recht große Bedeutung zu. Obwohl sie wahrscheinlich nur aufgrund ihres eigentümlichen Aussehens Aufmerksamkeit erregten, sind die vorliegenden Beschreibungen insofern wertvoll, als dass sie uns helfen, die einfache geistige Einstellung der Menschen von früher durch diese symbolischen Ausdrucksformen aus der gegenwärtigen Perspektive heraus zu verstehen.

Die folgenden Gegenstände gehören auf jeden Fall und in ganz Sibirien zur Ausstattung der Schamanen: der Mantel, die Maske, die Mütze und die kupferne oder eiserne Platte auf der Brust. Die samojedischen *Tadibey* ersetzen die Maske durch ein Taschentuch, mit dem sie sich die Augen verbinden, so dass sie die Geisterwelt durch ihr inneres Auge wahrnehmen können. Auch die Schamanen des nördlichen Altai-Gebirges haben Berichten zufolge Taschentücher auf ähnliche Weise genutzt, die sie um ihre Stirn banden, um sich so die Haare aus den Augen zu halten.

Diese vier Kleidungsstücken – Mantel, Maske, Mütze und Eisenplatten – werden ausschließlich von den Neosibirern verwendet, da das Gewand der Paläosibirer wesentlich weniger aufwändig ist.

Darüber hinaus hat jeder Stamm noch bestimmte Gegenstände, denen in der schamanischen Zeremonie eine besondere Bedeutung zukommt.

Die ewenkischen Schamanen tragen über ihrem üblichen Schamanengewand einen Schurz mit Eisenverzierungen, und auch die auffälligen, aus Haut gefertigten Strümpfe sind mit Eisenornamenten geschmückt. Bei den Giljaken und den Oltschen spielt der Gürtel des Schamanen eine wichtige Rolle, bei den Burjaten sind es die Pferdestäbe. Aus Eisen oder Kupfer gefertigte Objekte scheinen besonders typisch für die Neosibirer zu sein.

Das gesamte Kostüm mit seinem ganzen Zubehör wird in Sibirien während schamanischer Darbietungen getragen und erfüllt dabei dreierlei Funktionen: Der Schamane möchte durch seine exzentrische Aufmachung bei seinem Publikum einen bleibenden visuellen Eindruck hinterlassen, das Läuten der Glöckchen und der Lärm der Trommel wirken auf den Hörsinn der Menschen, und schließlich haben alle diese eng mit den religiösen Anschauungen des Schamanismus in Verbindung stehenden Anhängsel und Hilfsmittel eine symbolische Bedeutung, die nur Gläubigen, vor allem aber Schamanen zugänglich ist und.

Doch diese Interpretation gibt nicht die gesamte Wichtigkeit der Beziehung dieser Objekte mit der spirituellen Welt wider. Sie spielen deswegen eine tragende Rolle, weil die Geister die Stimme des Schamanen nicht ertragen, solange er nicht das richtige Gewand und die richtigen Utensilien trägt und nicht die Trommel schlägt – all diese Gegenstände sind aufgrund ihres Kontakts mit einer oft gefährlichen und übernatürlichen Macht heilig. Und eben weil sie heilig sind, dürfen diese Dinge nur und ausschließlich

Korjaken,
Ritualmaske, 1930s
Holz, Sehne, 30.7 x 16 cm.
Russisches Museum für Ethnographie,
St. Petersburg. Kamtschatka.

Tschuktschen,
Pfeife zum Tabakrauchen während öffentlicher Versammlungen,
spätes 19. - frühes 20. Jahrhundert
Holz, Geweih, aufbereitete Rentierhaut, Seehundfell, Nackenhaare eines Rentiers, Metall, 87.5 cm.
Russisches Museum für Ethnographie, St. Petersburg. Primorskaya Oblast, Anadyr Krai.

Korjaken,
Pfeife, 1906.
elfenbeinfarbener Wahlross-Stoßzahn, 14.2 cm.
Russisches Museum für Ethnographie, St. Petersburg. Primorskaya Oblast, Anadyr Krai.

Korjaken,
Pfeife, Fragment, 1906.
elfenbeinfarbener Wahlross-Stoßzahn, 14.2 cm.
Russisches Museum für Ethnographie, St. Petersburg. Primorskaya Oblast, Anadyr Krai.

von einem Schamanen verwendet werden, ansonsten verlieren sie ihre Kräfte und können nichts mehr bewirken. Nur ein guter, ein echter Schamane kann das gesamte Gewand besitzen.

Bei den Paläosibirern stellt ein Schamane diese Dinge normalerweise selbst her, und zwar nur dann, wenn die Geister es ihm erlauben. Bei den Eingeborenen von Altai haben nicht alle Schamanen das Recht, den *Manyak* (Mantel) und die Eulenmütze zu tragen.

Bei den Jakuten muss sogar der für die Ornamente des Kostüms verantwortliche Hufschmied das Recht geerbt haben, diese herzustellen. Wenn der Hufschmied, der schamanische Ornamente anfertigt, nicht genügend Vorfahren hat, wenn er nicht von allen Seiten von Hammerlärm und Feuerglühen umgeben ist, werden Vögel mit gebogenen Krallen und Schnäbeln sein Herz in Stücke reißen. Aus diesem Grund ist die Berufung des Hufschmieds beinahe so wichtig wie die des Schamanen.

Heutzutage ist es für die Jakuten nahezu unmöglich, einen Schamanenmantel herzustellen, da es keine Erbnachfolger von Hufschmieden mehr gibt. Es gab beispielsweise einen Schamanen, der keine Mütze mehr hatte, weil seine alte verbrannt war und die Geister ihm keine neue gewähren wollten. Viele burjatische Schamanen besitzen keine Trommel, da die Geister es ihnen nicht erlauben, eine zu bauen, daher verwenden sie als Ersatz für ihre Vorführungen zwei Stöcke, die sie kreuzweise miteinander verbinden.

Mit dem Rückgang des Schamanismus nimmt auch die Zahl der Menschen ab, die wissen, wie man das heilige Instrument – die Trommel – anfertigt, da auch die magischen Bräuche immer weniger werden. Dies ist jedoch nicht die eigentliche Erklärung dafür, warum die Trommel bei den Burjaten nach und nach verschwindet, eine ebenso wichtige Rolle spielen die Pferdestäbe, deren Herstellung ebenso aufwändig ist und die

zunehmend wichtiger werden. Ohne sie kann ein Schamane keines der wichtigen Rituale ausführen. In der Regel werden sie aus Birkenholz gefertigt, denn nur ein Schamane, der bereits seine fünfte Weihe hinter sich hat, darf einen eisernen Pferdestab verwenden. Die Lappen auf der anderen Seite hüten ihre Trommeln sehr vorsichtig und decken sie zum Schutz mit Fellen ab. Von Frauen dürfen sie nicht berührt werden.

Die Tschuktschen

Bei den Paläosibirern gibt es, was die Form und Qualität des Schamanengewands angeht, keine strengen Regeln. Die Echtheit des Kostüms ist die wichtigste Eigenschaft und manche Tschuktschen-Schamanen verwenden alte Mäntel, die sie von der amerikanischen Küste mitbringen. Die Tschuktschen haben nichts, was mit den bekannten Mänteln der Jakuten und Ewenken, mit ihren Fransen und Bildern vergleichbar ist. Vermutlich übernahmen die Ewenken die Idee dazu von den Jakagiren oder vielleicht sogar von den Kamtschadalen.

Die Tatsache, dass die Schamanen bei den Tschuktschen kein besonderes Gewand haben, kann daran liegen, dass die Schamanen dort ihre Zeremonien in der Dunkelheit und im Inneren des Hauses feiern, in einer so heißen und stickigen Atmosphäre, dass sie ihre Mäntel ablegen und dann mit mehr oder weniger nacktem Oberkörper schamanisieren.

Die einzigen schamanischen Kleidungsstücke, die man bei ihnen überhaupt findet, sind Mantel und Mütze. Bei einigen Nachbarstämmen haben weibliche Schamanen weder ein äußeres Erkennungsmerkmal noch verwenden sie die besondere schamanische Tracht, die nur für die männlichen Schamanen zugelassen ist.

Noch seltsamer erscheint der Brauch gewisser Stämme, bei denen der männliche Schamane die Kleidung und das Verhalten von Frauen übernimmt. Ihr schamanischer Mantel hat typischerweise Fransen an den Ärmeln sowie ein wenig oberhalb der Öffnung oder um den Hals knapp unter dem Kragen. Dieser Mantel kann vom Schamanen oder vom Patienten getragen werden. Neben den Fransen hat er außerdem mit gegerbtem Leder geschmückte Schlitze. Diese Fransen und Schlitze stellen normalerweise die Kurven und Linien der Milchstraße dar.

Doch wenn man bedenkt, wir häufig die Tschuktschen-Schamanen die ewenkischen Schamanen nachahmen, kann man daraus schließen, dass es sich auch bei den Fransen und Schlitzen am schamanischen Mantel nur um ein weiteres Beispiel für diese Nachahmung handelt. An einigen Kleidungsstücken findet man ein Bild von *Tetkeyun*, der 'Lebenskraft', die im Herzen ruht und deshalb dessen Form hat. Es wird wie ein Lederball gefertigt und mit Rentierhaar gefüllt. Eine weitere Figur, ebenfalls aus Leder, stellt einen *Rekken* oder Hilfsgeist des Schamanen dar.

Auch die Schamanenmütze ist mit Fransen versehen, hat oben eine Quaste und auf der linken Seite eine lange Doppelquaste. Die Quasten sind von der Art, wie sie für magische Zwecke verwendet werden, d. h. sie werden aus abwechselnd weißen und schwarzen Fellstücken gefertigt. Eine andere Mütze, die oben offen und ebenfalls mit Fransen und Quasten geschmückt war, wurde von den Schamanen als Mittel gegen Kopfschmerzen verwendet.

Zusätzlich zu diesen Kleidungsstücken verwenden die Schamanen bei den Tschuktschen für ihre Vorführungen viele kleine Gegenstände, beispielsweise ein Messer, auf dessen Griff magische Elemente abgebildet sind und ein kleines Stück Elfenbein, das immer dann zum Einsatz kommt, wenn ein Körper geschnitten wird.

Am Elfenbeinstück des Schamanen „Scratching Woman" waren drei Lederbilder befestigt. Das eine repräsentierte angeblich ein *Kele* aus der 'Richtung' der Dunkelheit, wobei dessen Arme länger waren als die Beine. Das mittlere Bild stellte den *Kele Lumetun* dar, der nur einen Arm und ein Bein und zwei übereinander liegende Augen hatte. Das dritte Bild war das eines von einem Feind des Schamanen geschickten

Korjaken,
Festtagshose eines Mannes, Vorderansicht,
1909-1911
Robbenhaut und Untermantel,
Rinde einer Erle, Stoff, Nackenhaare
eines Rentiers, Seehundfell, 101 x 48 cm.
Russisches Museum für Ethnographie,
St. Petersburg. Kamtschatka.

Korjaken,
Festtagshose eines Mannes, Rückenansicht,
1909-1911
Robbenhaut und Untermantel,
Rinde einer Erle, Stoff, Nackenhaare
eines Rentiers, Seehundfell, 101 x 48 cm.
Russisches Museum für Ethnographie,
St. Petersburg. Kamtschatka.

kriechenden 'Banns', der den Bann wiederum so lang aufhielt und unterwarf, bis er ihm schließlich gehorchte.

Diese verschiedenen Amulette in Form von Quasten und Anhängern werden vom Schamanen selbst aus Fell und Perlen gefertigt und an verschiedene Teile des Gewands oder des Körpers gebunden. Dazu gehören auch die runden Fellstücke, oftmals mit einer Quaste in der Mitte, die bei den Tschuktschen, Korjaken und asiatischen Eskimos als äußerst wirksame Amulette gelten. Sie werden auf den Mantel genäht, entweder auf Brust- oder Schulterpartien oder an den betroffenen Körperteil. Ein Bild des 'Beschützers' befindet sich in der Mitte und wird oft durch das Ornament einer Frauengestalt, eines tanzenden Mannes oder eines Kriegers ersetzt. Alle diese Objekte haben sowohl einen magischen als auch einen schmückenden Sinn.

Der wichtigste Gegenstand bei schamanischen Vorführungen ist in ganz Sibirien die Trommel. Daher verwenden die Tschuktschen eine Trommel, wie sie auch bei den amerikanischen und asiatischen Eskimos verbreitet ist. Die Trommel, die von Rentierhirten und von den an der Küste lebenden Tschuktschen eingesetzt wird, ist eine andere als die der Ewenken, Jakuten, Korjaken, Jakagiren und Kamtschadalen im nordwestlichen Asien, die eher einer südlichen Art entspricht.

Die südliche Trommel ist groß und eher oval geformt und wird durch vier lose Bänder gehalten, die am Reifen der Trommelinnenseite befestigt werden. Die anderen Enden dieser Bänder laufen in der Mitte zusammen und werden dort an ein sonst nicht weiter gestütztes kleines Rad oder Kreuz gebunden. Wird die Trommel in die Hand genommen, so hängt sie lose in der Luft und kann geschüttelt oder beliebig gedreht werden. Die Trommelschlägel sind aus Holz und mit Fell oder gegerbtem Leder überzogen.

Die Trommel der Tschuktschen hat einen hölzernen, mit Sehnen am Holzreifen befestigt Griff. Der nahezu runde Reifendurchmesser reicht von 40 bis 50 cm. Der Boden wird aus sehr dünner Haut hergestellt, meist aus der trockenen Haut eines Walrossmagens. Um die Haut zu dehnen, wird sie mit Wein oder Wasser angefeuchtet, dann wird der Rand mit einer Sehnenkordel vernäht. Die Enden dieser Kordel werden an den Griff gebunden. Die Trommel ist sehr leicht – sie wiegt zwischen 200 und 800 Gramm. Die Trommelschlägel variieren, je nachdem, für welchen Zweck sie bestimmt sind. Sie bestehen entweder aus schmalen, leichten Streifen eines Walknochens mit einer Länge von 30 bis 40 cm oder aus Holz mit einer Länge zwischen 60 und 70 cm, manchmal mit einer Fellquaste geschmückt. Die ersteren werden für magische Zeremonien im Zeltinneren bei Dunkelheit verwendet, letztere für Darbietungen im Freien und bei Tageslicht.

Wenn die Familie von einem Ort zum nächsten zieht, wird die Bespannung der Trommel entfernt, gefaltet, an den Reifen gebunden und bei Bedarf ersetzt. Im Winterhaus hat die Trommel ihren Platz vor der Schlafstätte, im Sommerzelt hängt sie nahe der heiligten Feuerstelle.

Die Korjaken

Das Schamanenzubehör bei den Korjaken, einem weiteren paläosibirischen Stamm, sieht folgendermaßen aus: Die korjakischen Schamanen haben keine eigenen Trommeln, sie nutzen die Trommel der Familie, in deren Haus die schamanische Zeremonie stattfindet. Es scheint, als trügen sie kein Schamanengewand, sondern ganz gewöhnliche Kleidung.

Die bestickte Jacke sieht der während der Walzeremonie getragenen Tanzjacke eines normalen Mannes sehr ähnlich, sie ist lediglich etwas aufwändiger. Die Trommeln der Korjaken, die *Yyai*, sind oval, haben einen Durchmesser von 73 cm und sind auf nur einer Seite mit Rentierfell bezogen. Die Schlägel werden aus dicken Walknochen gefertigt, wobei das Ende, mit dem die Trommel geschlagen wird, dicker und mit dem Fell eines Wolfschwanzes überzogen ist. Im Inneren der Trommel werden an vier Punkten des

Nanai,
Schamanin Linza Beldi, 1992.

Ewenken,
Tambourin eines Schamanen,
frühes 20. Jahrhundert
Leder, Holz, Metall, Perlen, 95 x 50 cm.
Russisches Museum für Ethnographie, St. Petersburg. Siberian Krai. Krasnoyarsk Okrug, Turukhan Distrikt, Flussgebiet des (unteren) Nizhni Tunguska.

Jukagiren,
Mütze eines „transformierten" Schamanen, Detail, 1900-1901
Rentierhaut, Haarschmuck, Quasten aus gefärbtem Robbenwelpenfell, Sehne, 91 cm.
Amerikanisches Museum for Naturgeschichte, New York. Markovo.

Jukagiren,
Schamanenmütze, 1907.
Rentierhaut, gefärbtes Fell eines Robbenwelpen, Perlen, Stoff, Hundefell, Messing, Haarschmuck, 61 cm.
Amerikanisches Museum for Naturgeschichte, New York.

Manjagir,
Schamanenkostüm, Vorderansicht,
spätes 19. - frühes 20. Jahrhundert
Elchleder, Fell, Samt, Kunststoffknöpfe, Metall, Robbenleder, Stoff, Perlen, Samen Perlen, Filz, Kaftan: 104 cm; Kragen; 57 x 36 cm; Kopfbedeckung: 20 x 21 cm.
Russisches Museum für Ethnographie, St. Petersburg. Dalnevostochni (fernöstlich) Krai, Flussgebiet des Zeya.

Manjagir,
Schamanenkostüm, Rückenansicht,
spätes 19. - frühes 20. Jahrhundert
Elchleder, Fell, Samt,
Kunststoffknöpfe, Metall,
Robbenleder, Stoff, Perlen,
Samen Perlen, Filz, Kaftan: 104 cm;
Kragen; 57 x 36 cm;
Kopfbedeckung: 20 x 21 cm.
Russisches Museum für
Ethnographie, St. Petersburg.
Dalnevostochni (fernöstlich) Krai,
Flussgebiet des Zeya.

Reifens Doppelkordeln aus Nesselfasern gebunden, die dann zusammenlaufen und so den Griff bilden. Diese Kordeln verlaufen auf einer Seite der Trommel. Am obersten Punkt des Reifens wird im Inneren eine eiserne Rassel angebracht. Dieser Brauch stammt eigentlich von den Ewenken und wird nicht von allen Korjaken praktiziert.

Die Kamtschadalen (Itelmenen)

Bei den Kamtschadalen gibt es offensichtlich kein schamanisches Gewand oder eine entsprechende Trommel. Jeder, vor allem Frauen, kann schamanisieren, daher ist diese Beschäftigung nicht professionell genug, um dafür besondere Kleidung einzusetzen.

Die Jakagiren

Die jakagirische Trommel ist ein unebenes Oval und nur auf einer Seite mit Tierhaut bespannt. Im Inneren, nahe dem Zentrum, befindet sich ein eisernes, als Haltegriff dienendes Kreuz. Die Enden des Kreuzes werden mit Riemen an den Reifen gebunden, an dem vier Eisenrasseln befestigt sind. Zwischen den Trommeln der Jakagiren und der Jakuten besteht eine große Ähnlichkeit, nicht nur was die Eisenrasseln, das eiserne Kreuz und die Form angeht, sondern auch hinsichtlich der kleinen Ausstülpungen an der äußeren Oberfläche des Reifens, die nach Meinung der Jakuten die Hörner der Geister des Schamanen darstellen. Die Schlägel sind mit der Haut eines Rentierbeins überzogen. Bei den Jakagiren findet man nach wie vor Trommeln ohne metallene Zusätze, da die eisernen Bestandteile von den Jakuten übernommen wurden.

Das jakagirische Wort für Trommel ist *Yalgil* und bedeutet 'See', nämlich der See, in den der Schamane taucht, um in die Schattenwelt hinab zu steigen.

Die Giljaken

Der wichtigste Gegenstand des Giljaken-Schamanen sind seine Trommeln, *Kas*, und sein Gürtel, *Yangpa.* Zuerst wird die Trommel am Feuer erwärmt, um die Haut zu straffen, damit ihr Klang sonorer ist. Die Trommel wird aus Ziegen- oder Rentierhaut gefertigt und während sie vorbereitet wird, macht sich der Schamane selbst fertig. Er legt sein äußeres

Tschuktschen,
Hilfsmittel zum Feuer anzünden durch Reibung, mit einigen Familien-Amulettten, 1896.
Holz, Leder, Rentiersehnen, 58 x 11 cm.
Russisches Museum für Ethnographie, St. Petersburg. Tschuktschen-Halbinsel.

Jakuten,
Fächer, um Moskitos fernzuhalten, 1908.
Wolfspelz, Holz, Perlen, Metall, Leder, Länge: 50 cm; Länge des Griffs: 13 cm.
Russisches Museum für Ethnographie, St. Petersburg. Jakut Oblast, Wiljui Okrug.

Ewenken,
Schlegel für das Tambourin des Schamanen, frühes 20. Jahrhundert
Holz, Bärenfell, Metall, 39.5 x 4-5 cm.
Russisches Museum für Ethnographie, St. Petersburg. Siberian Krai, Krasnoyarsk Okrug, Turukhan Distrikt, Flussgebiet des (unteren) Nizhni Tunguska.

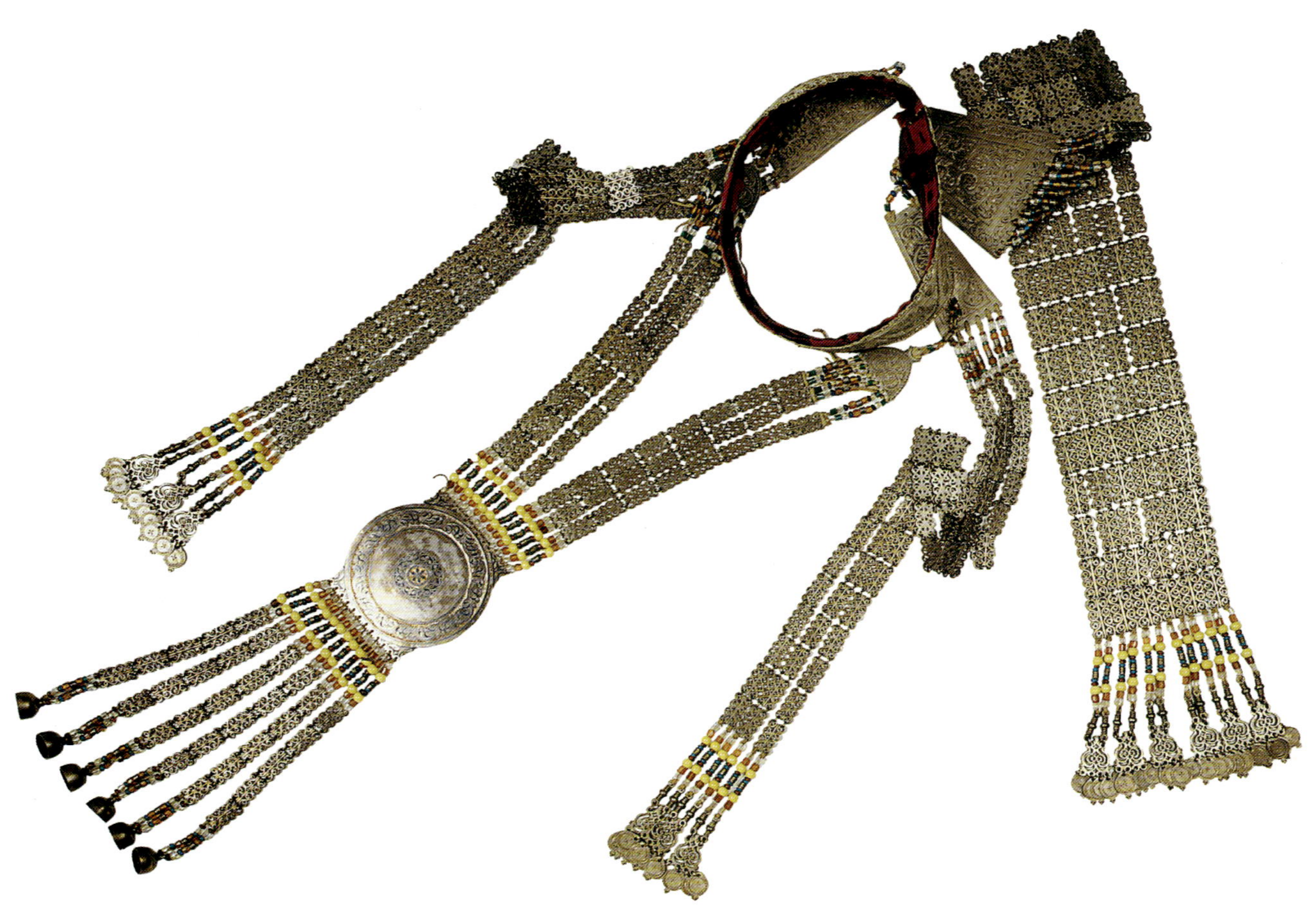

Jukagiren,
kleine Tasche für wertvolles Frauenwerkzeug, 1982.
Schwanenbeinhaut, Perlen, Wolltuch, 21 x 13 cm.
Russisches Museum für Ethnographie, St. Petersburg. Jakuten ASSR, Verkhnekolyma Distrikt, Nelemni Village.

Jakuten,
Kopfschmuck, 1903.
Silber, Stoff, Perlen, 97 cm.
Russisches Museum für Ethnographie, St. Petersburg. Jakuten Oblast.

Ewenken,
Schamanenkleidung, .
Metall, Haut, und Federn,
Russisches Museum für Ethnographie, St. Petersburg.

Gewand ab, legt sich den so genannten *Koska*, einen kurzen Schurz um, und bindet sich ein Grasband um den Kopf, dessen Enden wie Zöpfe auf seine Schultern herabhängen. Als nächstes nimmt er den ledernen Schamanengürtel, der mit seinen vielen Eisenplättchen, Kupferringen und anderen metallenen Anhängern während des schamanischen Tanzes laute, klirrende Geräusche verursacht.

Dieser Gürtel wird im Oltschendialekt *Yanpa* genannt, dessen größter Anhänger eine große Kupferscheibe ist, mit einer kleinen Schnalle, die reliefartig mit Ornamenten verziert ist, daran ist der Einfluss der Mandschuren zu erkennen. Der *Tole* genannte Kreis ist für den wichtigsten Klang verantwortlich. Es gibt außerdem viele Eisenglieder, *Tasso* genannt, und viele ungleichmäßig geformte Eisenstücke, die *Kyire*, die einen ziemlichen Lärm verursachen. Außerdem einige gerollte Eisenplättchen, die *Kongoro* und schließlich einige kleine Kupferglöckchen ohne Klöppel, *Kongokto* genannt. Wenn der Gürtel angelegt wird, hängen all diese Dinge am Rücken des Trägers. Solch schamanische Gürtel bringen es daher auf ein nicht zu unterschätzendes Gewicht.

Obwohl die Giljaken zu den Paläosibirern gehören, scheinen die metallenen Accessoires so wie auch einige andere Aspekte ihrer Kultur, ewenkischen Ursprungs zu sein. Der Beschreibung eines ewenkischen Schamanenkostüms nach trägt dieser über dem normalen Gewand einen mit Eisenornamenten geschmückten Schurz. Dies lässt darauf schließen, dass entweder die Giljaken diese Art des Schurzes für den Schamanenmantel von den Ewenken übernahmen oder umgekehrt.

Bei den Neosibirern repräsentiert die Trommel symbolisch ihre gesamte Lebensphilosophie. Auch verschiedenen Teilen ihrer Kleidung kommt in dieser Hinsicht eine große Bedeutung zu.

Die Jakuten

Bei den Jakuten haben jene Menschen, die dem Schamanen beim Schmücken seines Kostüms helfen wie etwa der Hufschmied, selbst eine halb-magische Position inne, die dann mit 'besonderen Fingern' belohnt werden. Hufschmiede, die den Beruf von ihren Vorfahren übernommen haben, besitzen Werkzeuge mit 'Seelen', *Ichchylakh*, die ganz eigene Klänge und Akkorde von sich geben können. Die Hufschmiede stehen den Schamanen in ihrem Amt näher als alle anderen und sind, auf gewisse Weise, mit ihnen verbunden. „Der Hufschmied und der Schamane stammen aus demselben Nest" oder „Der Schmied ist der ältere Bruder des Schamanen" lauten Sprichworte aus dem Kolyma-Gebiet. Hufschmiede können in manchen Fällen Krankheiten heilen, Ratschläge geben und die Zukunft voraussagen, doch ihr Wissen stammt schlicht aus ihrer Klugheit und hat keinen magischen Wert.

Der Beruf des Hufschmieds wird vor allem im Norden meistens vererbt. In der neunten Generation entwickelt ein Hufschmied erstmals gewisse übernatürliche Fähigkeiten, und je länger seine Ahnenreihe ist, desto ausgeprägter sind diese Fähigkeiten. Die Geister schrecken in der Regel vor den Eisenringen und dem Lärm, den die Balgen des Schmieds verursachen, zurück. In der Kolyma-Gegend weigern sich die Schamanen zu schamanisieren, bevor der Hufschmied nicht seine Metallwerkzeuge beseitigt hat und machen diese selbst dann noch für seinen Misserfolg verantwortlich: „Die Geister haben Angst vor dem Hufschmied, deswegen erscheinen sie auf meinen Ruf hin nicht."

Das Schamanengewand

Das Schamanengewand besteht zur Hauptsache aus einem Kuhfellmantel, der vorne so kurz ist, dass er nicht einmal bis zu den Knien reicht, hinten aber den Boden berührt. Die Rückseite dieses Mantels ist über und über mit verschiedene Objekte darstellenden Ornamenten verziert, wovon jedes seinen eigenen Namen, seinen Platz und seine Bedeutung hat. Der bei den Paläosibirern für die Ausübung der Rituale nicht zwingend notwendige Schamanenmantel ist bei den Neosibirern am kunstvollsten gefertigt.

Bei den unterschiedlichen Bezeichnungen für Mantel und Trommel findet man eine interessante sprachliche Auffälligkeit: Während die Trommel einheitlich (mit kleineren Unterschieden in den verschiedenen Dialekten) von den meisten Neosibirern *Tünür, Tüngür* genannt wird, gibt es eine Vielzahl von Namen für den Schamanenmantel, u.a.: *Kumu, Ereni, Manyak*. Dies weist darauf hin, dass der Mantel für die Zeremonien im Vergleich zur Trommel eine verhältnismäßig neue Erfindung ist.

Für ein gutes Schamanenkostüm werden etwa 15 bis 20 Kilo Eisen benötigt. Dem Glauben nach waren das Eisen und die klirrenden Anhänger des Schamanenmantels vor Rost geschützt und besaßen eine Seele – *Ichchite*. Hier folgt nun eine Aufzählung der verschiedenen Ornamente, mit denen der Mantel verziert wird sowie deren Bedeutung:

1. *Küngeta* (Sonne), eine runde, flache, glänzende Scheibe in der Größe einer kleinen Untertasse. Hängt zwischen den Schultern an einem kurzen, durch die Mitte der Scheibe hindurchgehenden Lederriemen.
2. *Oibon-Künga* (Loch-in-das-Eis-Sonne), eine Scheibe derselben Form und Größe wie die erste, jedoch mit einem größeren Loch in der Mitte. Sie hängt an einem langen Lederriemen über oder unter der ersten Scheibe.
3. *Kondei Kyhan*, Zinnrollen, etwa daumendick, jedoch länger - schlagen am Rücken gegen die metallenen Ösen oder Ringe.
4. *Chilliryt Kyhan*, flache, fingerlange Plättchen, die zahlreich am Rücken über der Hüfte herunterbaumeln.
5. *Hobo*, Kupferglöckchen ohne Klöppel, die unter dem Kragen hängen. Sie haben etwa die Größe und Form eines Kräheneis und sind mit der Zeichnung eines Fischkopfs versehen. Sie werden an die Lederriemen oder Metallösen gebunden.

Korjaken,
Korjakenfrau bei der Zubereitung von geopfertem Rentierfleisch.

6. *Biirgüne*, zwei runde, flache Scheiben, ähnlich der *Tuskata*, mit denen Frauenmützen geschmückt werden, jedoch ohne Muster. Sie werden wie Epauletten an die Schultern des Schamanen gebunden.

7. *Oiogos Timiria*, zwei Platten, die etwa so breit sind wie vier Finger, jedoch ein wenig kürzer, und links und rechts am Körper befestigt werden.

8. *Tabytaua*, zwei lange Platten, zwei Finger breit, die an beiden Ärmeln angebracht werden.

9. *Ämägyat, Abagyta Äätiat* (vielerorts *Emchet* genannt), eine Kupferplatte, so lang wie der Zeigefinger und halb so breit wie die Handfläche. Darauf entweder die Zeichnung eines Mannes mit Kopf, Mund, Augen, Händen, Füßen, Nase und Ohren oder mit einer Reliefgravur auf einer Kupfermedaille, mit einer Männerfigur in der Mitte.

Nur ein Hufschmied, der bereits auf mindestens neun Generationen zurückblicken kann, ist in der Lage, ohne sich selbst einer Gefahr durch die Geister auszusetzen, ein *Ämägyat*, eine solches Kupferamulett, anzufertigen, das der Schamane sich, wenn er anfängt zu schamanisieren, vor die Brust hängt. Was genau *Ämägyat* bedeutet und ob es sich dabei um eine persönliche oder unpersönliche Macht handelt, ist schwer feststellbar. Die unterschiedlichen Bezugnahmen darauf werden noch genauer betrachtet werden, da das Wort *Ämägyat* mit zwei unterschiedlichen Bedeutungen verwendet wird, so dass es einmal auf eine unsichtbare Kraft anspielt und das andere Mal ein sichtbares Symbol bezeichnet. Dieser Text beschränkt sich auf die zweite Bedeutung.

Am Fehlen von *Ämägyat* erkennt man im Vergleich zu Schamanen, die es besitzen und *Orto Oyaun* heißen, einen weniger wichtigen Schamanen, *Kenniki Oyuun* genannt. Die Macht derer, die im Teilbesitz von *Ämägyat* sind, variiert je nach 'der Kraft ihres *Ämägyat*'. Es heißt, zu den großen Schamanen seien die Schutzgeister von Ulu-Toyen selbst gesandt worden (*ämägyatitiah ulytoër ulutoënton ongorulah*).

Der Schamane erbittet sich die Unterstützung seines *Ämägyats* und anderer schützender Geister, und erst wenn der *Ämägyat* auf ihn übergeht, beginnt der Schamane seine wilden Tänze. Wann immer eine Familie einen Schamanen zu seinen Mitgliedern zählt, tut sie das auch noch nach dessen Tod, denn der *Ämägyat* sucht nach einer erneuten Verkörperung durch eine Person aus demselben Clan (*Aya-usa*).

Der menschliche Körper kann die ständige Anwesenheit einer Macht, die der großer Götter gleichkommt, nicht ertragen. Daher verweilt dieser Schutzgeist (falls es *Ämägyat* ist, kann er so genannt werden) nicht im Schamanen, sondern in dessen Nähe und steht ihm in kritischen Situationen oder wenn dieser ihn braucht, bei. Der Schamane kann nur mit Hilfe seines *Ämägyats* hören und sehen. Der Besitz des *Ämägyats* hängt nicht vom Schamanen ab, sondern kommt entweder durch Zufall zu ihm oder durch eine Anordnung 'von oben'. Tiuspiut erhielt seinen *Ämägyat* (der ursprünglich von den Ewenken stammte) rein zufällig.

Die großen Schamanen nehmen, wenn sie sterben, ihren *Ämägyat* mit und verwandeln sich so in Himmelswesen, von denen die meisten ehemalige Schamanen sind. Scheidet der *Ämägyat* nicht auf natürliche Art und Weise aus dem Leben, wird er früher oder später auf der Erde in Erscheinung treten. Das wichtigste Ornament auf dem Mantel eines jakutischen Schamanen ist das einen Mann darstellenden *Ämägyat*. Auf einem Mantel befindet sich ein *Ämägyat* aus geschmolzenem Kupfer auf der linken Seite, auf einem anderen Mantel war das *Ämägyat* aus Zinn und auf beiden Seiten der Brust angebracht.

Spricht man von der Vorbereitungszeit des Schamanen, ist es erwähnenswert, dass der jakutische Schamane von einem älteren Schamanen ausgebildet wird, der ihn einführt, indem er ihn das *Ämägyat* um den Hals hängt.

In der Sprache der Mongolen bezeichnet *Ämägäldzi* die aus Zinn gefertigte Figur des Geistes, der Haus, Familie und Besitztümer beschützt. Der Begriff stammt von dem Wort *ämagän*, 'Großmutter'.

Alëuten,
Frauenmantel, 1912.
Seegras, Wollgarn,
74 x 46 cm und 181 cm.
Russisches Museum für Ethnographie,
St. Petersburg. Alëutische Inseln,
Insel Umnak.

Ewenken,
Fußbekleidung eines Schamanen.
Lachshaut,

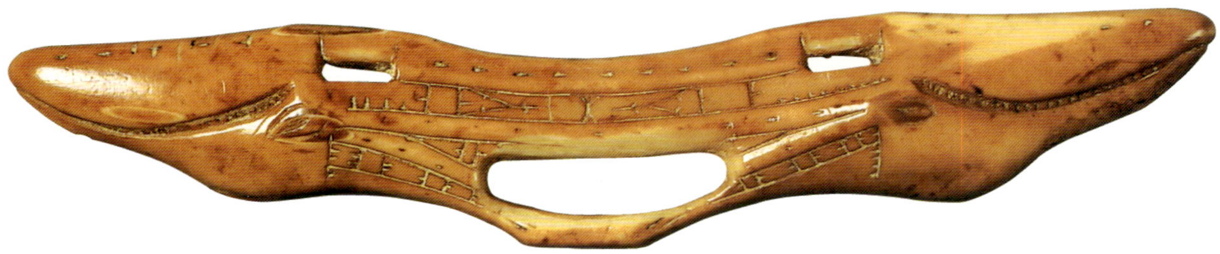

10. *Balyk-timir* (Fisch), ein Blech von einem Meter Länge, zwei Finger breit, in der Form eines an einem langen Lederriemen baumelnden Fisches mit Kopf und Schwanz, Flossen und Schuppen. An einigen Orten, wie in der Kolyma-Gegend, schleift er am Boden entlang, um die untergeordneten Geister anzulocken, die hinterherlaufen und versuchen, ihn zu fangen.

11. *Choran*, hohle, kleine, an die Enden von langen Lederriemen gebundene Kupferbälle, die bis zu den Fersen reichen und wie Fransen vom kürzeren Ende des Mantels herabhängen. Diese Fransen werden *Bytyrys* (Unkraut) genannt.

Auf Brusthöhe wird der Mantel mit Lederriemen geschlossen, unter dem Kinn mit einer Schnalle in Form einer Fohlenzunge (*Kulun tyl Kurduk*). Vorn ist der Mantel mit Fisch-, Tier- oder Vogelbildern bestickt und mit verschiedenen Scheiben - Darstellungen von Sonne, Mond und Sternen - sowie mit eisernen Abbildungen menschlicher Skelette und Eingeweide versehen.

Im Norden ist es üblich, dass der Schamane, falls er kein Kostüm hat, den *Sangyniah*, den kalbsledernen Mantel einer Frau trägt, das Fell nach außen gewendet. Die Beine sind gelegentlich mit den wichtigsten eisernen Accessoires geschmückt, etwa mit den 'beiden Sonnen' (oder Sonne und Mond), dem Fisch und dem *Bürgüne*. Manchmal hängen an der Vorderseite auch zwei die Brüste darstellende Kreise.

Bei den Jakuten tragen weiße und schwarze Schamanen unterschiedliche Mäntel. Auf dem Mantel eines weißen Schamanen befinden sich keine Tierbilder, denn seine Schutzgeister gehören den *Aiy*, den nicht durch Tiere symbolisierten guten Geister an. Der Mantel des schwarzen Schamanen sollte keine Abbildung der Sonne haben, da dieses Zeichen den weißen Schamanen vorbehalten ist.

Auch zwischen den verschiedenen Clans und Stämmen gibt es im Hinblick auf den Schamanenmantel Unterschiede, aber zwischen den Kleidungsstücken schwarzer und weißer Schamanen lässt sich kaum eine eindeutige Trennlinie ziehen.

Korjaken,
Schnee-Klapper um von einem Verstorbenen 'Sünden abzuschütteln', 1956.
Argalihorn, 43.5 x 5.5 cm.
Russisches Museum für Ethnographie, St. Petersburg. Kamtschatka Oblast, Tigilskiy Distrikt, Sedanka Village.

Korjaken,
1903.
elfenbeinfarbener Wahlross-Stoßzahn,
Höhe: 1) 6.8 cm 2) 7.8 cm;
Maße: 1) 4.4 x 3 cm 2) 3.8 x 2.5 cm.
Russisches Museum für Ethnographie, St. Petersburg. 1) Primorskaya Oblast, Gizhiginski Okrug; 2) Kamtschatka Oblast.

Eskimo,
„geflügeltes Objekt" und Griff,
3.-4.Jahrhundert.
elfenbeinfarbener Walross-Stoßzahn,
1) 6.2 cm 2) 13.7 cm.
Russisches Museum für Ethnographie, St. Petersburg. Tschuktsche Halbinsel.

Jukagiren,

Eine alte jukagirische Geschichtenerzählerin – obwohl sie eine Frau ist, ist sie für ihr Können bei der Jagd und ihre künstlerischen Fähigkeiten bekannt.

Jakuten,
Der Ohuokhai-Tanz, das Jakutenfest Isahar.

Markovians,
Wandteppich, 1910.
Rentierfell, 236 x 219 cm.
Russisches Museum für Ethnographie, St. Petersburg. Kamtschatka Oblast, Tschuktschen Okrug, Markovo Village.

Korjaken,
Hölzerne Schamanenpuppe für Rentierritual, 1992.

Auf dem Mantel eines Schamanen aus dem Uriankhai-Stamm fand sich, unter anderem, eine kleine Puppe mit einer winzigen Trommel in der linken Hand. An derselben Kette, mit der die Puppe befestigt war, wurde eine weitere kleine Tierfigur angeheftet, die dem heiligen Tier des echten Schamanen ähnelte. Die Bedeutung dessen ist natürlich offensichtlich: der Vorfahr des Schamanen verbleibt in symbolischer Form auf dem Mantel des Schamanen. Daher nimmt die kleine Puppe auf dem Mantel des Uriankhai-Schamanen die Rolle des *Ämägyat* der Jakuten ein, wenn wir *Ämägyat* als Symbol für den Vorfahren des Schamanen nehmen.

Auch das oft auf dem Schamanenmantel abgebildete Skelett steht vermutlich mit dem Ahnen des Schamanen in Verbindung, da neben diesem Skelett häufig Adlerflügel aufgenäht sind und nur ein Schamane fliegen kann oder durch Flügel dargestellt wird.

Nach all dem, was bis hierher beschrieben wurde, könnte man annehmen, dass es drei verschiedene Arten gibt, wie der Ahne des Schamanen dargestellt wird: durch das Ämägyat, die Puppe und das Skelett. Es wäre jedoch interessant zu wissen, ob das Ämägyat Seite an Seite mit den anderen Symbolen vorkommt. Sollte das der Fall sein, wäre es auch möglich, dass das Ämägyat kein Symbol für den Ahnengeist ist, sondern eine eigene Bedeutung hat. Auf den Mänteln der Jakuten findet sich das Skelett unabhängig vom Ämägyat, auf denen der Altaier existieren hingegen die Puppen neben dem Ämägyat.

Der Mantel selbst besitzt eine unpersönliche Macht. Es wird gesagt, dass er neben den üblichen Bezeichnungen für Mantel auch die Namen *Ongor* (bei den Mongolen) und *Tanara* (bei den Jakuten) trägt. Der Mantel als Ganzes stellt einen *Tanara* des Schamanen dar und jedes symbolische Bild auf ihm ist ebenso sein *Tanara*, also sein Beschützer.

Wenn der Schamane diesen Mantel an sich nimmt, erhält er übernatürliche Kräfte, die es ihm ermöglichen, in die über- und unterirdischen Welten zu gehen, dort Geister zu treffen und sich mit ihnen auseinander zu setzen. Bei den Jakuten wird er 'Pferd des Schamanen' genannt.

Eine andere Deutung des Mantels besagt, dass das Bild einer durchlöcherten Sonne und eines Halbmonds die im Königreich der Geister herrschende Dämmerung verkörpern. Die eigenartigen, vom Mantel herabhängenden Fische, Tiere und Vögel stellen die angeblich in der Geisterwelt lebenden Monster dar. Einige glauben, dass die am Rücken hängende Eisenkette die Stärke der Kräfte des Schamanen symbolisiert, während andere meinen, sie sei ein Symbol für das auf seinen Reisen durch das Land der Geister verwendete Ruder. Die eisernen Scheiben sollen den Schamanen vor den Schlägen der feindlich gesinnten Geister schützen.

Der Schamane, der seinen magischen Mantel direkt auf der Haut trägt, erhält ihn aus der Hand eines *Kuluruksuta* (Knappe oder Helfer), dessen Aufgabe es ist, während der Vorführung *seb! kirdik! choo! o o!* (Gut! Wahr! Choo! o o!) zu schreien, und dem Schamanen auch auf andere Weise zur Hand zu gehen, beispielsweise, indem er die Trommel vorbereitet.

Die Trommel

Die Trommel ist stets eiförmig und mit dem Fell eines jungen Bullen überzogen. An der breitesten Stelle beträgt ihr Durchmesser 53 cm, der Reifen ist 11 cm breit und die Stöcke sind 32 cm lang. Das breitere Ende der Stöcke ist mit Kuhfell überzogen. Manchmal gibt es an der Trommel zwölf für die Hörner stehende Erhöhungen, die in anderen Kulturen aber stets in ungeraden Zahlen, etwa 7, 9 oder 11, vorkommen. Das Kreuz im Inneren ist mit Riemen am Reifen befestigt. Rund um den Reifen sind innen kleine Glöckchen, Klimperzeugs und andere Rasseln aus Eisen und Knochen angebracht, vor allem an den Stellen, an denen die Riemen befestigt sind.

Bei den Jakuten gibt es für die Trommel zwei Namen - *Tünür* und *Donkür*. Die Jakuten von Viluy haben neben der Tünür (Trommel) auch noch das Saiteninstrument *Dünur*.

Abgesehen von der Trommel benutzt der Schamane zwei weitere Musikinstrumente, eines davon ist ein Saiteninstrument ähnlich der russischen Balalaika (eine Art Banjo), das andere Instrument ist als Maultrommel bekannt und besteht aus einem kleinen Rahmen mit einer langen Zunge aus Holz oder Metall, die mit den Fingern bewegt wird. Das schmalere Ende des Instruments wird zwischen den Zähnen gehalten, so dass die Mundhöhle des Spielers als Klangraum fungiert.

Die Burjaten aus Irkutsk nennen dieses Instrument *Khur*, bei ihnen wird es nur von den Schamanen gespielt. Dasselbe gilt auch für die Uriankhai. Bei den Soïot heißt es *Komus*, doch die Altaier (die den Begriff im engsten Sinn verwenden), bei denen es das Wort *Komus* ebenfalls gibt, bezeichnen damit das Saiteninstrument, das der russischen Balalaika ähnelt und nur von Schamanen gespielt wird.

Die Kirgis nennen die Schamanentrommel *Kobuz*. Die Altaier benutzen die zweisaitigen *Kabys* oder *Komus* als Begleitung, wenn sie Heldensagen vortragen. Manchmal gibt es auch kleinere schamanische Vorführungen ohne die Trommel und ohne besonderes Gewand. Der Schamane sitzt dann in seiner Alltagskleidung auf einem kleinen Stuhl in der Mitte des Raumes und hält einen Ast in der Hand, der mit Büscheln von weißem Pferdehaar geschmückt ist, mit drei, fünf oder sieben Büscheln, in jedem Fall aber eine ungerade Anzahl.

Die Eingeborenen von Altai

Der Schamanenmantel wird hier aus Ziegen- oder Rentierhaut hergestellt. Die gesamte Außenfläche ist mit verschieden langen Anhängern in Schlangenform sowie mit vielfarbigen Stoffstückchen geschmückt. Die in einem Schlangenkopf endenden Anhänger hängen frei herab. Hier und da sind aus Rentierleder gefertigte Knäuel aus Riemen angebracht. Die Urbewohner verwenden sowohl für die kleinen Anhänger als auch für den

Korjaken,
Ritualmaske, 1911.
aufbereitete Rentierhaut, Stoff, elfenbeinfarbener Wahlross-Stoßzahn, 27 x 22 cm.
Russisches Museum für Ethnographie, St. Petersburg. Kamtschatka.

Tschuktschen,
'Bretter der Beschwörung' zur Durchführung von Ritualen an Feiertagen, Fragment, 1904-1907.
Holz, Farbe, 62.2 x 10 cm.
Russisches Museum für Ethnographie, St. Petersburg. Tschuktschen Halbinsel.

Mantel als Ganzes den Begriff *Manyak.* Des Weiteren finden sich auf dem Mantel verschiedene symbolische Figuren und klimpernde Anhänger wie eiserne Rechtecke oder ein kleiner Bogen mit Pfeil, um feindliche Geister abzuschrecken. Auf dem Rücken und manchmal auch auf der Vorderseite sind zwei Kupferscheiben angenäht.

Ein *Kam* (Schamane) hatte vier leere Tabakbeutel mit imaginärem Tabak an seinem Mantel hängen, um ihn den Geistern anzubieten, wenn er durch ihr Land wandert. Der Kragen ist mit Eulenfedern besetzt. Ein Kam hatte sieben kleine, die himmlischen Jungfrauen darstellende Puppen an seinem Kragen.

Über den Mantel verteilt sind einige Glöckchen angenäht, bei einem wohlhabenden Schamanen können es bis zu neun Stück sein. Das Läuten dieser Glöckchen repräsentiert die Stimme der an den Kragen genähten sieben Jungfrauen, die somit die Geister anrufen und bitten, zu ihnen herunter zu kommen.

Die Schamanenmütze bei den Altaiern ist ein viereckig geformtes Fellstück eines Rentierkalbs. Auf der einen Seite befinden sich zwei Knöpfe, auf der anderen zwei Schlaufen. Obenauf sind einige Federn angenäht, und von der unteren Kante hängen Fransen aus Bändern und Schalentieren herunter. Diese Mütze wird aufgesetzt und die beiden Seiten werden hinten festgeknöpft, so dass auf dem Kopf des Schamanen eine zylindrische Form entsteht. Falls das Fell zu hart ist, steht die Spitze der Mütze mit ihren Federn wie ein Krönchen nach oben weg.

Einige Schamanenmützen bei den Teleuten sind aus brauner Eulenhaut gefertigt, wobei die Federn und manchmal sogar der Kopf des Vogels als Schmuck daran belassen werden. Nicht alle Schamanen dürfen die *Manyak* und die Eulenmütze tragen. Die Geister teilen es dem Auserwählten in der Regel mit, wann er sie tragen darf.

Bei den Tataren von Chern trägt der Schamane eine Maske (*Kocho*) mit Eichhörnchenschwänzen als Schnurrbart und Augenbrauen. Im selben Volk kann man auch die Verwendung zweier Stöcke beobachten: Zum einen den Hirtenstab, zum anderen einen Stock, der ein Pferd darstellen soll, ähnlich wie die Pferdestäbe der Burjaten. Diese Tataren haben ovale Trommeln, die den eiförmigen Trommeln der Ostsibirer ähneln.

Alle die Trommeln, die wir bei den Eingeborenen von Altai und in der nordwestlichen Mongolei finden, sind rund. Die altaische Trommel hat einen Reifen in der Größe einer Handfläche, die auf der einen Seite mit Haut bespannt wird. Im Inneren der Trommel findet sich eine vertikaler Holzstab und eine horizontale Eisen-*Chord*, an der Rasseln befestigt sind. Die Trommel wird am Holzstab und nicht am Schnittpunkt des Stabes mit der eisernen Querstange gehalten.

Der Holzstab wird von den einheimischen Altaiern *Bar* genannt. Bei anderen nordwestlichen Stämmen hat er unterschiedliche Namen. An den beiden Enden des *Bars* finden sich der Kopf und die Füße eines Mannes. Der obere Teil ist häufig geschnitzt, wobei Augen, Nase, Mund und Kinn mit äußerster Exaktheit in das Holz geschnitten werden. Die horizontale Eisenstrebe nennt man *Krish,* von ihr hängen zahlreiche Eisenrasseln, die *Kungru,* herunter. Die Zahl der *Kungru* variiert je nach den Fähigkeiten des Schamanen und weist darauf hin, wie viel *Chayu* ein Schamane besitzt – denn je mehr *Chayu* er besitzt, desto mehr *Kungru* sind in seiner Trommel.

Unter dem Kinn der Figur auf dem Holzstab werden lange, farbenprächtige Streifen aus einem Material namens *Yauasua* befestigt. Auf das Fell der Trommel – manchmal auf beiden Seiten, manchmal nur auf der Innenseite – sind mit roter Farbe Kreise, Kreuze und andere Linien gemalt. Auf einigen altaischen Trommeln finden sich ähnliche Tierzeichnungen wie die auf den Trommeln der nordamerikanischen Indianer.

Die Trommeln der Chern- und Kumandinsk-Tataren unterscheiden sich von denen der Altaier: statt *Bar, Krish* und klimpernden Plättchen sind auf ihnen Symbole für die zwei Welten – über- und unterirdisch – abgebildet, getrennt durch eine horizontale, die Trommel teilende Linie, in einen oberen und einen unteren Teil.

Lena unter Eis und Schnee.

Korjaken,
Beerdigungskostüm eines Mannes, Vorderansicht, 1904-1911
Rentierhaut und Beinfelle, Hundefell, Robbenleder und Untermantel, Rinde einer Erle, Nackenhaare eines Rentiers, Anorak: 98 x 94 cm; Hosen: 86 cm; Schuhsohlen: 23 cm; Stiefelhöhe: 17cm
Russisches Museum für Ethnographie, St. Petersburg. Dalnevostochni (fernöstlich) Krai, Kamtschatka Okrug.

Auf der Außenseite einer Trommel der Chern-Tataren finden sich Abbildungen von Pflanzen und Tieren. Der obere und größere Teil ist mit der Zeichnung eines Gewölbes geschmückt, mit einem angedeuteten Himmel, zwei Bäumen und einem Vogel auf jedem dieser Bäume. Links des Baumes sind zwei Kreise – Sonne und Mond – Licht und Dunkelheit. Unter der Trennlinie sind Bilder von Fröschen, Schlangen und Eidechsen. Diesen Bildern kommt eine besondere Bedeutung zu, da jene Symbole besser als alle anderen die schamanische Sicht auf natürliche und übernatürliche Dinge repräsentieren.

Die Burjaten

Ein Beispiel für ein burjatisches Schamanenkostüm gehörte einer Schamanin, die von ihrem Mann und zwei anderen Burjaten begleitet wurde, von denen jeder eine magische Trommel trug. Sie selbst hielt zwei Stäbe in ihrer Hand, deren Enden mit einem geschnitzten, von kleinen Glöckchen umgebenen Pferdekopf geschmückt war. Am Rücken hingen etwa dreißig Schlangen von den Schultern bis zum Boden hinab, die aus schwarzer und weißer Haut gefertigt waren, so dass der Eindruck entstand, die Schlangen bestünden aus schwarzen und weißen Ringen. Das Ende einer der Schlangen war dreigeteilt und wurde für einen weiblichen Schamanen bei den Burjaten als unentbehrlich betrachtet. Die Mütze wurde von einem Eisenhelm mit Hörnern bedeckt, mit drei Ästen, die wie bei einem Hirsch an beiden Seiten hervorstanden.

Korjaken,
Beerdigungskostüm eines Mannes, Rückenansicht, 1904-1911
Rentierhaut, Hundefell, Robbenuntermantel und Haut, Rinde einer Erle, Nackenhaare eines Rentiers, 98 x 94 cm.
Russisches Museum für Ethnographie, St. Petersburg. Dalnevostochni (fernöstlich) Krai, Kamtschatka Okrug.

Auch das Kostüm einer anderen alten und verehrten Schamanin aus der Gegend um Selenginsk ist es wert, näher beschrieben zu werden. Ihr Kostüm hing in ihrer Jurte, doch ihren eigenen Berichten zufolge war es unvollständig. Unter anderem hatte sie eine Kiste voll mit Stoffstreifen, kleinen Steinen und Donnerkeilen, die sie für magische Zwecke benutzte. Außerdem hatte sie einen Filzbeutel, in dem sie verschiedene Götzenbilder aufbewahrte.

Der Mantel (*Orgoy*), die Mütze und der Pferdestab *Morini-khörbö* sind die wichtigsten Hilfsmittel für einen Schamanen dieser Gemeinschaften. Der *Orgoy* für weiße Schamanen wird aus weißem Material gefertigt, der für die schwarzen Schamanen aus blauem. Form und Schnitt unterscheiden sich nicht von gewöhnlichen Mänteln. Die früheren *Orgoy* waren kürzer, als sie es heutzutage sind. Die Vorderseite des Mantels ist mit metallenen Fisch-, Pferde- und Vogelfiguren bedeckt. Am Rücken finden sich verschlungene, Schlangen darstellende Eisenteile, an denen Rasseln *(Shamshorgo)*, kleine Glöckchen und Tamburinschellen hängen. Auf der Brust waren über den dünnen Platten üblicherweise kleine, glänzende Kupferscheiben und über den Ärmeln dünne Eisenbleche angebracht, die die Knochen von Schulter und Unterarm darstellten.

Die spitz auslaufende Mütze wird aus einem Luchsfell mit einigen ganz oben angeordneten Bändern hergestellt. Nach seiner fünften Weihe ist es einem Schamanen erlaubt, die Eisenmütze zu tragen, die aus einem kronenähnlichen Eisenreifen mit zwei Bögen besteht, die einander kreuzen. Darüber ist eine eiserne Platte mit zwei Vorsprüngen angebracht. Dort, wo die Bögen sich kreuzen und an den um den Kopf herum verlaufenden Reifen gebunden sind, gibt es drei Arten an *Khoubokho*, oder *Kholbogo*, konischen Eisengewichten. Von der Rückseite des Reifens hängt eine viergliedrige Eisenkette herab, die in kleinen, Dornen und Löffeln ähnelnden Gegenständen endet.

Diese Mütze ist eine Art metallenes Diadem, das aus einem Eisenring mit zwei nach außen gewölbten, ebenfalls eisernen, einander im rechten Winkel kreuzenden Bögen und aus einer langen Gliederkette besteht, die vom Nacken bis zu den Fersen reicht.

Die Pferdestäbe (*Morini-khorbo*) findet man bei allen Baikal-Burjaten, bei den Burjaten von Balagan werden sie jedoch nicht benutzt. Jeder Baikal-Schamane besitzt zwei dieser entweder aus Holz oder aus Eisen hergestellten Stäbe. Die hölzernen Pferdestäbe werden vom Novizen am Tag vor seiner ersten Weihe geschnitzt und zwar aus Birkenholz aus dem Wald, in dem die Schamanen begraben werden. Das Holz für die Stäbe muss so geschnitten werden, dass der Baum nicht leidet, sonst wird dies als ein schlechtes Omen für den Schamanen betrachtet. Die eisernen *Morini-khorbo* werden erst dann an die Schamanen gegeben, wenn sie bereits ihre fünfte Weihe hinter sich haben, also dann, wenn sie auch die eiserne Kopfbedeckung erhalten.

Der Pferdestab ist 80 cm lang, der obere Teil ist gebogen und mit einem geschnitzten Pferdekopf geschmückt, der mittlere Teil stellt das Kniegelenk des Pferdes dar und das untere Ende ist wie ein Huf geformt. An den Stab werden kleine Glöckchen, von denen eines größer ist als die übrigen, gebunden. Auch kleine konische Eisengewichte, *Khoubokho* oder *Kholbogo*, werden daran befestigt, ebenso wie blaue, gelbe, rote und weiße Streifen aus Hermelin- und Eichhörnchenfell. Um das Ganze noch realistischer erscheinen zu lassen, werden außerdem kleine Steigbügel angebracht.

Die eisernen Pferdestäbe unterscheiden sich nicht sehr stark von den hölzernen. Sie stellen die Pferde dar, auf denen der Schamane in die Ober- und Unterwelten reitet. Das Pferd, auf dem der Schamane reist, kann auch durch eine Trommel symbolisiert werden. Diese Trommel ist mit Pferdefell bespannt, das mit Lederstreifen auf der Rückseite befestigt wird. Diese Trommel, *Khese*, ist bei den Pferdestäbe verwendenden Burjaten kaum bekannt, und deswegen nennen sie manchmal auch die kleinen Glöckchen *Khese*. Die mongolischen Schamanen und die mongolisierten Uriankhai verwenden jedoch diese Trommel.

Die burjatischen Buddhisten benutzen für ihre Prophezeiungen entweder Trommeln, die an beiden Seiten mit Haut bespannt sind, wie die von nordamerikanischen Indianern,

Ewenken,
Schamanen-Tambourin, Fragment, frühes 20. Jahrhundert
Leder, Holz, Metall, Perlen, 95 x 50 cm.
Russisches Museum für Ethnographie, St. Petersburg. Siberian Krai. Krasnoyarsk Okrug, Turukhan Distrikt, (unteres) Nizhni Tunguska Flussgebiet.

Jakuten,
Altes Schamanengrab,
frühes 20. Jahrhundert
Jakutenia.

Heiliger Baum eines Schamanen.

Gräber in der Taiga.
Jakutenia.

oder solche, die auf nur einer Seite mit Haut bespannt sind. Diese Trommeln sind rund und haben lederne Griffe, die an der äußeren Kante des Reifens befestigt sind.

Ein weiterer Gegenstand der Schamanen ist die *Khur*, eine 'Stimmgabel' mit einer Drahtzunge zwischen den beiden seitlichen Zinken, die hauptsächlich von Schamanisten verwendet wird. Sie kommt in den Gebieten zwischen Amur und Ural und vom Nordpolarmeer bis hinunter nach Taschkent vor. Mancherorts wird sie lediglich als Musikinstrument verwendet.

Bei den Olkhon-Burjaten ist noch ein weiterer Gegenstand, der Shire, verbreitet. Das ist eine etwa 100 cm lange und 30 cm tiefe Kiste, die auf vier Beinen steht, jedes davon 60 cm hoch. An der Kiste hängen Bänder, Glocken und Fellstreifen. An einer der Längsseiten sind verschiedene Figuren eingeritzt oder mit roter Farbe aufgemalt. Auf der rechten Seite findet sich in der Regel die Sonne, auf der linken der Mond. Die Sonne ist als Rad dargestellt, und in der Mitte des Mondes ist eine menschliche Gestalt abgebildet, die einen Baum in der Hand trägt.

In der Mitte der langen Seite befinden sich drei Bilder von untergeordneten Gottheiten, eine Frau und zwei Männer, zu deren Ehren mehrmals im Jahr Wein versprüht wird. Auch Kriegswaffen sind abgebildet – Bogen, Köcher und Schwert - und unter jeder Figur ein Pferd. Der Shire wird benutzt, um darin Trommeln, Pferdestäbe und andere Gegenstände für die Rituale aufzubewahren. Der Schamane erhält mit seiner fünften Weihe das Recht, solch einen Shire zu besitzen. Es wird behauptet, dass bis zur neunten Weihe hin mit jeder neuen Weihe die Höhe und sonstigen Maße des *Shires* zunehmen.

Zwei weitere Gegenstände sind noch erwähnenswert: *Abagaldey*, eine riesige Maske aus Fell, Holz und Metall, bemalt und mit einem langen Bart geschmückt und *Toli*, ein metallähnliches Glas, mit Abbildungen von zwölf Tieren darauf, das um den Hals herum hängt und über der Brust getragen wird oder manchmal auch auf den Mantel des Schamanen aufgenäht wird. Gelegentlich hatte der Burjaten-Schamane auch eine Peitsche mit Glocken daran, doch nach und nach verschwanden all diese Hilfsmittel, so dass heutzutage kaum noch etwas davon übrig ist.

Zwei andere ethnische und sprachliche, zu den Neosibirern gehörende Gruppen, obwohl sie nur zum Teil in Sibirien leben, sind die Samojeden und Finnischen Stämme. Eine Untersuchung ihrer schamanischen Hilfsmittel ist besonders in Verbindung mit denen der mongolischen, türkischen und ewenkischen Schamanen interessant.

Das wichtigste Besitztum eines *Tadibey* (Samojedischer Schamane) ist sein *Penzer* (Trommel), den er selbst herstellt, wobei es eine ganze Reihe von Regeln zu beachten gilt. Er muss mit eigenen Händen ein männliches Rentierkalb töten und dessen Haut so vorbereiten, dass keine Venen mehr darauf verbleiben. Bei diesen Vorbereitungen dürfen keine *Inka* (Frauen) helfen, da sie als unrein angesehen werden. Die mit metallenen Scheiben und Platten verzierten Trommeln werden mit transparenter Rentierhaut bespannt, sind rund und können verschieden groß sein. Die größte Trommel hatte einen Durchmesser von beinahe 60 cm und war etwa 80 cm hoch. Die Trommeln der Samojeden und der Ob-Ostjaken sind wie die der Altaier: rund mit einem breiten Reifen, nur auf einer Seite bespannt, mit einem Durchmesser von 30 bis 50 cm.

Das Schamanenkostüm besteht aus einem *Samburzia* genannten, mit rotem Stoff verzierten Mantel aus Gamsleder. Die Augen und das Gesicht werden mit einem Stück Stoff bedeckt, da der *Tadibey* durch sein inneres Auge in die Geisterwelt vordringen soll. Statt einer Mütze trägt er zwei Bänder um den Kopf, um den Stoff über seinem Gesicht zu halten. Über seiner Brust hängt ein Eisenamulett.

Mancherorts trägt der *Tadibey* eine Kopfbedeckung mit einem Visier, und am Ledermantel baumeln Anhänger, kleine Glöckchen und Stoffstreifen in verschiedenen Farben. Bei dieser Art des Schmucks spielt die Zahl Sieben eine wichtige Rolle.

Korjaken,
Korjakenfrau, die beim traditionellen Herbstfest der korjakischen Rentierhirten die Begrüßung der Geister der halbdomestizierten Rentiere vorbereitet.

D. DER SCHAMANE BEI DER ARBEIT

„Nach seinem einführenden Gespräch mit den Geistern 'sinkt' der Schamane manchmal herab: Er fällt bewusstlos zu Boden, während seine Seele in die anderen Welten wandert und dort mit den 'Geistern' spricht und sie um Rat fragt."

Da die Aufgaben professioneller Schamanen, wie etwa die Behandlung von Krankheiten, die Beantwortung von Fragen, das Wahrsagen und ähnliche Dinge, bei den verschiedenen paläosibirischen Stämmen sehr ähnlich sind, beschränken wir uns hier darauf, einige typische Beispiele vorzustellen. Ebenso werden wir bei den Aufgaben der neosibirischen Schamanen vorgehen.

Die Korjaken

Der professionelle Schamanismus ist bei den Korjaken recht einfach und wenig ausgebildet, gleichzeitig aber, aufgrund des Einflusses der europäischen Kultur, ein wenig entartet. Bei den Korjaken gibt es Erzählungen von zwei Schamanen, die folgende Rituale durchführten:

Beide Schamanen waren junge Männer, von denen keiner bei seinen Verwandten besonderen Respekt genoss. Beide waren arm und verdienten ihren Lebensunterhalt als Arbeiter für die reicheren Mitglieder ihres Stammes. Einer von ihnen war ein maritimer Korjake aus Alutor, der für gewöhnlich gemeinsam mit einem korjakischen Händler in das Dorf Kamenskoye kam. Er war ein schüchterner Junge mit, wenngleich auch etwas wilden, dennoch weichen und freundlichen Gesichtszügen und strahlenden Augen. In den unterirdischen Häusern, die er mit seinem Meister besuchte, löschten die Menschen die Öllampen aus, wenn die beiden deren Behausung betraten. Nur einige Kohlen glühten auf der Feuerstelle, und so war es recht finster. Auf einer großen Pritsche, die im vorderen Teil des Hauses Sitz- und Schlafmöglichkeiten für Gäste bot, konnte man den Schamanen in einem gewöhnlichen, zottigen Hemd aus Rentierfell erkennen, wie er auf den Rentierfellen kauerte, die auf der Pritsche lagen. Sein Gesicht war von einer großen ovalen Trommel verdeckt.

Plötzlich begann er leise die Trommel zu schlagen und mit trauriger Stimme zu singen. Dann wurde das Trommelschlagen lauter und lauter und sein Lied – in dem Laute erklangen, die sich wie Imitationen des Wolfsheulens, des Stöhnens des Haubentauchers und der Stimmen anderer Tiere und seiner Schutzgeister anhörten – schien einmal aus einer Zimmerecke direkt neben dem Zuhörer zu kommen, dann von der gegenüberliegenden Seite, einmal aus der Mitte des Hauses und das andere Mal von der Decke herab. Er war ein Bauchredner. Der Glaube, dass Schamanen, die diese Kunst beherrschen, besondere Kräfte besitzen, ist weit verbreitet. Auch seine Trommel schien einmal von oben, dann von unter zu ertönen, plötzlich von der Vorder-, dann von der Hinterseite der gespannten Zuhörer. Der Schamane bewegte sich umher, stieg mit seinen Fellschuhen geräuschlos auf die Pritsche, ging ein Stück zurück und kam dann wieder näher, sprang leichtfüßig in die Luft und ging dann in die Hocke.

Plötzlich verstummte der Gesang und der Klang der Trommel. Als die Frauen die Lampen wieder angezündet hatten, lag er völlig erschöpft auf einem weißen Rentierfell, auf dem er vor seiner schamanischen Vorführung gesessen hatte. Die abschließenden Worte des Schamanen, die er in einer Art Sprechgesang von sich gab, klangen so, als ob

Itelmen,
Rituelle Feier im Rahmen eines religiösen Festivals, 1992.

Eskimo,
kultischer Löffel und Tasse in Form eines Bootes, 3.-4.Jahrundert.
elfenbeinfarbener Walross-Stoßzahn
Löffel: 12.7 cm; Tasse: 10.3 x 2.2 cm.
Russisches Museum für Ethnographie, St. Petersburg. Tschuktsche Halbinsel, Enmillisches Dorf.

Tschuktschen,
Köcher für Pfeile, Fragment, 1904-1907
gegerbte Rentierhaut, Seehundhaut, Rentier Haar, Holz, 88 x 21.5 cm.
Russisches Museum für Ethnographie, St. Petersburg. Primorskaya Oblast, Anadyr Krai.

sie von den Geistern kämen, die er herbeigerufen hatte, die erklärten, dass die 'Krankheit' das Dorf verlassen hätte und nicht wiederkommen würde.

Der zweite Schamane feierte eine Zeremonie mit dem Ziel, vorauszusagen, ob Reisende sicher wieder nach Hause kommen würden. Einer gab ihm sein scharfes, wie ein Dolch aussehendes Reisemesser. Das Licht im Zelt wurde gelöscht, doch das Dämmerlicht der arktischen Frühlingsnacht (es war April) durchdrang die Zeltwände und reichte aus, um die Bewegungen des Schamanen zu verfolgen. Er nahm das Messer, schlug die Trommel und sang und teilte den Geistern so mit, dass er dazu bereit war, ihre Wünsche auszuführen. Nach einer kurzen Weile legte er die Trommel beiseite, stieß aus seiner Kehle einen rasselnden Ton hervor und sich das Messer bis zum Heft in die Brust. Nachdem er seine Jacke durchschnitten hatte, drehte er das Messer jedoch nach unten, zog es mit demselben rasselnden Geräusch wieder heraus und begann erneut, die Trommel zu schlagen.

Dann sagte er dem Reisenden, dass er eine sichere Reise haben würde und zeigte durch das Loch in seinem Mantel das Blut auf seinem Körper. Die normalen Korjaken waren sicher, dass der Schamane sich tatsächlich selbst verletzt hatte und die Wunde sofort wieder geheilt war.

Die Tschuktschen

Bei den Tschuktschen wird eine schamanische Darbietung typischerweise im Inneren eines für die Nacht abgeschlossenen Hauses vorgeführt. Der Raum ist, vor allem bei den Rentier-Tschuktschen, sehr klein. Manchmal geht den hier beschriebenen Vorführungen eine andere voraus, die im Freien bei Tageslicht abgehalten wird und in der Regel mit einer gemeinschaftlichen Zeremonie in Verbindung steht.

Nachdem die Trommel gespannt und befeuchtet und das Licht gelöscht wurde, beginnt der Schamane, oftmals mit nacktem Oberkörper, mit seinen Riten: Er schlägt die Trommel und singt – zuerst langsam, dann immer schneller. Seine Lieder haben keinen Text und er singt sie in keiner festen Reihenfolge. Obwohl die Zuhörer an der Zeremonie nicht aktiv teilnehmen, unterstützen sie ihn, indem sie einen sehr primitiven 'Refrain' singen. Ihre regelmäßigen Ausrufe feuern den Schamanen außerdem in seinen Taten an.

Ohne ein *Ocitkolin* ('Antwortrufe geben': die Zuhörer) sieht sich ein Tschuktschen-Schamane nicht in der Lage, sein Amt angemessen zu erfüllen. Novizen, die versuchen, diese schamanischen Praktiken zu erlernen, überreden deshalb meist einen Bruder oder eine Schwester, auf ihre Übungen zu reagieren, um so ihren Eifer anzustacheln.

In neuerer Zeit imitieren die Tschuktschen-Schamanen die ewenkischen Schamanen, indem sie eine mit einem starken narkotischen Tabak gefüllte Pfeife rauchen. Bei den asiatischen Eskimos singen die Frau und die anderen Familienmitglieder eine Art Refrain, der von Zeit zu Zeit die Melodie des Schamanen aufgreift und diesen begleitet. Bei den von den Russen beeinflussten Jakagiren des unteren Kolymas assistiert die Ehefrau ihrem schamanischen Mann und gibt ihm während seiner Aufführung aufmunternde Antworten, so dass er sie sein 'Hilfspersonal' nennt.

Wenn der *Kelet* zum Schamanen kommt, verhält dieser sich unterschiedlich, je nachdem, ob er Bauchreden kann oder nicht. Falls der Schamane nur 'ein-mundig' ist, nutzt der *Kelet* den Körper des Schamanen, um zu singen und die Trommel zu schlagen, wobei sich der Klang der Stimme des Schamanen dabei ändert. Ist der Schamane Bauchredner, so ertönt der *Kelet* als eigene Stimme.

Schamanen könnten sich selbst zur Ehre gereichen, wenn sie im Wettbewerb gegen Künstler aus anderen Ländern, die ähnliche Disziplinen beherrschen, antreten würden. Sie können mit ihren Stimmen erfolgreich verschiedene Klänge nachahmen: menschliche und übermenschliche, tierische und selbst die von Stürmen und Winden oder die eines Echos, das von allen Seiten eines Raumes kommt, von außen, von oben und aus dem Untergrund. Manchmal hört es sich so an, als ertönten in dem kleinen Raum der Tschuktschen alle Stimmen der Natur.

Dann beginnt der Geist entweder zu singen oder er verabschiedet sich mit einem Geräusch, das wie das Summen einer Fliege klingt. Solange er aber bleibt, schlägt er energisch die Trommel und spricht in seiner eigenen Sprache oder in der eines beliebigen, die menschliche Sprache beherrschenden Tieres mit Ausnahme des Fuchses, Wolfes oder der Raben, jedoch mit einem eigenartigen Klang in ihrer Stimme.

Gewöhnlich erscheint nicht nur ein Geist, so dass dieser Teil der Aufführung als Dialog bezeichnet werden könnte. Manchmal versteht der Schamane die Sprache, die er verwendet, selbst nicht und braucht einen Dolmetscher. Es gibt vor allem in der Kolyma-Gegend Fälle, in denen die Geistersprache eine Mischung aus den Sprachen der Jakuten, Korjaken und Jakagiren ist und für die von den Russen beeinflussten Schamanen und die Einheimischen ins Russische übersetzt werden muss. Ein ewenkischer Schamane mit dem Spitznamen Mashka hatte 'Geister', die korjakischen Ursprungs waren und die deswegen mit ihm auch in dieser Sprache kommunizierten. Ein Beobachter berichtet:

„Ich bat ihn mehrmals, mir zu diktieren, was die Geister sagten, doch er antwortete stets, er könne sich nicht daran erinnern, er habe, nachdem die Séance vorbei war, alles vergessen und außerdem verstünde er die Sprache seiner Geister nicht. Zuerst dachte ich, er versuchte mich zu täuschen. Doch ich hatte mehrere Gelegenheiten, mich davon zu überzeugen, dass er wirklich kein korjakisch verstand. Offensichtlich hatte er korjakische Beschwörungsformeln auswendig gelernt, die er nur im erregten Zustand aussprechen konnte."

Bei den Tschuktschen gibt es keine verbreitete schamanistische Sprache, sondern lediglich einige besondere Ausdrücke. Die Geister bei den nordwestlichen Korjaken

Ewenen,
Tasche für Feuerstein und Stahl, 1920
Leder, Holz und Samenperlen,
Stoff aus Wolle, Metall, 12 cm.
Russisches Museum für Ethnographie,
St. Petersburg. Dalnevostochni
(östlichster) Krai, Meer an der Küste von
Okhotsk.

Ewenen,
Kopfschmuck eines ernsthaft kranken Patienten, 1910.
gegerbte Rentierhaut, Rentierpelz,
Seehund-Haare, 31 x 61 cm;
Länge der Anhänger: 35 cm.
Russisches Museum für Ethnographie,
St. Petersburg. Primorskaya Oblast,
Anadyr Krai.

Ewenen,
Brustschutz einer Frau, 1907.
gegerbte Seehund-Haare,Perlen, Metall,
Stoff aus Wolle, Rentierhaar, 112 x 64 cm.
Russisches Museum für Ethnographie,
St. Petersburg. Jakut Oblast, Kolyma
Okrug.

Ewenen,
Fragment eines Brustschutzes für eine Frau, 1907.
gegerbte Rentierhaut, Perlen, Metall,
wollener Stoff, Rentierhaar, 112 x 64 cm.
Russisches Museum für Ethnographie,
St. Petersburg. Jakut Oblast, Kolyma
Okrug.

Jakuten,
Schabracke, 1959.
wollener Stoff, Metall, Perlen, gegerbte Rentierhaut, 74 x 101 cm.
Russisches Museum für Ethnographie, St. Petersburg. Jakut ASSR, Jakutsk (Stadt).

Korjaken,
kleiner plastischer Kunstgegenstand „Kopfschmuck für ein Rentier", 1911.
elfenbeinfarbener Walross-Stoßzahn 6 x 6.5 cm.
Russisches Museum für Ethnographie, St. Petersburg. Kamchatka Oblast.

Korjaken,
kleine plastische Kunstgegenstände „Ringer", „Schachspiel", „überwiegende Stöcke", frühes zwanzigstes Jahrhundert
elfenbeinfarbener Walross-Stoßzahn
1) 4.8 x 8 cm; 2) 4.7 x 5.5 cm; 3) 6.4 x 2 cm;
Maße der Auflage: 1) 4 x 3.2 cm.
Russisches Museum für Ethnographie, St. Petersburg. Kamtschatka Oblast, Tschuktschen-Halbinsel.

haben angeblich eine ganz eigene Aussprache, ähnlich derjenigen der südöstlichen Korjaken und der Tschuktschen. Einige Worte sollen jedoch nur bei ihnen vorkommen. Die Geister bei den asiatischen Eskimos, so heißt es, haben ihre eigene Sprache. Viele Worte daraus ähneln der Geistersprache, die bei vielen amerikanischen Eskimostämmen, sowohl in Alaska als auch auf der Atlantikseite, bekannt ist.

Manchmal sind die Geister sehr schadenfroh. In den beweglichen Zelten der Rentiervölker bringt eine unsichtbare Hand zum Teil alles durcheinander und wirft verschiedene Dinge, etwa Schnee und Eisstücke, durch die Luft.

Den Zuschauern ist es strengstens verboten zu versuchen, die Geister zu berühren, denn diese sträuben sich strikt gegen jegliche Eingriffe dieser Art und rächen sich dafür entweder am Schamanen, indem sie ihn an Ort und Stelle töten, oder an dem frevelhaften Zuhörer, der im Dunklen einen Schädelbruch oder ein Messer in seinen Rippen riskiert.

Nach dem anfänglichen Austausch mit den Geistern erteilt der Schamane, noch immer in der Dunkelheit, Ratschläge und äußert Prophezeiungen. Bei einer Zeremonie sagte beispielsweise der Schamane Galmuurgin seinem Gastgeber voraus, dass sich im folgenden Herbst vor seinem Tor viele Rentiere versammeln würden.

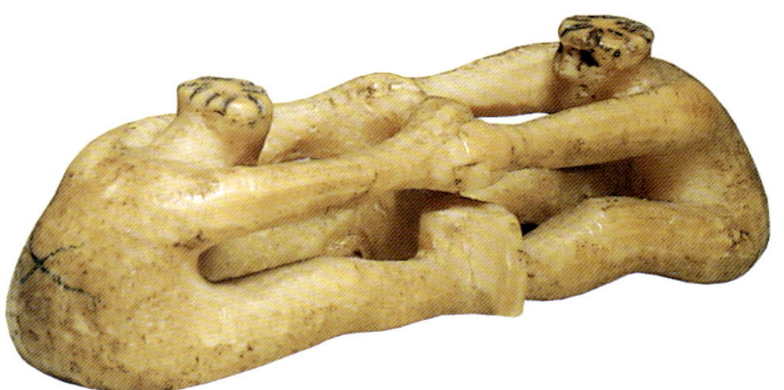

„Ein Bulle" sagte er, „wird auf der rechten Seite des Eingangs Halt machen und am Gras rupfen, angezogen durch eine Hirschkuh mit grauem Fell. Diese Anziehung muss durch eine bestimmte Beschwörungsformel noch verstärkt werden. Der Rentierbulle muss, während er dort steht, mit Pfeil und Bogen getötet werden, wobei die Pfeilspitze ein flaches Rhomboid zu sein hat. Dies wird das erfolgreiche Töten aller anderen wilden Rentiere garantieren."

Wenn die schamanischen Darbietungen mit Zeremonien verbunden werden, finden sie im Freien statt. Bauchreden wird bei diesen Gelegenheiten nicht praktiziert und der *Kele* treibt sein Unwesen und versucht unter anderem, das sich vorübergehend in seiner Macht befindende Leben zu zerstören.

Upune, die Frau eines verstorbenen Tschuktschen-Schamanen, besaß eine wunderbare schamanische Kraft, sie selbst sagte jedoch, sie hätte nur einen Bruchteil der Fähigkeiten ihres Ehemannes. Bei schamanischen Vorführungen nahm sie einen großen runden Kieselstein, der so groß war wie die Faust eines Mannes, legte ihn auf die Trommel und blies ihn von allen Seiten an, während sie nach Art von *Kele* zu murmeln und zu schnauben begann. Sie verschaffte sich durch Zeichen Aufmerksamkeit – denn da sie in Besitz von *Kele* war, hatte sie die Fähigkeit zu menschlicher Sprache verloren – und fing dann an, den Kiesel mit beiden Händen auszupressen. Daraufhin begannen viele winzige Kieselsteine aus ihren Händen zu rieseln. Dies ging fünf Minuten lang so, bis sich ein ganzer Kieselhaufen auf der Trommel gebildet hatte. Der große Kieselstein jedoch war unverändert. Die Schamanin wiederholte dieses Kunststück mit demselben Ergebnis, wobei ihr gesamter Oberkörper nackt war, so dass all ihre Bewegungen mühelos verfolgt werden konnten.

Eine andere bei den Schamanen weit verbreitete Praktik ist es, sich selbst mit einem Messer in den Bauch zu stechen – die Kamtschadalen und die Eskimos, die Tschuktschen und die Jakagiren, ja selbst die neosibirischen Schamanen Nordasiens kennen diesen Trick.

Es ist schwierig, all die Kunststücke zu beschreiben, die Schamanen beherrschen - einige der gebräuchlichsten sind das Verschlucken brennender Kohlen und das alleinige und eigenhändige Befreien aus einem Strick, mit dem sie gefesselt sind.

Die Jakuten

Um einen Vergleich mit den paläosibirischen Methoden des Schamanisierens anzustellen, wird nun ein jakutischer Schamane bei der Arbeit beschrieben. Nach außen hin sind alle schamanischen Zeremonien gleich. Was hier beschrieben wird, ist der Teil der Zeremonie, der immer und überall derselbe und, sozusagen, durch Bräuche geschützt ist und damit die Basis des Ritus bildet.

Ein Schamane, der zu einem Kranken in die Jurte gerufen wird, nimmt sofort den für ihn vorgesehenen Platz auf dem *Billiryk Agon* ein. Er legt sich auf sein weißes Stutenfell und wartet auf die Nacht, die Zeit, zu der er schamanisieren kann. In der Zwischenzeit werden ihm Essen und Trinken angeboten. Sobald die Sonne untergeht und die Dämmerung kommt, werden in der Jurte eilig alle Vorbereitungen für die Zeremonie abgeschlossen: Der Boden wird gekehrt, das Holz geschnitten und das Essen wird in größeren Mengen und von besserer Qualität als sonst üblich bereitgestellt. Ein Nachbar nach dem anderen kommt an und setzt sich neben die anderen an die Wand, die Männer zur rechten und die Frauen zur linken Seite. Die Gespräche sind besonders ernsthaft und zurückhaltend, die Bewegungen behutsam.

Im nördlichen Teil des Jakutengebiets wählt der Gastgeber die besten Schlösser und formt daraus eine Schlinge, die um die Schultern des Schamanen gelegt und von einem der Anwesenden während des Tanzes gehalten wird, damit die Geister ihn nicht wegtragen können. Alle essen ausgiebig zu Abend und ruhen sich ein wenig aus. Der Schamane sitzt auf der Kante des *Billiryk*, öffnet langsam seine Zöpfe, murmelt vor sich

Tschuktschen,
Ringkampf der Tschuktschen während eines Festes.

Vasily Maximov,
Der Magier als Gast einer Bauernhochzeit, 1875.
Öl auf Leinwand, 116 x 188 cm.
Tret'iakovskaia Galerie, Moskau.

Tschuktschen,
Tierzahn mit farbiger Gravur (zweite Seite), Fragment, 1930-er Jahre
elfenbeinfarbener Walross-Stoßzahn
57 x 6 cm.
Russisches Museum für Ethnographie, St. Petersburg. Tschuktsche Halbinsel.

Aleuten,
Eimerhenkel, frühes zwanzigstes Jahrhundert.
elfenbeinfarbener Walross-Stoßzahn
27 cm.
Russisches Museum für Ethnographie, St. Petersburg. Aleutische Inseln.

Tschuktschen,
Walrosszahn, auf dem der Kelet Mythos dargestellt ist, 1951.
elfenbeinfarbener Walross-Stoßzahn 65 cm.
Museum für Antropologie und Ethnographie, Moskau. Uelen.

hin und gibt Befehle. Manchmal hat er einen nervösen, unechten Schluckauf, der seinen gesamten Körper schüttelt. Sein Blick wandert nicht, sondern ruht auf einem einzigen Punkt, meist auf dem Feuer.

Das Feuer darf verlöschen. Die Dämmerung legt sich tiefer und tiefer über den Raum, die Stimmen verstummen und die Anwesenden sprechen nur noch im Flüsterton. Es wird angekündigt, dass jeder, der den Raum verlassen möchte, dies sofort zu tun habe, da bald die Türen geschlossen würden und danach niemand mehr hinaus oder hinein gehen könne.

Der Schamane legt langsam sein Hemd ab und zieht seinen Zaubermantel über oder, wenn er keinen hat, einen Frauenmantel, *Sangyniah* genannt. Ihm wird dann eine Pfeife gereicht, die er lange Zeit raucht, wobei er den Rauch schluckt. Sein Schluckauf wird lauter und er zittert immer stärker. Wenn er mit dem Rauchen fertig ist, ist sein Gesicht bleich, sein Kopf fällt auf die Brust, seine Augen sind halb geschlossen. Dann wird das Stutenfell in die Mitte des Raumes gelegt. Der Schamane bittet um kaltes Wasser und nachdem er dies getrunken hat, streckt er langsam seine Hand nach der für ihn vorbereiteten Trommel aus. Er geht dann in die Raummitte, kniet eine ganze Weile auf seinem rechten Knie, beugt sich feierlich in alle vier Ecken der Welt und besprüht gleichzeitig den Boden unter ihm mit Wasser aus seinem Mund.

Nun sind alle still. Eine Handvoll weißer Pferdehaare wird auf das Feuer geworfen, wodurch es beinahe vollständig erlischt. Im schwachen Schimmern der roten Kohlen

zeichnet sich noch eine Zeitlang das Stutenfell und darauf die bewegungslose Gestalt des Schamanen ab, mit seinem schlaffen Bart, der großen Trommel vor der Brust und dem in Richtung Süden gewandten Gesicht.

Der Dämmerung folgt völlige Dunkelheit. Die Zuschauer wagen kaum zu atmen und nur das unverständliche Gemurmel und der Schluckauf des Schamanen sind noch zu hören, bis auch er nach und nach völlig verstummt. Schließlich durchbricht ein einzelnes lang gezogenes Gähnen, wie das Dröhnen von Eisen, die Stille, gefolgt von einem lauten, durchdringenden Falkenschrei oder dem klagenden Heulen einer Sturmmöwe – dann wieder vollkommene Ruhe. Nur der sanfte Klang der Trommel, der dem Summen einer Mücke ähnelt, verkündet, dass der Schamane begonnen hat, zu spielen.

Jukagiren,
dem Sonnenkult der in der Taiga (Nelemnoe) lebenden Jukagiren zugeschriebener Bogen.

Ewenken,
Ritus der Geister des Wassers, aufgeführt während des Sommerfestivals des Minorvolkes im Norden.
Jakutsk.

Материалы раскопок Д.А.Сергеева
Время бытования:
Эскимосы.

Die Musik ist anfangs weich, sanft und zart, dann wild und unbezähmbar, wie das Grollen eines herannahenden Sturmes. Sie wird lauter und lauter, wie Donnerschläge, lautes, die Luft zerreißendes Brüllen. Die Krähe ruft, der Haubentaucher lacht, die Seemöwen jammern, die Schnepfen pfeifen, die Adler und Habichte schreien. Die Musik schwillt an und erreicht ihren Höhepunkt. Das Schlagen der Trommeln wird immer energischer, bis die zwei Klänge zusammen in ein lang gezogenes Crescendo münden. Die zahllosen Glöckchen klingen und klirren. Es ist kein Sturm – es ist ein regelrechtes Feuerwerk aus Klängen, das ausreicht, um alle Zuhörer zu überwältigen. Ganz unvermittelt bricht es ab – nur noch ein oder zwei kräftige Schläge auf der Trommel, die bis dahin nach oben gehalten wurde und nun auf die Knie des Schamanen fällt. Plötzlich verstummen die kleinen Glocken und die Trommel, gefolgt von einem langen Moment der Stille, bevor das sanfte, summende Murmeln der Trommel wieder einsetzt.

Dies kann einige Male wiederholt werden, abhängig vom Grad der Inspiration des Schamanen. Schließlich, wenn die Musik einen bestimmten neuen Rhythmus und eine neue Melodie gefunden hat, ertönt die düstere Stimme des Schamanen, der die folgenden Fragmente skandiert:

'Mächtiger Bulle der Erde … Pferd der Steppen!'

'Ich, der mächtige Bulle … brülle!'

'Ich, das Pferd der Steppen … wiehere!'

'Ich, der Mensch der über allen Lebewesen steht!'

'Ich, der begnadetste Mensch von allen!'

'Ich, der Mensch der vom allmächtigen Meister erschaffen wurde!

'Pferd der Steppen, erscheine! lehre mich!'

'Verzauberter Bulle der Erde, erscheine! sprich zu mir!'

'Mächtiger Meister, befiehl mir!'

'Ihr alle, die ihr mit mir gehen werdet, schenkt mir Gehör! Jene, denen ich nicht befehle, folgt mir nicht!'

'Nähert euch nicht weiter als erlaubt! Schaut aufmerksam! Horcht zu! Seid vorsichtig!'

'Schaut achtsam! Tut das, ihr alle, alle zusammen … alle, egal wie viele ihr auch seid!'

'Ihr auf der linken Seite, oh Dame mit Eurer Dienerschaft, falls etwas verkehrt gemacht wird, falls ich nicht den richtigen Weg wähle, flehe ich Euch an – verbessert mich! Befehlt! …'

'Zeigt mir meine Fehler und meinen Weg! Oh meine Mutter! Fliegt frei dahin! Ebnet meinen Weg!'

'Seelen der Sonne, Mütter der Sonne, die ihr im Süden lebt, in den neun bewaldeten Hügeln, ihr die ihr neidisch sein sollt … ich bitte euch alle … lasst sie bleiben … lasst die Schatten eurer Bäume hoch hinauf ragen!'

'Im Osten, auf eurem Berg, Herr, Ahne meiner, reich an Macht – sei mit mir!'

'Und ihr, graubärtiger Hexer (Feuer), ich bitte euch: mit all meinen Träumen, gib allen nach! Stimmet all meinen Wünschen zu … Beachtet alle! Erfüllt alle! … Alle beachtet … Alle erfüllet!'

An diesem Punkt ist der Klang der Trommel noch einmal zu hören, noch einmal wilde Schreie und bedeutungslose Worte – dann völlige Stille.

Beschwörungen ähnlich den hier beschriebenen sind in allen Jakutengegenden üblich und damit werden alle Zeremonien begonnen. Es gibt jedoch ein weiteres, noch längeres und komplizierteres Vorgehen. Das diesem folgende Ritual besteht aus einer je nach Person und Anlass variierenden Improvisation.

Mit den darauf folgenden Gebeten wendet sich der Schamane an seinen *Ämägyat* und andere Schutzgeister. Er spricht mit den *Kaliany,* stellt ihnen Fragen und antwortet in

Tschuktschen, Eskimo,
Archäologische Abteilung der Austellung „Meine Freunde-Jäger des Meeres“, zur Erinnerung dem Direktor des Museums D.A. Sergeev gewidmet.
Russisches Museum für Ethnographie, St. Petersburg. Tschuktscher Nationaler Okrug, Tschuktscher Regierungsbezirk, Magadan Oblast.

Kamchatka,
Tanz bei einem Erntedankfest, 1992.

ihrem Namen. Manchmal muss der Schamane lange Zeit beten und die Trommel schlagen, bis die Geister kommen. Oftmals ist ihr Erscheinen so plötzlich und ungestüm, dass der Schamane überwältigt ist und niederfällt. Es ist ein gutes Omen, wenn er auf das Gesicht, ein schlechtes, wenn er auf den Rücken fällt.

Wenn der *Ämägyat* zu einem Schamanen kommt, steht dieser auf und beginnt zu springen und zu tanzen, zuerst auf dem Fell und dann, wenn seine Bewegungen immer schneller werden, gleitet er in die Mitte des Raumes. Es wird schnell Holz auf das Feuer gelegt und das Licht durchdringt die Jurte, die jetzt voller Lärm und Bewegung ist. Der Schamane singt, tanzt und schlägt die Trommel ohne Unterbrechung, springt grimmig auf und ab, wendet sein Gesicht Richtung Süden, dann Richtung Westen, dann Richtung Osten. Diejenigen, die ihn an den ledernen Riemen halten, haben große Schwierigkeiten, seine Bewegungen zu kontrollieren. Im Süden der Jakutengegend tanzt der Schamane allerdings ungebändigt. Oftmals gibt er sogar das Trommeln auf, um noch uneingeschränkter tanzen zu können.

Der Kopf des Schamanen ist gesenkt, seine Augen sind halb geschlossen, die Haare sind zerzaust und in seinem verschwitzten Gesicht zeichnet sich wilde Verwirrung ab, sein Mund ist eigenartig verdreht, Speichel tropft auf sein Kinn und oftmals hat er Schaum vor dem Mund. Er bewegt sich durch den Raum, vor und zurück und schlägt dabei die Trommel, die ebenso wild klingt wie das Gebrüll des Schamanen selbst. Er schüttelt seinen klirrenden Mantel und scheint verrückter und verrückter zu werden, berauscht vom Lärm und der Bewegung. Seine Wut nimmt zu und lässt nach, wie eine Welle. Manchmal verlässt sie ihn für eine Weile. Dann hebt er seine Trommel hoch über seinen Kopf und singt ruhig und feierlich ein Gebet und ruft den 'Geist' herbei.

Schließlich hat er alles erfahren, was er wissen wollte. Er kennt die Ursache für die Krankheit oder das Unglück, die er ergründen wollte und ist sich der Hilfe jener Wesen sicher, deren Hilfe er braucht. Er umrundet singend, spielend und tanzend den Patienten und nähert sich ihm langsam.

Mit neuen Ermahnungen vertreibt er die Krankheitsursache, indem er sie einschüchtert oder indem er sie mit seinem Mund aus der betroffenen Stelle heraussaugt. Dann kehrt er zur Zimmermitte zurück und vertreibt sie durch Blasen und Spucken. Anschließen erfährt er von den 'mächtigen Geistern', welches Opfer für das barsche Verhalten gegenüber dem Diener des Geistes zu erbringen ist, der zum Patienten gesandt worden war. Der Schamane hält sich dann seine Hand vor die Augen, um sie vor Licht zu schützen und sieht aufmerksam in alle Ecken des Raumes. Falls er irgendetwas Verdächtiges sieht, schlägt er erneut die Trommel, tanzt, macht Furcht einflößende Gesten und fleht die 'Geister' an.

Schließlich wird alles gründlich sauber gemacht und die verdächtige 'Wolke' ist nicht mehr zu sehen, ein Zeichen dafür, dass die Ursache des Unglücks vertrieben wurde. Das Opfer wurde akzeptiert, die Gebete gehört – die Zeremonie ist vorbei.

Der Schamane behält noch eine ganze Zeit danach die Gabe, etwas zu prophezeien. Er sagt verschiedene Geschehnisse voraus, beantwortet neugierige Fragen oder erzählt, was er auf seiner Reise weg von der Erde gesehen hat. Schließlich wird er mitsamt seinem Stutenfell auf seinen Ehrenplatz auf dem *Billiryk* zurückgetragen.

Den 'Geistern' werden, je nach der Wichtigkeit eines Anlasses, verschiedene Opfer gebracht. Manchmal wurde eine Krankheit auf das Vieh übertragen, dann wird das befallene Vieh geopfert und steigt in den Himmel auf. Der Tanz symbolisiert diese Reise in den Himmel, gemeinsam mit den Geistern und dem Opfertier. Früher gab es (den Berichten der Einheimischen zufolge) Schamanen, die tatsächlich in den Himmel emporstiegen, während die Zuschauer beobachten konnten, wie das geopferte Tier auf den Wolken schwebte, dahinter die Trommel des Schamanen, gefolgt vom Schamanen in seinem Zaubermantel. Es gab auch mächtige und niederträchtige Schamanen, die anstatt

Tschuktschen,
Bitte um zukünftigen Wohlstand während eines Rituals für tschuktschische Hirten.

Jakuten,
Schatulle, 1845.
Mammutknochen, 16 x 10.5 x 6.5 cm.
Russisches Museum für Ethnographie, St. Petersburg. Jakutien, Jakutsk (Stadt).

Korjaken,
Bestattungsgewand eines Mannes,
1900-1901
Rentierhaut, getrocknete, Seehundhaut, Garn, Haar, Stickerei, Seidenfaden, Perlen, Hundehaut, Mantel: 132 cm; Hose: 63 cm.
Amerikanisches Museum for Naturgeschichte, New York. Mikino, Talovka.

eines echten Tieres eine aus Wolken geformte Stute mit in den Himmel nahmen, doch die Beweise für die Existenz solcher Schamanen sind fragwürdig.

Während dieser schwierigen und gefährlichen Reise hat jeder Schamane einen Ruheplatz, *Ouokh* (*Olokh*) genannt. Wenn er sich während des Tanzes niedersetzt, zeigt das an, dass er an solch einem *Ouokh* angekommen ist. Steht er wieder auf, heißt das, er steigt weiter in den Himmel auf, fällt er nieder, steigt er in die Unterwelt hinab.

Jeder Schamane, einerlei, wie weit er auf seiner Reise ist, weiß, wo er ist, auf welchem *Ouoloh* er sich befindet und er kennt auch den Weg eines jeden anderen Schamanen, der in diesem Moment gerade schamanisiert. Manchmal stellt das Anführen des 'Geistes' und des Opferviehs in den Himmel eine eigene Zeremonie dar, die einige Monate nach der ersten gefeiert wird, in der das Opfer versprochen wurde. Die Opfergaben sind entweder blutig, wenn der Schamane den Körper des Opfertiers wild und wütend in Stücke reißt, oder blutlos, wenn Fett oder Fleisch oder anderes Material, wie etwa Haare, geopfert werden.

Die Samojeden

Wenn der Schamane in der Jurte ankommt, nimmt er seinen Platz auf einer Bank

oder einer Truhe ein, die keine Gegenstände enthalten darf, mit denen er sich Wunden zufügen könnte. Die Bewohner der Jurte versammeln sich in seiner Nähe, jedoch nicht vor ihm. Der Schamane blickt in Richtung der Tür und gibt vor, nichts zu hören oder zu sehen. In seiner rechten Hand hält er einen Stab, in dessen Innenseite mystische Symbole graviert sind. In seiner Linken hält er zwei Pfeile, dessen Spitzen nach oben zeigen. An jeder Spitze ist ein kleines Glöckchen angebracht. An seiner Kleidung ist er nicht als Schamane erkennbar – er trägt normalerweise den Mantel des Erkrankten oder des Fragestellers.

Die Darbietung beginnt mit einem Lied, das die Geister herbei bittet. Dann schlägt der Schamane mit seinem Stab gegen die Pfeile, so dass die Glocken in regelmäßigem Rhythmus ertönen, während alle Zuschauer in ehrfürchtigem Schweigen lauschen. Wenn die Geister erscheinen, erhebt sich der Schamane und beginnt zu tanzen. Dem Tanz folgen eine Reihe komplizierter und schwieriger Körperbewegungen. Während dieser Zeit wird das rhythmische Läuten der Glocken niemals leiser. Sein Lied besteht aus einer Art Dialog mit den Geistern und wird mit wechselnder Intonation vorgetragen, gesteuert

Unbekannt,
Gräber in der Taiga.
Jakutien.

Jakuten,
Zeremonie während eines Sonnenaufgangs zu Beginn des traditionellen Festes der Jakuten von Isahar, .
Russisches Museum für Ethnographie, St. Petersburg.

Baikalsee: Die Händler von Omul.

Ewenken,
Grab eines Vorfahren, frühes zwanzigstes Jahrhundert.

Unbekannt,
Brustschutz: 1) einer Frau 2) eines Mannes, 1925, 1914.
Rentierhaut, Perlen, Pferdehaar, Metall, Samenperlen, Baumwollfaden,
1) 57 x 16-27 cm; 2) 72 cm.
Russisches Museum für Ethnographie, St. Petersburg. 1) Turukhan Krai, Sym-Fluss; 2) Nizhni (unteres) Tunguska Flussbecken.

durch den Grad an Erregung und Begeisterung. Wenn sein Enthusiasmus seinen Höhepunkt erreicht hat, fallen auch die Anwesenden in das Lied ein. Nachdem der Schamane alle gewünschten Antworten von den Geistern erfahren hat, teilt er den Menschen den Willen des Gottes mit. Soll er die Zukunft voraus sagen, so nimmt er dazu seinen Stab zur Hilfe. Er wirf ihn auf den Boden: landet er so, dass die Seite mit den eingravierten Symbolen nach oben sieht, ist dies ein gutes Omen, zeigt die glatte Seite nach oben, droht ein Unglück.

Um den Anwesenden seine Glaubwürdigkeit zu beweisen, wendet der Schamane folgende Mittel an: Er sitzt auf einem Rentierfell, Hände und Füße sind gefesselt. Das Zimmer liegt in völliger Dunkelheit. Dann, wie als Antwort auf seinen Ruf an die Geister, sind sowohl innerhalb als auch außerhalb der Jurte verschiedene Geräusche zu hören: das Schlagen der Trommel, das Brummen eines Bären, das Zischen einer Schlange, das Quieken eines Eichhörnchens und das mysteriöse Kratzen auf dem Rentierfell, auf dem er sitzt. Dann werden die Fesseln des Schamanen gelöst, er wird befreit und alle sind davon überzeugt, dass das, was sie gerade gehört haben, das Werk der Geister war.

Ewenken,
Tabakbeutel,1913.
Stoff aus Wolle, Perlen, Samenperlen, Leder,
Russisches Museum für Ethnographie, St. Petersburg. Jenissei Gubernia (Provinz), Turukhan Krai, Nizhni (unteres) Tunguska Flussbecken.

Jakuten,
Kalender: 1) wöchentlich 2) monatlich und wöchentlich, 1906.
Wolle, 1) Durchmesser: 15.2 cm;
2) 15.2 x 11.5 cm.
Russisches Museum für Ethnographie, St. Petersburg. 1) Jakut Oblast, Jakut Okrug, Boturuski ulus, Terasinski Siedlung; 2) Jakut Oblast, Jakut Okrug.

Alëuten,
Fragment einer Decke, 1909-1910
Grashalme, wollnes Garn, Leder,
155 x 39 cm.
Russisches Museum für Ethnographie, St. Petersburg. Alëutische Inseln.

Die Altaier

Die *Kams* (Schamanen) der Turkstämme der Altaier haben die alten schamanischen Zeremonieformen mit stetiger Unnachgiebigkeit verteidigt. Dies konnte man vor allem an einem am Fluss Talda wohnenden Schamanen namens Enchu sehen. Seine Darbietung charakterisierten vier Stadien: Im ersten saß er mit dem Gesicht zum Feuer, im zweiten stand er mit dem Rücken zum Feuer, im dritten, einer Art Zwischenspiel, erholte sich der Schamane von seiner Arbeit und stützte sich mit dem Ellbogen auf der Trommel ab, die er auf deren Reifen balancierte, während er berichtete, was er im Gespräch mit den Geistern erfahren hatte, und im vierten Stadium schließlich schamanisierte er mit dem Rücken zum Feuer, das Gesicht der Stelle zugewandt, an der üblicherweise die Trommel hing.

Enchu erklärte anschließend, er könne sich an nichts von dem, das geschehen war, erinnern, während er mit dem Rücken zum Feuer schamanisierte. Er hatte sich währenddessen in wilden Kreisen auf der Stelle gedreht, wobei er die Füße kaum bewegte, er hatte sich hingehockt und war, ohne dabei die Drehbewegung zu unterbrechen, wieder aufgestanden. Während er seinen Körper von der Hüfte aufwärts abwechselnd beugte und streckte, schnell und reflexartig von vorne nach hinten und von links nach rechts bewegte, tanzten und baumelten die an seinem Mantel befestigten *Manyak* (metallene Anhänger) wild in alle Richtungen und beschrieben in der Luft leuchtende Kreise. Gleichzeitig schlug der Schamane weiter seine Trommel und hielt sie in verschiedenen Positionen, so dass sie unterschiedliche Klänge von sich gab.

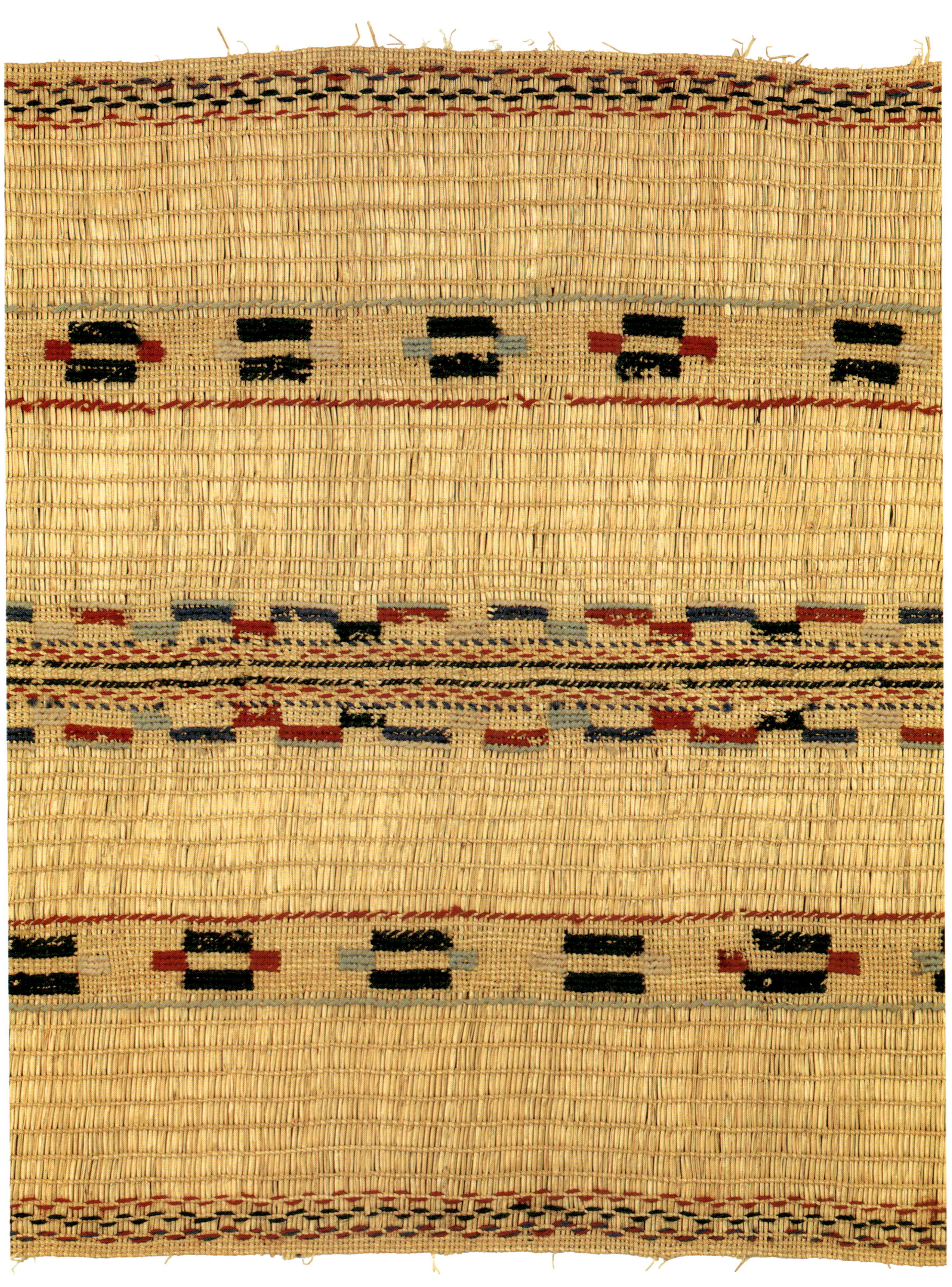

Von Zeit zu Zeit hielt Enchu die Trommel in horizontaler Position hoch über seinen Kopf und schlug von unten dagegen. Wenn er die Trommel auf diese Weise hielt, sammelte er darin Geister. Manchmal sprach und lachte er mit einem von ihnen, der offensichtlich ganz in seiner Nähe war, aber von den anderen nicht gesehen werden konnte, und machte so deutlich, dass er sich in Begleitung von Geistern befand. Einmal sang Enchu nur, ruhig und gleichmäßig, während er gleichzeitig mit seiner Trommel die Hufschläge eines Pferdes nachahmte. Damit zeigte der Schamane an, dass er mit seinen Geistern auf dem Weg in die Unterwelt von Erlik, dem Gott der Dunkelheit war.

Bei dieser spirituellen Reise weist der *Kam* ihm den Weg in Richtung Süden. Er muss das Altaigebirge und den roten Sand der chinesischen Wüste durchqueren. Dann bahnt er sich seinen Weg durch eine gelbe Steppe, wie sie keine Elster durchqueren kann. „Singend werden wir sie durchschreiten", sagt der *Kam* in seinem Lied. Auf die gelbe Steppe folgt eine bleiche' Steppe, die von keiner Krähe durchquert werden kann und der *Kam* singt auf seiner imaginären Reise erneut ein Lied mit hoffnungsvollen Ermutigungen. Als nächstes kommen der eiserne Berg von Tamir Shayha, der '... gegen den Himmel lehnt'. Nun ermahnt der *Kam* seinen Zug, einer Meinung zu sein, damit sie dieses Hindernis durch die vereinte Kraft ihres Willens überwinden.

Der *Kam* ahmt die Schwierigkeiten beim Überqueren des Passes nach, indem er schwer atmet. Auf der Spitze findet er die Knochen zahlreicher *Kams*, die hier gefallen waren und aufgrund des Versagens ihrer Macht starben. Wiederum singt er ein Lied der Hoffnung und erklärt, dass er über den Berg springen wird und lässt seinen Worten Taten folgen. Schließlich kommt er zu der Öffnung, die in die Unterwelt hinab führt. Er stößt auf ein Meer, das nur von einem Haar überbrückt wird. Um zu demonstrieren, wie schwierig es ist, über diese Brücke zu gehen, schwankt der *Kam*, fällt beinahe und schafft es mit viel Mühe, sein Gleichgewicht wieder zu gewinnen. In den Tiefen des Meeres ruhen die Körper vieler sündiger *Kams*, die dort umkamen, denn nur die, die schuldlos sind, können die Brücke begehen. Auf der anderen Seite trifft er die Sünder, die dort ihren Vergehen entsprechend bestraft werden. Ein Lauscher wird beispielsweise mit seinen Ohren an einen Pfosten genagelt. Bei seiner Ankunft an der Wohnstätte von Erlik steht er Hunden gegenüber, die ihn nicht vorbei lassen, schließlich aber durch Geschenke zu besänftigen sind und ruhiger werden.

Vor dem Beginn der schamanischen Zeremonie wurden für diesen Notfall Geschenke vorbereitet. Nachdem er diese Wächter erfolgreich hinter sich gelassen hat, verbeugt sich der Kam so, als nähere er sich der Jurte von Erlik, hebt die Trommel an seine Stirn und sagt *„Mergu! mergu!"* Dann erklärt er, woher und warum er kommt. Plötzlich schreit er. Damit zeigt er an, dass Erlik wütend ist, weil ein Sterblicher es wagt, seine Jurte zu betreten. Der eingeschüchterte Kam weicht zur Tür zurück, sammelt aber erneut Mut und nähert sich noch einmal dem Thron Erliks. Nachdem er dies dreimal gemacht hat, spricht Erlik: „Wesen mit Flügeln können nicht hierher fliegen, Wesen mit Knochen schaffen es nicht hierher: wie hast du, stinkende Schabe, es angestellt, bis zu meiner Behausung zu kommen?"

Daraufhin bückt sich der Kam und vollzieht mit seiner Trommel bestimmte Bewegungen, so, als schöpfe er Wein. Er präsentiert Erlik den Wein und macht eine schaudernde Bewegung wie einer, der starken Wein trinkt, um damit anzudeuten, Erlik habe getrunken. Wenn der Kam merkt, dass Erlik unter dem Einfluss des Trankes ein wenig milder gestimmt ist, macht er ihm Geschenke. Der große Geist (Erlik) ist von den Geschenken des Kam bewegt und verspricht ihm mehr Vieh, erklärt, welche Stute fohlen wird und sagt sogar voraus, was für ein Mal das Junge haben wird. Der Kam kehrt bester Stimmung zurück, nicht auf dem Pferd, mit dem er gekommen ist, sondern auf einer Gans – diesen Wechsel macht er dadurch deutlich, dass er sich in der Jurte auf Zehenspitzen umher bewegt und damit das Fliegen imitiert.

Itelmen,
Tanz bei einem religiösen Festival in Kamtschatka, 1992.

SCHAMANENLIED

(von V.A. Dolgunov,
von Marine Le Berre-Semjonov aus dem jakutischen übersetzter Auszug)

Hojoku, hojoku
Mein Freund, mein Meister,
Mein Kamerad, mein Ebenbild
Von Deiner Meisterin, Deiner guten Grossmutter
Ergreif' Besitz, mein Freund,
Rudere aus Leibeskräften,
Du, der Du mit Lärm verzauberst,
Mein kleiner, lieber Vater,
Meine Zuflucht, mein Beschützer,
Mein treuer Begleiter,
Wenn du dich zeigst,
Was wird's mich kosten?
Hojoku, hojoku!
Meine kleine Schamanenmaus,
Meine liebe Schwester,
Meine Zuflucht, mein Beschützer,
Mein treuer Begleiter,
Wenn Du Dich zeigst,
Was wird's mich kosten?
Hojoku, hojoku!
In früh'ren Zeiten,
Lebtest Du so stolz,
Meine arme liebe Grossmutter,
Wenn unsre Last Du nimmst,
Was wird's mich kosten?
Hojoku, hojoku
Meine Meisterin, Du, meine
Gute Grossmutter,
Hämmerst auf das Wasser, das
In Bächen lief,
Fliegst über das schmelzende Eis,
Mit einer Medaille vorn am Bug,
Der Uhr am Arm,
Dem Spiegel im Sack,
Hältst das Gesetz fest im Griff,
Liest das Schicksal aus der Hand,
Trägst den Dolch am Deinem Gurt,
Dein Prinz ist es von Amihaach,
Wenn von Seiner Frau, mein Freund,
Der weissen und opal'nen Mecheje,
Ich komme und mich nähere,
Und sollt' ich sterben,
Lebendig werd' ich sein,
Hojoku, hojoku!
Mein kleiner Vogel,
Der Du um Dich blickst

Mit heissem Aug',
Man sieht dich in der Ebene
Mit Deinem heissen Hauch,
Bring Erschütt'rung, dass es bebt,
Schlag zu, das es brodelt,
Hojoku, hojoku!
Ein schreckliches Unglück ist gekommen,
Ein fürchterliches Los bricht herein,
Ein schreckliches Unglück ist gekommen,
Hojoku, hojoku!
Mit seinem lauten Wiehern,
Mit seinem strahlenden Gewand,
Auch wenn ich solch ein Ross besitze,
Was wird aus ihm?
Hojoku, hojoku!
Man kann sie sehen dort im Stall,
Mit ihrem dichten Fell,
Mit dem starken Rücken,
Und den weiten Hörnern,
Den platten Hufen,
Auch wenn ich solch ein Rind besitze,
Was wird aus ihm?
Hojoku, hojoku!
Man sieht's in der Taiga,
Mit klapperndem Gang,
Mit seinem weichen Fell,
Sich labend nur von Moos,
Mit Hufen, aus denen man Kämme macht,
Mit hohem Geweih auf dem Kopf,
Auch wenn ich solch ein Ren besitze,
Was wird aus ihm?
Hojoku, hojoku!
Selbst wenn ich Häuser habe,
Die leicht zu tragen sind,
Selbst wenn ich Geld hab,
Das kommt und geht,
Und Wild, das der Adler schlug,
Was wird aus ihm?
Hojoku, hojoku!
Sieh mich an, wie ich bin:
Das Gesicht ist blass,
Die Knochen fein,
Mit leichtem Schritt,
Bin ich nicht so?
Mit schönen Wangen,
grosser Russennase,
sieh, dies bin ich!
Hojoku, hojoku!

DIE SIBIRISCHEN VÖLKER

ALËUTEN

Volksstärke: 700 in Russland, ca. 2000 in den USA
Geographische Lage: Alëuteninselkette (zwischen Alaska und Kamtschatka)
Lebensweise: sesshaft, Jagd auf Meeressäuger, Fischerei
Religion: Schamanismus
Sprache: Sprache der eskalëutischen Sprachgattung

BURJATEN

Volksstärke: 421000 in Russland, 70000 in der Mongolei, einige kleinere Gruppen in Nordostchina
Geographische Lage: Baikalregion, Burjatische Republik, Autonomer Burjatischer Bezirk von Ust-Orda im Irkutsker Gebiet, Autonomer der Aginer Burjaten im Tschitaer Gebiet
Lebensweise: nomadisch, Viehzucht nach mongolischer Art (Rinder, Pferde, Schafe, Kamele) östlich des Baikalsees; halb-sesshaft westlich des Baikalsees
Religion: buddhistisch östlich, schamanistisch westlich des Baikalsees
Sprache: Sprache der monogolischen Familie

DOLGANEN

Volksstärke: 6945
Geographische Lage: nördlich von Jakutien, nahe der Tajmyr-Halbinsel
Lebensweise: halbsesshaft, Rentierzucht, Jagd, Fischerei
Religion: Russ. Orthodox, schamanistische Elemente
Sprache: Turksprache

EVENEN

Volksstärke: 17000
Geographische Lage: nordöstlich von Jakutien, Gebiet von Chabarovsk, Tschukotka, Kamtschatka
Lebensweise: nomadisch in der Tundra; Rentierzucht und Jagd; halbsesshaft an der Küste, Fischerei und Jagd auf Meeressäuger
Religion: Schamanismus
Sprache: Sprache der tunguso-mandschurischen Familie

EVENKEN

Volksstärke: 30164
Geographische Lage: Autonomer Evenkischer Bezirk im Krasnojarsker Gebiet, Chabarovsker Gebiet, Republik von Jakutien und Buriatien, Irkutsker und Tschitaer Gebiet, Amurregion
Lebensweise: nomadisch, Rentierzucht und Jagd
Religion: Schamanismus
Sprache: Sprache der tunguso-mandschurischen Familie

KETEN

Volksstärke: 1113
Geographische Lage: Mittellauf des Jenissej südlich von Turuchansk, Baikit-Region (Krasnojarsker Gebiet)
Lebensweise: sesshaft, Jagd und Fischerei
Religion: Schamanismus
Sprache: isoliert vorkommende Einzelsprache

CHANTEN

Volksstärke: 22521
Geographische Lage: Autonomer Bezirk der Chanten und Mansen, Autonomer Jamalo-Nenzischer Bezirk, Tomsker Gebiet
Lebensweise: nomadisch, Rentierzucht in der Tundra; Jagd und Fischerei in der Taiga; Viehzucht (Schafe, Schweine usw.) in den südlich des Ob gelegenen Gebieten
Religion: Schamanismus, Bären-Kult
Sprache: Sprache der finno-ugrischen Familie

KORJAKEN

Volksstärke: 9000

Geographische Lage: Autonomer Bezirk der Korjaken, Autonomer Bezirk der Tschuktschen, Magadaner Gebiet

Lebensweise: nomadisch, Rentierzucht in der Tundra; sesshaft, Jagd auf Meeressäuger und Fischerei an der Küste

Religion: Schamanismus

Sprache: Sprache der tschuktscho-kamtschadalischen Familie

MANSEN

Volksstärke: 8474

Geographische Lage: Autonomer Bezirk der Chanten und Mansen

Lebensweise: Jagd und Fischerei, Rentierzucht praktisch gar nicht mehr praktiziert

Religion: Schamanismus

Sprache: Sprache der finno-ugrischen Familie

NANAI

Volksstärke: 12000 in Russland, etwa 1000 in China

Geographische Lage: Ferner Osten Russlands, Unterlauf des Amur, Chabarovsker und Chabarovsker Gebiet wie auch das Primorje-Gebiet, Insel Sachalin

Lebensweise: sesshaft, Jagd und Fischerei

Sprache: Sprache der tunguso-mandschurischen Familie

NEGIDALEN

Volksstärke: 622

Geographische Lage: Chabarovsker Gebiet, Unterlauf des Amur

Lebensweise: sesshaft, Jagd und Fischerei

Religion: Schamanismus, Bären-Kult

Sprache: Sprache der tunguso-mandschurischen Familie

NENZEN

Volksstärke: 34000

Geographische Lage: Autonomer Bezirk der Nenzen (Archangelsker Gebiet), Dolgano-Nenzischer Autonomer und Jamal-Nenzischer Autonomer Bezirk

Lebensweise: nomadisch, Rentierzucht in der Taiga und Tundra

Religion: Schamanismus

Sprache: Sprache der samojedischen Familie

NIVCHEN

Volksstärke: 4673

Geographische Lage: Unterlauf des Amur, Insel Sachalin

Lebensweise: sesshaft, Jagd auf Meeressäuger und Fischerei, Sammler, Hundezucht

Religion: Schamanismus, Bären-Kult

Sprache: isoliert vorkommende Einzelsprache

OROKEN

Volksstärke: 190

Geographische Lage: Insel Sachalin

Lebensweise: halbsesshaft, Jagd auf Meeressäuger und Fischerei an der Küste; Jagd in der Taiga

Religion: Schamanismus

Sprache: Sprache der tunguso-mandschurischen Familie

OROTSCHEN

Volksstärke: 915

Geographische Lage: Chabarovsker Gebiet, Amur-Region

Lebensweise: sesshaft, Jagd und Fischerei

Religion: Schamanismus

Sprache: Sprache der tunguso-mandschurischen Familie

UDEGEN

Volksstärke: 2011
Geographische Lage: Chabarovsker Gebiet und Primorje-Gebiet
Lebensweise: sesshaft, Jagd und Fischerei
Religion: Schamanismus, Tiger-Kult
Sprache: Sprache der tunguso-madschurischen Familie

ULTSCHEN

Volksstärke: 3200
Geographische Lage: Ferner Osten Russlands, Unterlauf des Amur, Chabarovsker Gebiet
Lebensweise: sesshaft, Jagd und Fischerei
Religion: Schamanismus, Bären-Kult
Sprache: Sprache der tunguso-mandschurischen Familie

TSCHUKTSCHEN

Volksstärke: 15000
Geographische Lage: Autonomer Bezirk der Tschuktschen, Norden des Autonomen Bezirks der Korjaken und Nordost-Jakutien
Lebensweise: sesshaft und Jagd auf Meeressäuger an der Küste (Ankalynen); nomadisch, Rentierzucht in der Tundra (Tschautschus)
Religion: Schamanismus
Sprache: Sprache der tschuktscho-kamtschadalischen Familie

TUWINEN

Volksstärke: 235000
Geographische Lage: Republik Tuva, Südsibirien, an der mongolischen Grenze zwischen Ob und Jenissej, Mongolei und China
Lebensweise: nomadisch, Pferde-, Rinder- und Kamelzucht
Religion: Buddhismus und Lamaismus, Schamanismus
Sprache: Turksprachen

SACHA-JAKUTEN

Volksstärke: 382000
Geographische Lage: Republik Sacha (Jakutien)
Lebensweise: Pferde- und Rinderzucht
Religion: Schamanismus
Sprache: Turksprache

JUKAGIREN

Volksstärke: 1142
Geographische Lage: Nordjakutien, Kolyma-Region, Magadaner Gebiet
Lebensweise: nomadisch und halbsesshaft, Jagd, Rentier- und Hundezucht zu Transportzwecken und die Jagd
Religion: Schamanismus
Sprache: Sprache der jukagiro-tschuvanzischen Familie

YUIT

Volksstärke: 1700 in Russland (Yuit), 35000 in den USA, 26000 in Kanada, 45000 in Grönland (Inuit)
Geographische Lage: in Russland an der Ostküste der Tschukotka-Region und auf der Wrangell-Insel
Lebensweise: sesshaft, Jagd auf Meeressäuger und Vögel, Fischerei, Sammler
Religion: Schamanismus
Sprache: Sprache der eskaleütischen Familie

BIBLIOGRAPHIE

Armstrong, T. *Northern peoples of ths U.S.S.R.*. Cambridge: Scott Polar Institute, 1989.

Balzer, Marjorie Mandelstam "Flights of the Sacred: Symbolism and Theory in Siberian Schamanismus." *American Anthropologist.* Artikel 98(2):305318. 1996.

Balzer, Marjorie Mandelstam, ed.. *Schamaneic Worlds: Rituals and Lore of Siberia and Central Asia.* Armonk, New York: North Castle, 1997.

Clutton-Brock, Juliet. *Domestic Animals from Early Times.* Austin: University of Texas Press, 1981. British Museum of Natural History, London.

Crowell, Aron und William W. Fitzhugh *Crossroads of Continents: Cultures of Siberia and Alaska.* New York: Smithsonian, 1988.

Czaplicka, Maria Antonina *Aboriginal Siberia: A Study in Social Anthropology.* Oxford: Clarendon, 1914

Dahl, J. "Indigenous Peoples of the Soviet North." *International Workgroup for Indigenous Affairs.* Dokument Nr. 67. 1963.

Doeker-Mach, Gunther, Ed. *The Forgotten Peoples of Siberia.* New York: Scalo, 1993.

Jochelson, W. *Peoples of Asiatic Russia.* New York: American Museum of Natural History, 1928.

Kempe, Frederick *Siberian Odyssey: A Voyage into the Russian Soul.* New York: G. P. Putnam's Sons, 1992.

Kennan, George *Tent Life in Siberia and Adventures among the Korak and Other tribes in Kamchatka and Northern Asia.* New York: Putnam, 1910

Lagardere, Genevieve and Catherine Varlot *Derniers chasseurs de rennes de Sibérie.* Musée Departmental de Prehistorie de Solutré, 1992

Stadling, Jonas *Through Siberia.* Westminster: Constable, 1901

VERZEICHNIS DER ABBILDUNGEN

G

H/I

J

K

L

M/N/O

P

R

S

T

V/W

Y/Z